講義

教育原論

人間・歴史・道徳

宮野安治
山﨑洋子
菱刈晃夫

成文堂

はじめに──ガイダンスをかねて──

　人間とは複雑怪奇な生物であります。『パンセ』で有名な、近代フランスの哲学者パスカル（Pascal, B. 1623-1662）のことばをもってしますと、人間は「パラドックス」「カオス」「怪物」であり、「宇宙の栄光にして屑」です。教育というのは、この複雑怪奇な生物に向けられた、この複雑怪奇な生物の営為の一つにほかなりません。したがいまして、教育という営為は、当然のことながら、決して単純明快というわけには行かず、多面多層で複雑錯綜したものにならざるをえませんし、このために、これをとらえようとする理論も、多様な、そして時としては対立する視点や見方を含むことになります。

　本書は、このような教育に関する理論の内、教育の根本にかかわる基礎理論、つまり「教育原論」について取り上げようとするものです。しかし本書には、通常の「教育原論」とかそれに類するテキスト風の書とは違って、ある種の工夫が施してあります。すなわち、本書は、「教育原論」という15回にわたる授業を3名の者がオムニバス形式で担当した、あくまで架空ですが、その講義の記録であるという形式をとっております。いわば講義形式によって、教育原論の世界へ案内しようというのが、本書がねらいとするところです。それで、この架空の講義について、ここでガイダンス的な説明をしておくことにいたします。

　今述べましたように、講義科目名は「教育原論」、講義回数は合計15回であり、これを3名の者が1人5回の割合で担当いたします。講義回数を15回としましたのは、通常の大学での半期15回という回数に応じてであります。また、担当者を3名としましたのは、まさに教育理論は「多様な視点や見方を含む」ということを考えて、1名では一方的になりかねず、2名では分裂する恐れがあり、かといって、4名以上ということになれば、今度は逆にまとまりのつかないことになるかもしれず、3名が適当と判断したからです。

　もっとも、「教育原論」と一概にいいましても、これが取り扱うテーマは

バラエティーに富んでおります。けれども、15回という回数では、ある程度テーマを限定せざるをえません。そこで、本講義では、そうしたありうる多数のテーマの中から、「人間と教育」「歴史と教育」「道徳と教育」という3つのテーマに絞ることにいたしました。つまり、3名の担当者が、「人間」「歴史」「道徳」という視点から、それぞれに「教育原論」を講じようというわけです。

　また、これら3名の担当者は、広く教育思想の研究という点では共通しておりますものの、取り組んでいる研究テーマは違っておりますし、勤務先も、年齢も、当然性格も異にしています。したがいまして、それぞれの個性がどうしても現れざるをえませんが、これら個性が有機的に結合して、全体を通して、「多様な視点や見方を含んだ」教育原論の世界へ首尾よく案内できればと思っております。

　本書は、これから教育理論を学ぼうとしておられる方々、とりわけ教職をめざしてこれを学ぼうとしておられる方々を特に対象としています。その意味では、入門書であります。しかしまた本書は、先ほどテーマのところで申しましたように、何もかも網羅するというやり方をとるものではありません。逆に反面、場合によっては、かなり専門的になっているところもあり、ある程度教育理論について学んだ方々にも、読んでいただける内容になっているはずであります。

　それでは、教育原論の講義室へ。

講義
教育原論

目　　次

はじめに──ガイダンスをかねて── ……………………………………ⅰ

第Ⅰ部　人間と教育──教育人間学の世界へ──

第1講　人間学・哲学的人間学・教育人間学 ……………………1
「人間と教育」というテーマ ……………………………………1
「人間学」あるいは「アントロポロギー」ということ ………2
哲学的人間学の成立と展開 ………………………………………5
人間の本質への問い ………………………………………………7
教育人間学の構想 …………………………………………………10

第2講　教育人間学の諸理論 ……………………………………13
内含的教育人間学 …………………………………………………13
教育人間学の先駆理論 ……………………………………………16
ウシンスキーの「教育人間学」 …………………………………17
狭義の教育人間学の2つのタイプ ………………………………19
統合的教育人間学 …………………………………………………20
哲学的教育人間学 …………………………………………………22

第3講　教育的動物としての人間 ………………………………25
「ヒト」は「教育」によって「人間」になる …………………25
教育的動物の2つの側面 …………………………………………27
人間の教育必要性 …………………………………………………29

ポルトマンとゲーレンの人間学から……………………………31
　　　人間の教育可能性 ……………………………………………33
　　　教育的リアリズムの立場 ……………………………………35

第4講　発達と教育 ……………………………………………………37
　　　人間の発達 ……………………………………………………37
　　　ロートの『教育人間学』……………………………………39
　　　「発達教育学」の構想 ………………………………………42
　　　発達は教育に依存する ………………………………………43
　　　発達と教育の関係に関する3つの立場 ……………………45
　　　節度ある教育リード説 ………………………………………47

第5講　教育現象の人間学的考察 …………………………………50
　　　ボルノー教育学の根本意図 …………………………………50
　　　教育の非連続形式としての「訓戒」………………………51
　　　「教育的雰囲気」ということ ………………………………53
　　　いわゆる「教育愛」をめぐって ……………………………54
　　　教育における「信頼」の問題 ………………………………57
　　　教育人間学の新しい展開 ……………………………………59
　　　「ボルノー的問い」について ………………………………62

第Ⅱ部　歴史と教育─教育史の世界へ─

第6講　歴史と教育をめぐる現代の論争 …………………………65
　　　歴史（学）をめぐる論争 ……………………………………65
　　　教育史（学）をめぐる論争 …………………………………68
　　　管理主義教育をめぐる論争 …………………………………71
　　　『プラウデン報告書』をめぐる論争 ………………………75

第7講　近代学校の出現とその方法原理 …………………………81
産業革命と徒弟教育 …………………………………………81
モニトリアル・システムの誕生 ……………………………83
モニトリアル・システム批判 ………………………………89
オウエンの教育思想と国庫補助金支給 ……………………91
ギャラリー・遊び場・一斉教授・クラス …………………95

第8講　近代イギリスの国民教育制度
　　　　―教員養成・学校査察・学校建築・カリキュラム― ………102
見習い教員制度 ……………………………………………102
「出来高払い制」と市場原理 ………………………………103
1870年基礎教育法と学校建築 ……………………………106
基礎学校教育の拡充と規律化の進行 ……………………110
「出来高払い制」の廃止と教師の自由裁量 ………………114

第9講　生活改革と「新学校」の教育思想
　　　　―「生きることを学ぶ」カリキュラム― …………………120
アボッツホーム校の誕生 …………………………………120
新生活連盟の理念と活動 …………………………………122
ガーデン・シティ運動の理念 ……………………………124
アボッツホーム校の教育思想と特徴 ……………………126
ビデールズ校の教育思想と特徴 …………………………130
キング・アルフレッド校の教育思想と特徴 ……………134

第10講　「教育の新理想」と公立基礎学校改革
　　　　―教師の新しい職能の探究― …………………………142
「西欧的価値基準」批判 ……………………………………142
劇化学習法の称揚と「自己実現」論 ……………………144
連合王国モンテッソーリ協会と「教育の新理想」の活動 …150
新しい教育方法の開発 ……………………………………155

教師の新しい職能 …………………………………………………… *160*

第Ⅲ部　道徳と教育―道徳教育の世界へ―

第11講　変容する近代社会と道徳 …………………………… *167*
はるか近代社会以前 ………………………………………………… *167*
現代のわたしたちとグローバル化 ………………………………… *170*
リスク社会 …………………………………………………………… *171*
変化する伝統 ………………………………………………………… *172*
変容する家族 ………………………………………………………… *177*

第12講　道徳の起源と系譜 …………………………………… *179*
道徳の語義 …………………………………………………………… *179*
道徳の起源 …………………………………………………………… *183*
道徳の系譜 …………………………………………………………… *188*

第13講　道徳教育の歴史 ……………………………………… *192*
教育すべきものとしての道徳の誕生 ……………………………… *192*
リベラル・アーツの源流へ ………………………………………… *192*
リベラル・アーツの本質 …………………………………………… *194*
プラトンとイソクラテス …………………………………………… *197*
道徳と宗教 …………………………………………………………… *202*

第14講　道徳教育の方法 ……………………………………… *205*
道徳性の発達とは …………………………………………………… *205*
フロイトにおける人間の本質と道徳観 …………………………… *206*
エリクソンのライフサイクル論 …………………………………… *210*
コールバーグによる道徳性の発達段階 …………………………… *212*
アメリカにおける2つの道徳教育の潮流 ………………………… *215*
日本人のメンタリティ ……………………………………………… *216*

第15講　道徳のゆくえ・人間のゆくえ …………………………218
　　学習指導要領「道徳」の背後 ……………………………218
　　小学校学習指導要領道徳編 ………………………………222
　　中学校学習指導要領道徳編 ………………………………226
　　道徳教育をいかに行うか …………………………………229
　　道徳のゆくえ・人間のゆくえ ……………………………230

おわりに─探究はつづく─ ……………………………………233

　引用・参考文献 ………………………………………………234
　索　引 …………………………………………………………243

第Ⅰ部　人間と教育——教育人間学の世界へ——

第１講　人間学・哲学的人間学・教育人間学

　第Ⅰ部全体のテーマは、「人間と教育」ということです。このテーマにとりわけ取り組んでいますのが、「教育人間学」と称される教育理論でありますので、この「教育人間学」の世界へと案内することを通して、このテーマについて考えてみたいと思います。最初の講義では、その「教育人間学」ということ、そしてこれの前提にある「人間学」および「哲学的人間学」ということについて説明いたします。

「人間と教育」というテーマ
　それでは、これより15回にわたる「教育原論」の講義をはじめます。ガイダンスの時にいいましたように、担当者は３名で、１人５回の割合で交代いたしますので、最後までよろしくお願いします。
　まずトップバッターの私に与えられましたテーマは、「人間と教育」ということです。このテーマは、「教育原論」とか「教育原理」とか「教育学入門」とかいった場合に、最初に必ずといっていいほど掲げられているテーマです。とはいえ、「人間と教育」というだけでは、まだ漠然としておりますし、いろいろな意味でこれを理解することができます。
　それで、ここでは、このテーマを次のように限定してとらえてみたいと思います。すなわち、「人間と教育」といった場合、「人間」と「教育」が「と」によって有機的に結合している事態をそこに見ることもできるわけで

すが、この事態には2つの問いが内包されていると考えられます。1つは、「人間」に含まれている「教育」の意味という問題です。あるいは、「人間」において「教育」がいかなる意味をもつか、という問いです。これを「人間における教育の意味への問い」と名づけておきます。もう1つは、「教育」に含まれている「人間」の意味という問題です。あるいは、「教育」において「人間」がいかなる意味をもつか、という問いです。こちらを「教育における人間の意味への問い」と呼んでおくことにします。したがいまして、「人間と教育」というテーマについて考えるということは、ある意味では、とりもなおさず、こうした2つの問いについて考えてみるということになってきます。

それでは、どのようにしてこの課題に立ち向かえばよいのでしょうか。それに際しまして、1つの有力な手がかりを与えてくれると判断されますのが、現代教育学の1つの立場であります「教育人間学」（ドイツ語でPädagogische Anthropologie といいます）と称されるものです。と申しますのも、まさしくこの「教育人間学」こそは、「人間のほうから教育をそして逆に教育のほうから人間をという二重の仕方で、教育と人間とを相互の照射のうちに浮き彫りにし、それによって両者をめぐる、より深化された、新たな理解へと至ろうとする、いわば『教育学的な反省の往復運動』」（氏家, 1999, 14）であるといわれますように、今挙げました2つの問いを念頭に置きつつ、「人間と教育」というテーマに正面切って取り組んでいると思われるからです。

そうでありますので、ここでは、この「教育人間学」というものを紹介することを通して、「人間と教育」というテーマに迫ってみることにいたします。いわば教育人間学の世界を遊歩しながら、「人間と教育」について考えてみようというわけです。

「人間学」あるいは「アントロポロギー」ということ

さて、それで「教育人間学」について取り上げることになるのですが、それに先立って、まず「人間学」ということについて触れておきたいと思いま

す。ご承知のように、昨今はいわば「人間学」ブームでして、いろいろなところで「人間学」ということばに出会います。あまり学術的でないような書物にも、「人間学」というタイトルがつけられたりしている有様で、大学でも「〇〇人間学」と題した科目を開講するところが多く見られます。現代は「人間学の時代」だといってよいかもしれません。

　しかし、西洋におきましては、「人間学」ということばは一定の歴史をもっています。西洋のことばで「人間学」に最もうまく該当するのは、ドイツ語の「アントロポロギー」(Anthropologie) でしょう。もっとも、この語は「人類学」とも訳されます。哲学的な内容の場合には「人間学」、経験科学的な内容の場合には「人類学」と、一応訳し分けることができるかと思います。これに対しまして、英語の anthropology やフランス語の anthropologie は通常は「人類学」を意味し、「人間学」とはあまり訳されません。いずれにしましても、Anthropologie, anthropology, anthropologie といった語は、その綴りがほぼ同じであることから推察されますように、同一語源です。すなわち、「人間」や「人類」を意味するギリシャ語の anthropos（アントローポス）と、「学」や「理」を意味する同じくギリシャ語の logos（ロゴス）の合成に由来するのです。

　ここで、「人間学」あるいは「アントロポロギー」の概念の発展の流れを追ってみますと、今述べましたように、アントロポロギーはギリシャ語に由来するのですが、古代ギリシャにおいては人間学にあたる言い方はありませんでした。人間あるいは人類の学という意味の語が登場するのは、ずっと後になってから、つまり16世紀になってからです。おそらくその出発点になると思われますのが、1501年にフント (Hundt, M. 1449-1519) という人がラテン語で著しました『アントロポロギウム・デ・ホミニス・ディグニターテ』（『人間の尊厳に関するアントロポロギウム』）と題した書あたりです。この書名に見える「アントロポロギウム」(anthropologium) という語が、まさしく「人間（人類）の学」を意味していたのです。ただし、そうはいいましても、それは人間の身体構造に関するもので、いわゆる「人類学」に近い内容であったようです。また、1594年に刊行されましたカスマン (Casmann, O. 1562-

1607)の書に、「アントロポロギア」(anthropologia)という語が出てきますが、これも同じく「人間(人類)の学」を表していました(茅野、1969、46-51参照)。

いずれにしましても、このように16世紀に起源を発するアントロポロギー概念は、その後学的世界で広く用いられるようになるわけですが、当初はこの概念でもって、フントの場合そうでありましたように、人間のとりわけ身体の学が意味されておりました。人間の身体についてのアントロポロギー研究は、経験科学的な方向をとることによって、後の「自然人類学」(「形質人類学」ともいいます)につながって行きます。他方、民族の文化生活についてのアントロポロギーも盛んになり、「文化人類学」の成立を促すことになります。

また、アントロポロギー概念は、哲学者によっても用いられるようになります。この場合には、アントロポロギーは、まさしく「人間学」と訳すにふさわしいわけで、たとえば、哲学者として有名なカント(Kant, I. 1704-1804)は、『実用的見地から見たアントロポロギー(人間学)』と題した著作を残しています。もっとも、ここでカントのいう「人間学」は、「人間知」という程度のことで、哲学的にさほど深いものではありません。また、カントと同様に哲学者として有名なヘーゲル(Hegel, G. W. F. 1770-1831)も、「人間学」ということをいっておりますが、それは「心の学」という意味で、ヘーゲルの哲学体系の中では重要な位置は与えられていません。近代の哲学者の中で「人間学」概念を重視し、「人間学」ブームを現出させたのは、フォイエルバッハ(Feuerbach, L. 1804-1872)です。彼は、たとえば『キリスト教の本質』(1841年)におきまして、神は実は人間の理想を投影したものにほかならず、したがって、「神学」は「人間学」に還元されなければならない、と主張しました。が、こうした19世紀中頃の人間学ブームも一時的に終わり、人間学が哲学の根本関心となるには、20世紀における「哲学的人間学」(Philosophische Anthropologie)の出現を待たなければならないことになります。

以上のような「アントロポロギー」概念の歴史的概観から、アントロポロギーの3つの形態を取り出すことができるかと思います。これら3形態は、

今日のアントロポロギー研究の状況に応じてもおります。

① 自然的なアントロポロギー→自然人類学（Physische Anthropologie, physical anthropology）
② 文化的なアントロポロギー→文化人類学（Kulturanthropologie, cultural anthropology）
③ 哲学的なアントロポロギー→哲学的人間学（Philosophische Anthropologie, philosophical anthropology）

　この内、自然的なアントロポロギーと文化的なアントロポロギーは、経験科学に属し、それぞれ「自然人類学」「文化人類学」と称されるのに対して、哲学的なアントロポロギーは、まさに哲学的でありますので、「哲学的人間学」と呼ばれます。自然人類学が自然的存在としての人間を、文化人類学が文化的存在としての人間を対象にしているとするならば、哲学的人間学は全体的存在としての人間を問題にしているといえるかもしれません。ここでテーマとしています「教育人間学」は、教育「人間学」という呼称からも察せられますように、また後で明らかにしますように、哲学的人間学と深いかかわりをもっているのです。なお、アメリカあたりの教育学におきまして、educational anthropology ということがいわれたりいたしますが、これは文化人類学の影響を受けたもので、「教育人類学」と訳されるべきものでしょう（田浦，1979参照）。

哲学的人間学の成立と展開

　先ほど述べましたように、哲学において「人間学」が根本関心となり、「哲学的人間学」が本格的に成立するのは20世紀に入ってから、しかも1920年代のドイツ哲学においてであります。すなわち、1928年に現れた、シェーラー（Scheler, M. 1874-1928）の『宇宙における人間の地位』およびプレスナー（Plessner, H. 1892-1985）の『有機的なものの諸段階と人間——哲学的人間学入門』をもって哲学的人間学の運動ははじまったのです。

　それでは、なぜこの時期に哲学的人間学が誕生したのでしょうか。この点

について、創始者のシェーラー自身は、「人間の自己問題性」という理由を挙げております。彼によりますと、「これまで人間が歴史のどの時代においても現代におけるほどに問題的となったことは、かつてなかったと言える」のであり、「人間の自己問題性は、われわれの知るかぎりのあらゆる歴史のうちで現代においてこそ最大限に達した」のであって、それゆえに、「人間とは何かについて厳密な知識をいつの時代にもまして持っていないということ、そしてこの問題に対するどのような可能的解答も人間をもはや驚かせないということ」が、「最も幅広い基礎の上に哲学的人間学の新しい試みをおこなおう」と企てさせたというのです（シェーラー，1977b，12-16）。

　もちろん、「人間とは何か」という問いは古くからあります。しかしながら、従来までであれば、たとえば「理性的動物」といったような確固とした人間規定があって、人間の自己理解が根底的に揺り動かされるのはまれでした。ところが、時代が進むにつれて、人間の深部や暗部が露呈されるに及んで、理性的動物というこの根本規定は説得力を失ってしまうことになります。加えまして、諸科学における人間研究は、人間の諸側面を解明することによって、かえって人間を不可解にしてしまいました。まさにシェーラーのいうように、「人間の自己問題性は、われわれの知るかぎりのあらゆる歴史のうちで現代においてこそ最大限に達した」のであって、だから、「世界における人間の地位」を改めて問い直さざるをえなくなったのです。20世紀ドイツの哲学者・教育学者で、「哲学的人間学」にも深い関心を寄せたリット（Litt, Th. 1880-1962）は、この時期の人間をめぐる状況について、次のように説明しています。なお、リット自身の人間学思想につきましては、宣伝になってしまいますが、次の拙著をご参照下さい（宮野，2006）。

　　今日の人間は、確かさの安心感から突然引き抜かれてしまったので、自分の実存の由来と行方について説明し、そのような運命が発しえた出所である前提を究明し、そのような在り方をした現存在に開かれている展望を見積もるという、押さえることのできない欲求をふたたび感じている。休むことのない探究や研究が起こったのであり、こうした探究や研

究は、伝来のいかなる答えも見過ごさないが、しかし、それらの答えのいかなるものも解決策として進んで受け入れない。「人間学」は、人間とは何かという問いを総じてめぐる多くの思想的努力に対する合言葉となってしまったのである（Litt, 1961, 11）。

「我と汝」の思想で有名なブーバー（Buber, M. 1878-1965）は、人間精神の歴史を「住家ある時期」と「住家なき時期」とに区分し、後者の時期にあって深い人間学的思想が出現すると主張していますが（ブーバー, 1961, 24-25）、哲学的人間学が第1次世界大戦の敗戦国ドイツのヴァイマル期の混沌とした思想状況の中で誕生したことは、理由のないことではないのです。と同時に、こうした状況は、ある意味では、今日の私たちの状況でもあるといえるかもしれません。

人間の本質への問い

シェーラーとプレスナーに端を発する哲学的人間学は、その後ゲーレン（Gehlen, A. 1904-1976）、ラントマン（Landmann, M. 1913-1984）、ロータッカー（Rothacker, E. 1888-1965）等といった人々に継承され、現代哲学の1つの潮流を形成するようになります。特にゲーレンが1940年に出版しました、文字通り『人間』という書名の労作は、哲学的人間学の代表的な著の1つとなっております。加えてまた、日本におきましても、すでに1930年代に、三木清（1897-1945）とか高山岩男（1905-1993）といった西田幾多郎（1870-1945）門下の哲学者が、文字通り『哲学的人間学』の著述を試みています。

が、このようにいいましても、哲学的人間学は、決して明確な1つの学派のようなものではありません。ましてや、完結した体系を掲げてはおりません。背景にある根本的立場も、取り扱っているテーマも、実に様々です。けれども、そうした相違や多様を越えて共通していると思われますのが、とりわけ生物学的研究の成果を積極的に摂取しつつ、「人間とは何か」という問い、まさしく「人間の本質」への問いを究明しようとする姿勢です。それなら、哲学的人間学の代表的な論者において「人間の本質」はどのように考え

られているのでしょうか。

　まず、シェーラーの場合です。シェーラーによれば、人間と他の動物とを本質的に区別するものは、「生命」(Leben) のレベルにはなく、このレベルを越えた、「精神」(Geist) と名づけられる原理に求められなければなりません。生命レベルにとどまる動物の場合、みずからを取り囲んでいる「環境世界」(Umwelt) に束縛され、それから脱することはできません。しかるに、生命レベルを越えることができる「精神的存在」である人間は、「環境世界」の束縛を断ち切り、より広い「世界」(Welt) に向かって開かれています。ここにシェーラーは、その後の哲学的人間学で広く使用されるようになった「世界開放性」(Weltoffenheit) という概念を導入して、人間の本質について次のようにいいます（なお、シェーラーにつきましては、金子、1995a 参照）。

　　人間とは、無制限に「世界開放的」に行動しうるところの X である。人間生成とは、精神の力によって世界開放性へと高まることである（シェーラー、1977b、51）。

　これに対しまして、シェーラーの形而上学的な立場に批判的なプレスナーは、有機体の「位置性」(Positionalität) というところから出発して、動物の位置性の「中心」について論じ、さらに動物と人間との対比から、「脱中心性」(Exzentrizität) ということを人間の特徴として挙げます。

　　動物の生命が中心的 zentrisch であるとするならば、人間の生命は、中心化を打ち破ることはできないものの、同時に中心化から抜け出ており、脱中心的 exzentrisch である。脱中心性は、周辺領野に対する人間の正対位置状態の、人間にとって特徴的な形式である（Plessner, 1981, 364）。

　また、ゲーレンにおきましては、人間は生命レベルにおいてすでに一種独特であるとされます。すなわち、他の動物はそれなりに完成されているのに対して、人間は生物学的には欠陥だらけで、それゆえに「欠陥生物」(Mängelwesen）だというのです。「欠陥」が人間の特徴だというわけです。

> 人間は——形態学的には——すべての高等哺乳類とは反対に、とりわけ、**欠陥**ということばで定義することができる。生物学的な意味で、人間のそれぞれの器官は、適応していない、専門化されていない、原始的である、すなわち未発達である、という特徴をあげることができる。いいかえれば、基本的に否定的な性質のものである。自然の天候から身をまもる毛皮をもたない。自然にそなわった攻撃器官、逃走に適した身体構造をもっていない。人間はたいていの動物に感覚のするどさで負けている。まさしく、彼には真の本能が、生命を危険にさらすまでに不足している。彼は——比較するもののないほど長期間の——保護を必要とする哺乳・子ども時代のもとにおかれる。別の言い方をすれば、人間は、自然の・野生の条件下では、この地表の敏捷な逃走動物、危険な野獣のまん中で、とうの昔に、絶滅していたにちがいない（ゲーレン，2008，25-26）。

しかしながら、人間は「欠陥生物」という規定に尽きてしまうわけではありません。「とうの昔に、絶滅していたにちがいない」人間が、そうならなかったのは、自然の世界では生存できない人間が、自分にあった第二の自然、つまり「文化」をつくりだし、それによって第一の自然を克服したからです。その意味では、人間は「文化生物」でもあります。

> 人間はその器官の未発達、貧弱な残存能力の結果、もとのままの実際の自然条件下では生活できなくなっている。したがって彼は、自分の器官には〔天然に〕そなわっていない〔生存のための〕手段をみずからつくりださなければならない。それは、労働によって世界を——生活に役だつよう——つくりかえることによって可能になる。……彼によって生活に役だつようにつくりかえられた自然の総体は**文化**と呼ばれる。文化の世界は人間の世界である（ゲーレン，2008，29-30）。

以上、とりあえずシェーラー、プレスナー、ゲーレンといった代表者の考

えを簡単に紹介してみました（これら三者の哲学的人間学の詳細につきましては、とりわけ、奥谷，2004参照）。これ以外にも、たとえば、すでに名を挙げましたロータッカーは「距離」ということを（ロータッカー，1978）、ラントマンは、ゲーレンと同様に、「文化」ということを人間の本質特徴として強調しております（ラントマン，1991）。

　いずれにいたしましても、こうした哲学的人間学は、哲学のみならず——このことが非常に重要なことでもあるわけですが——他の諸学にも大きな影響を及ぼすことになります。すなわち、他の諸学におきましても「人間の本質への問い」の提起を促し、たとえば、生物学においては「生物学的人間学」を、医学においては「医学的人間学」を、心理学においては「心理学的人間学」を、神学においては「神学的人間学」を、そして教育学においては「教育人間学」を成立させるにいたるのです（こうした諸々の人間学につきましては、金子，2010参照）。「教育人間学」の成立には、このように、「哲学的人間学」からの刺激ということが大いにあずかっているわけです。

教育人間学の構想

　1950年代に入ったあたりから、西ドイツ（当時）、オーストリア、オランダ、そして日本の教育学におきまして、「教育人間学」とか「人間学的教育学」とか「子どもの人間学」とか「教育学における人間学的見方」とかいった、要するに「人間学」とか「人間学的」という語を伴った教育理論が次第に現れ、それが現代教育学の1つの重要な潮流を形成するようになります。ここでは、こうした人間学的な傾向を有した教育理論を「教育人間学」と総称しておくことにします（先に触れましたように、「教育人間学」はドイツ語では Pädagogische Anthropologie となります。その場合、pädagogisch という形容詞が、「教育的」あるいは「教育学的」と訳せるところから、「教育的人間学」とか「教育学的人間学」という言い方も可能ですが、日本では「教育人間学」が最も一般的ですので、そのようにいっておきます）。

　この教育人間学が哲学的人間学の影響を受けて成立したことは、今述べた通りですが、哲学的人間学の場合とは違いまして、その始点や創始者を正確

に定めることは困難としなければなりません。とはいいましても、1950年代の後半には、すでに教育学における人間学的傾向は芽を出しており、この傾向は60年代に入っていっそう顕著となって、教育学において「人間学」ブームが現出します。60年代は教育人間学の流行の時代であったといっても過言ではありません。その後一時期教育人間学は下火となりますが、やがてまたその重要性が再認され、現在では人間学ブームにも乗って、教育学における1つの重要な立場と見なされております。現在にいたるまでの、教育人間学の代表的な著作をリスト・アップすれば――どうしてもドイツ語圏のものが多くなってしまいますが（日本の教育人間学につきましては、皇・矢野，1999参照）――次のようになるかと思います（『』は著書、「」は論文であることを示しています）。

- ランゲフェルト（Langeveld, M. J.）『子どもの人間学研究』（1956年）
- デルボラフ（Derbolav, J.）「教育科学の枠内での教育人間学の問題と課題」（1959年）
- 森昭『教育人間学』（1961年）
- フリットナー（Flitner, A.）編『教育人間学への道』（1963年）
- ロッホ（Loch, W.）『教育学の人間学的次元』（1963年）
- ボルノー（Bollnow, O. F.）『教育的雰囲気』（1964年）
- ボルノー『教育学における人間学的見方』（1965年）
- デップ＝フォアヴァルト（Döpp-Vorwald, H.）「教育人間学の課題と方法について」（1966年）
- ロート（Roth, H.）『教育人間学』（第1巻「陶冶可能性と目標規定」1966年、第2巻「発達と教育」1971年）
- ディーネルト（Dienelt, K.）『教育人間学』（1970年）
- 下程勇吉『人間学的教育学の三原理』（1971年）
- ツダルツィール（Zdarzil, H.）『教育人間学』（1972年）
- ゲルナー（Gerner, B.）『教育人間学入門』（1974年）
- メルツ（März, F.）『教育学の問題史』（第1巻「人間の学習必要性と教

育必要性——教育人間学第1部」1978年、第2巻「人間の学習能力と教育可能性——教育人間学第2部」1980年)
・ハーマン(Hamann, B.)『教育人間学』(1982年)
・ショイエール(Scheuerl, H.)『教育人間学』(1982年)
・ラサーン(Lassahn, R.)『教育人間学』(1983年)
・ヴルフ(Wulf, Ch)編『教育人間学入門』(1994年)
・氏家重信『教育学的人間学の諸相』(1999年)
・ヴルフ 編『教育の人間学入門』(2001年)
・ツィルファス(Zirfas, J.)『教育学と人間学』(2004年)

　教育人間学の論者の中でとりわけ重要な人物を挙げるとなりますと、ランゲフェルト(1905-1989)とボルノー(1903-1991)とロート(1906-1983)あたりになるでしょうか。この内、ランゲフェルトは、オランダの人で、従来の哲学的人間学がおとなをモデルにしているとの反省に立って、「子どもの人間学」を提唱しました。また、ボルノーは、20世紀後半のドイツの代表的な哲学者・教育学者で、哲学的には特に「解釈学」に依拠し、教育学的には「精神科学的教育学」の伝統を踏まえつつ、哲学的人間学の知見を摂取することによって、新しい教育学理論を打ち立てようとしました。さらに、ロートは、哲学的傾向の強かったドイツ教育学にあって「現実主義的転換」を説き、人間に関する経験科学的なデータを重視して、文字通り『教育人間学』と題した大著を公刊しました。要するに、ランゲフェルトやボルノーやロートあたりを代表者として、20世紀後半に成立・発展した、教育学の1つの重要な立場が、「教育人間学」と称されるものなのです。と、ひとまずこのように申しておきます。

第2講　教育人間学の諸理論

これまで、実に様々な教育理論が、「教育人間学」の名称で呼ばれてきました。第2講におきましては、そうした教育人間学の諸理論を「内含的教育人間学」「先駆理論」「狭義の教育人間学」に、さらに「狭義の教育人間学」を「統合的教育人間学」と「哲学的教育人間学」に分けて、整理してみることにいたします。

内含的教育人間学

これまでのところ、「教育人間学」を、ドイツ語圏を中心に、哲学的人間学の影響のもとに成立・発展した、ランゲフェルトやボルノーやロートを代表者とする現代教育学の1つの立場として、とりあえずとらえてみましたが、これは教育人間学を最も狭く限定した場合で、今日では「教育人間学」という呼称は、こうした限定を越えて幅広く用いられております。したがいまして、一口に「教育人間学」といいましても、いろいろな理論がそのように呼ばれているわけで、それで、ここでは、そうした教育人間学の諸理論をいくつかの形式に区分し、その特徴について述べてみることにいたします。

さて、そもそも教育は「人間」を対象にしており、それゆえに、あらゆる教育理論には、自覚されていようといまいと、すでに「人間」についてのある種の理解が含まれているといえます。たとえば、ルソー（Rousseau, J.-J. 1712-1778）に『エミール』という有名な教育論がありますが、この『エミール』の根底には、ルソー独特の人間理解が存在しています。そこで、こうした教育理論の根底にある人間理解を「教育人間学」と呼ぶこともできるわけです。それで、時として、たとえば「ルソーの教育人間学」という言い方がなされたりします。こうしたことは、別に特定の教育思想家についてだけでなく、ある種の教育運動やある民族やある時代の教育全体についてもあて

はまることです。

おそらく、教育学のみならず、文学や宗教や哲学といった、何らかの形で人間を取り扱うものは、すべて潜在的に「人間学」を有しているといってよいでしょう。前に名前を出したラントマンは、自覚的に取り出された人間学を「顕現的人間学」と呼び、これに対して、無自覚的な隠された人間学を「内含的人間学」と名づけました (Landmann, 1962, XI)。ここで「顕現的」「内含的」と訳したドイツ語は、それぞれ explizite, implizite です。explizite は英語では explicit、implizite は同じく英語では implicit にあたります。外へ（ex）現れているのが explicit つまり explizite で、内に（im）隠れているのが implicit つまり implizite です。したがいまして、たとえば具体的には「人間とは何か」という問いが、つまりは「人間学」ということがはっきりと外に現れて表明されているのが「顕現的人間学」で、これに反して、そうしたことがはっきりと表明されず内に含めて隠されているのが「内含的人間学」ということになります。

ラントマンのこの「顕現的人間学」「内含的人間学」という区別に基づくならば、たとえば「ゲーテの人間学」とか「漱石の人間学」とか「聖書の人間学」とかいわれる場合には、こうしたケースでは、「人間とは何か」という問いを前面に出したり、みずからはっきりと「人間学」と称したりしているわけではないのですから、その人間学は「内含的人間学」という意味での人間学ということになります。今日「人間学」という表現に出会う場合、そこでの「人間学」のほとんどはこの「内含的人間学」であると見てよいでしょう。いずれにしましても、このように考えるならば、たとえばいまだ「教育人間学」とみずから名乗っていない教育理論の根底にある人間学は、それを「教育人間学」と呼ぶことは可能であるにせよ、その「教育人間学」は「内含的教育人間学」という意味でのそれということになります。「ルソーの教育人間学」は、厳密にいえば、「ルソーの内含的教育人間学」なのです。

しかしながら、「内含的人間学」を厳密に「人間学」と称するかどうかについては、いろいろと議論があるところです。といいますのも、こうした漠然とした人間理解をも「人間学」と呼ぶならば、何もかも人間学となってし

まい、人間学の範囲が不当に広がって、まさに学としての人間学の本来の姿が失われてしまうからです。この点を例のボルノーは次のように指摘しています。

> 混同を避けるために、われわれは次のことをはっきりしておかなければならない。すなわち、それ自体必然的で重要な見方を「人間学的」と名づけること、および教育学のある古典的思想家や一時代全体の「人間学」という言い回しをする用語法は、人間学の概念を一般的かつ比較的ルーズな意味において受け取っているのであって、こうしたものは人間についての特殊な学問（それが個々の点ではいかなる種類のものであろうとも、つまり経験論的であろうと哲学的であろうと）とはもはや何のかかわりもない、ということである。したがって私は今日、人間学の概念をこうした連関の中でまったく避けて、むしろ控えめに「人間の像」ないしは、像に示される直観性は必ずしもいつも与えられている必要はないのだから、より一般的に人間のイメージ（Vorstellung）といういい方をするのがむしろ好ましいと思う（ボルノー，1977，35-36）。

要するに、内含的人間学のようなものは、何ら「学」ではないので、わざわざ「人間学」という必要はなく、「人間像」とか「人間観」といったような表現で事足りるのであって、本来の「人間学」、そしてまた「教育人間学」は、やはり「学」でなければならないというわけです。このボルノーの主張は、「教育人間学」ということを考えていく場合に、非常に重要なことだと思います。ある理論を「教育人間学」と呼びうるためには、それをそういわざるをえない必然性がなければなりません。全く「教育」が欠落しているのに、「教育」人間学を標榜したり、あるいは逆に、どこが「人間学」なのかと首をかしげたくなるのに、教育「人間学」を自称しているケースが時として見受けられたりします。したがいまして、ここでも、こうしたボルノーの主張に賛同して、内含的な教育人間学を厳密な意味での教育人間学から区別しておくことにいたします。

教育人間学の先駆理論

繰り返すことになりますが、本来の厳密な意味での教育人間学は、哲学的人間学の影響のもとに、1950年代以降登場したある特定の教育学理論をさしています。けれども、こうした教育人間学が現れる以前に、「人間学」とか「人間学的」とかそれに類似した表現を伴った教育理論が全く存在しなかったわけではありません。そうした理論は、少なくとも「人間学」ということを自覚し、みずからそのように名乗っているので、先ほどの「内含的教育人間学」から区別されなければなりませんが、かといって、これを狭義の教育人間学と同一視することはできません。狭義の教育人間学には直結してはいないにしても、ある意味ではそれを先取りしており、狭義の教育人間学の「先駆理論」とでもいえるものであります。こうした先駆理論としては、たとえば、次のようなものを挙げることができるでしょう。

- ウシンスキー（Ushinskii, K. D.）『教育の対象としての人間——教育人間学試論』（第1巻　1868年、第2巻　1869年、第3巻　未完）
- モンテッソーリ（Montessori, M.）『教育人類学』（Antropologia pedagogica, 1910年）
- フート（Huth, A.）『教育人類学』（Pädagogische Anthropologie, 1932年）
- ノール（Nohl, H.）『性格と運命——教育人間論』（Charakter und Schicksal. Eine pädagogische Menschenkunde, 1938年）

この内、まずウシンスキー（1824-1870）は、帝政ロシア時代の代表的な教育家・教育学者であって、彼が死の直前に公刊した『教育の対象としての人間——教育人間学試論』は、原語は当然ロシア語（педагогическая антропология）でありますが、おそらく「教育人間学」という呼称を用いた最初の書であると判断されます（柴田・小原・岩城，1985，143）。彼の構想は、現在の教育人間学とは直結してはいないものの、現在の教育人間学に通じるところがあり、文字通り教育人間学の「先駆理論」と呼ぶにふさわしいものです。

これに対しまして、モンテッソーリ（1870-1952）——幼児教育におけるモ

ンテッソーリ法でよく知られているあのモンテッソーリです——のAntropologia pedagogica は、これはこれまでのモンテッソーリ研究から「無視され続けられてきたモンテッソーリの一冊の大著」(藤川, 2008, 300)と評されるのですが、人類学的知見に基づいており、「教育人類学」と称すべきものです。また、フート (1892-?) の構想も、Anthropologie という語を用いてはおりますものの、内容的に見れば、加えて、彼みずからその方法は「厳密自然科学の方法」(Höltershinken, 1976, 83) であるといっていることからも明らかでありますように、「教育人類学」であります。

さらに、Anthropologie (人間学) ではなく、Menschenkunde (人間論) と称しているノール (1879-1960) ——ノールはボルノーの師にあたる人です——の構想は、「教育人間学の前形式」として、後の教育人間学の論議においてしばしば取り上げられるものです (ゲルナー, 1975, 80-85)。その意味では、現在の教育人間学につながっております。ここでは、教育人間学の原点とでも称すべきウシンスキーの構想について、やや詳しく紹介しておくことにしましょう。

ウシンスキーの「教育人間学」

ウシンスキーの「教育人間学」は、この時期流行していた、すでに触れましたかのフォイエルバッハの人間学思想や、このフォイエルバッハの人間学思想の影響を受けた同国ロシアのチェルヌイシェフスキー (Chernyschevskij N. G. 1828-1889) の『哲学における人間学の原理』(1860年) の刺激のもとに成立したものです。そもそもウシンスキーによれば、教育実践が成功するためには、教育者は「教育の対象」である「人間」についてまず知らなければなりません。

> 教育者は、人間を、現実の人間がいかなるものかを——人間のすべての弱点、人間のすべての偉大さ、その日常のあらゆる小さな要求からすべての大きな精神的要求にいたるまで——知るように努めねばならない。教育者は、家庭のなかの人間、社会のなかの人間、民族のなかの人間、

人類のなかの人間を知らねばならない。……教育者は、もっとも醜悪な行為・もっとも高潔な行為に人間を駆りたてる動機、罪ある思想や偉大な思想の発生の歴史、あらゆる情熱・あらゆる性格の発達の歴史を、知らねばならない。そのときにのみ教育者は、人間の本性そのもののなかに、教育的影響──この巨大なる影響の諸手段を見いだすことができよう（ウシンスキー，2010, 30）。

したがいまして、教育者には人間についての知識が要求されることになるのですが、しかしその場合、その知識は一面的なものではなく、あくまで「全面的知識」でなければなりません。そこで、こうした人間に関する知識を与えてくれる科学が問題となります。

この・人・間・科・学（АНТРОПОЛОГИЧЕСКАЯ НАУКА）の広範な領域に属する科学としては、人間の解剖学、生理学、論理学、言語学、人間の住居としての地球および地球の住人としての人間を研究する地理学、統計学、政治経済学、病理学、および広い意味の歴史学（宗教、文明、哲学体系、文学、芸術および狭い意味の教育の歴史を含む）がある。これらすべての科学においては、教・育・の・対・象、すなわち人間の特性を明らかにする事実や事実の相互関係が叙述され、対比され、分類されている。

しかし、教育者は、教育活動の諸規則の集合としての狭い意味の教育学を学ぶ前に、本当に、このような多数の広範囲な科学を研究しなければならぬのかと、人が尋ねるなら、われわれは、その問いに然りと断言・す・る。もし教育学が人間を全面的に教育しようと欲するのなら、教・育・学・は・ま・ず・も・っ・て・人・間・を・全・面・的・に・知・ら・ね・ば・な・ら・な・い・のだ（ウシンスキー、2010, 18-19）。

そこで、ウシンスキーは、「教育活動の諸規則の集合としての狭い意味の教育学」に先立って、教育者に人間に関する全面的知識をいわばコンパクト提供してくれるものとして、「教育人間学」なるものを提唱するのです。けれども、ウシンスキーが現実に打ち立てた「教育人間学」は、生理学的・心

理学的傾向を強く帯びたものにとどまりました。

> われわれは、心理現象のうちでもとくに教師にとって重要な意義をもつものを選び取り、それに心理現象を説明するうえに必要な生理学的事実をつけ加えようと考えた。要するに、「教育的人間学」を準備しようと考え、それを始めたのである（ウシンスキー，2010, 36）。

内容的には、第1巻で生理的事実および全意識過程、第2巻で感情過程が取り上げられ、未完の第3巻では教育方法が論じられる予定でした。ともあれ、ウシンスキーにおきましては、教育人間学が本来の教育学の基礎科学として位置づけられているのであって、その対象となっているのは、ノールの教育人間論もそうですが、被教育者としての人間です。教育人間学を被教育者についての人間学的解明として性格づけることは、現代の教育人間学においても広く認められるところであり、その意味で、ウシンスキーの構想は、教育人間学の1つのモデルを提示しているといえるのです。

狭義の教育人間学の2つのタイプ

狭義の教育人間学は、「内含的教育人間学」や「先駆理論」とは違って、再三強調してきましたように、哲学的人間学の影響のもとに、1950年代に成立し、発展してきたものですが、しかし、「教育人間学」と一概にいっても、その名のもとに展開されている理論は、その学問的立場も論者によって著しい相違が見られ、その内容も実に様々で、教育人間学について統一的な見解があるわけではありません。諸構想の乱立状態です。こうした教育人間学の混乱状態にあって、ゲルナー（1922- ）は『教育人間学入門』におきまして、特に方法論的観点から次のような類型区分を提唱しました。

> われわれは現在の諸構想を二つの主要類型に、すなわち統合的に方位づけられたものと哲学的に方位づけられたものに集結させるのであるが、このことがあまりにもひどい単純化であるように見えるかもしれない。しかしながら指摘しておかなければならないことは、両方の主要類型か

ら、そのつど互いにここかしこできわめて相違した種々の個別構想がその内的構造に関して調査され、その相対的特性において討議されることである。両方を合わせることによって、多様性を統一性において、共通なものをあらゆる相違において適切に顧慮するのに具合のよい道が、われわれに姿を現わしたのである。つまり、唯一の教育人間学もなければ、また統合的教育人間学のみや、子供ないし教育の哲学的人間学のみも存在しない（ゲルナー，1975, 11）。

　つまり、ゲルナーは、教育人間学を「統合的に方位づけられた教育人間学」と「哲学的に方位づけられた教育人間学」という2つの主要類型に区分しているのです。そして彼は、前者のタイプの代表者としてデルボラフ（1912-1987）、フリットナー（1922- ）、ロートを、後者のタイプの代表者としてランゲフェルト、ボルノー、デップ＝フォアヴァルト（1902-1977）を挙げております。このゲルナーの類型化の試みは、1974年に示されたものですが、今日においても、とくに方法論的観点から教育人間学を考えるに際して極めて有意義であると判断されますので、ここでもこの類型区分を採用し、教育人間学を、ただし名称を少し簡略化して、「統合的教育人間学」と「哲学的教育人間学」とに大きく分け、それぞれについて説明を加えることにいたします（教育人間学の類型区分には、ほかにもいろいろな試みがあり、たとえば「統合科学的」「哲学的人間学的」「現象学的」「弁証法的・反省的」「対話的」といったような整理の仕方もあります。ヴルフ，2001, 6-9）。

統合的教育人間学

　さて、人間を研究対象としているのは何も教育学だけでないことはいうまでもありません。すでにウシンスキーも述べていましたように、実に様々な科学が、直接間接の差はあるにしても、人間について研究しております。そうした科学は、多くの場合にはそれぞれ個別的に研究を行っており、したがいまして、そこで獲得された人間に関する研究成果は、それだけではバラバラのままです。それで、これらの研究成果を取り込んで、それを1つの統一

的全体へとまとめあげる必要性がどうしても生じざるをえません。すなわち、人間についての諸科学の成果を統合する「統合的人間学」なるものが要求されてくるわけです。そして、この「統合」を「教育」という視点からなそうとするのが「統合的教育人間学」なのです。

　この「統合的教育人間学」の最も典型的なケースは、すでに紹介しましたロートの『教育人間学』でしょう。現代の教育人間学の最高の到達点とも評価されるこの書は、第1巻「陶冶可能性と目標規定」と第2巻「発達と教育」の2巻構成になっていますが、そこでは、「陶冶可能性」とか「発達」といった問題が、諸科学の研究成果を摂取しつつ、教育という統一的視点より論じられているのです。たとえば、「発達」を取り上げるに際して、次のようにいわれています。

> 私は教育学的問題設定にもとづき、ふたたび「データ処理の統合科学」（datenverarbeitende Integrationswissenschaft）という意味において研究を進めよう。その研究課題は教育学的発達理論（eine pädagogische Entwicklungslehre）を構築することである。この教育学的発達理論の目標は教育においてその把握と理解が重要となるような発達の基本線を描き出すことである。この発達の基本線は実証的に確証された研究成果の範囲を越えることもあるが、しかし自己を訂正していくために、たえずこの研究成果を利用するのである。いいかえれば、この基本線は、教育学的課題のゆえに全体をめざす思考の地平へと経験科学的データをとり入れようとするのである（ロート，1976，72）。

　このように、ロートにあっては、教育人間学は教育という視点よりの「データ処理の統合科学」として構想されているのですが、こうした方法論を通してとりわけ浮かび上がってくると思われますが、最初に述べました「人間における教育の意味への問い」でしょう。「人間」に関する様々な研究成果を「教育」という視点からまとめ上げるという作業においては、そのまとめ上げる視点である「教育」が「人間」にとってどのような意味をもつのか、ということを当然含めて問わざるをえないからです。

哲学的教育人間学

これに対しまして、「哲学的教育人間学」の代表者はボルノーであります。ただし、用語について厳密にいえば、ボルノー自身は、「教育人間学」という語は「教育学的視点のもとで見られ取り扱われた統合的および基底的な経験的人間学」、つまり今説明した「統合的教育人間学」の意味で用いるべきだとし、みずからの立場については、「教育学における人間学的見方」と称します。それは、彼に従えば、教育学の１つの「部分領域」ではなく、教育学全体を貫く「見方」（あるいは「考察法」）にほかなりません。ではこうした「見方」はどこに由来するのか。ボルノーによれば、それは哲学的人間学からくることになります。つまり、哲学的人間学の方法を教育学に導入することによって、そこに成立するのが「教育学における人間学的見方」なのです。

ボルノーという人は、教育人間学のみならず、哲学的人間学に対してもすぐれた寄与をなしましたが、哲学的人間学における彼の最大の功績は、彼が哲学的人間学の「方法論原理」を解明した点に求められるかと思います。といいますのも、シェーラーの構想以来、哲学的人間学は現代哲学において確固たる地歩を占めてきたにもかかわらず、それを学として確立させる方法論的基礎づけを欠いていたからです。ボルノーはこの不備を補うために、哲学的人間学の方法論原理として、「人間学的還元」「オルガノン」「個別諸現象の人間学的解釈」「開かれた問い」の４原理を挙げたのです。

これら原理は、相互排除ではなく、相互補完の関係にあるとされますが、この内のまず「人間学的還元」の原理というのは、客観的な文化形象をその創造者である人間自身に引きもどし、そこから把握しようとする操作を、「オルガノン」の原理とは、これとは逆に、人間自身によって創造された形象をオルガノン（道具）として人間自身を理解する操作を、それぞれ意味しております。これに対して、客観的形象からはとらえられない、人間の生そのものに内在しているある種の「現象」（たとえば、ボルノーの挙げている例でいえば、「不安」「喜び」「恥じらい」「仕事」「祭」等）から出発して、「そこから慎重な解釈によって全体としての人間理解を獲得することを試み、考察

された現象がそこにおいて必然的かつ不可欠な機能をもつところまでいわば仕上げることに努める」（ボルノー，1977, 72）企てが、「個別諸現象の人間学的解釈」の原理が意味するところのものです。その際、この原理による問いは、次のように定式化されます。

> 生の事実に与えられたこの特殊な現象が、そこにおいて有意義かつ必然的な項として把握されるためには、全体としての人間の本質はいかなるものでなければならないか（ボルノー，1977, 72-73）。

そして、これらの3原理とは趣を異にしますが、ある種の現象を取り上げつつも、決してそれを絶対化せず、他の現象にも心をオープンにしておき、したがって、全体としての人間の本質を固定化することなく、いわば「閉ざされた人間の全体像」を拒否する探究態度が、「開かれた問い」の原理と呼ばれるものなのです。

これら諸原理の内で、ボルノー自身がより重視し、みずからの人間学的研究にあっても具体的に用いておりますのが、哲学的人間学の「最も一般的な方法論原理」である「個別諸現象の人間学的解釈」の原理と、「許容できない単純化を批判的に防ぐ」ことに努める「開かれた問い」の原理です。前者の原理にかかわって申しますと、たとえば、ボルノーは晩年に『練習の精神』（1978年）という書を著しましたが、そこでも次のように問うています。

> 人間の生活の中で練習が有意味で不可欠な遂行として、そこでのみ人間の生活がその完全な充実を見出し得るものとして現れるためには、我々は人間の生活を如何に把握しなければならないか（ボルノウ，2009, 29）。

したがいまして、ボルノーの人間学的研究の特徴は、ある特定の個別現象をまず取り上げ、それの解釈を通じて人間の本質に迫りつつも、他方では、ある種の個別現象による人間の本質の確定をあくまで拒否し続けるところにあるといえます。そして、これら2原理に基づいて、教育学において、ある種の「教育現象」の解釈を通して人間の本質に迫りつつも、教育にあっても

閉鎖的な人間像を拒否する試みが、「教育学における人間学的見方」にほかならないわけです。この見方は、先ほどの定式を踏まえるならば、次のように問うことになるはずです。

> この教育現象が、そこにおいて有意義かつ必然的な項として把握されるためには、全体としての人間の本質はいかなるものでなければならないか（Loch, 1963, 83）。

ともあれ、「哲学的」人間学の方法論を教育学に導入するところにはっきりとうかがえるように、ボルノーの構想は「哲学的教育人間学」の典型ケースを示しているのですが、このようなタイプの教育人間学におきましては、上述の問いにはっきりと伺えますように、「教育における人間の意味への問い」がとりわけ問題になってくると思われます。

以上、ゲルナーの類型区分に基づいて、特に方法論的観点から、教育人間学を「統合的教育人間学」と「哲学的教育人間学」とに分けてみました。いずれの場合にも、その根底には「人間とは何か」という問いが存在しており、この問いが研究全体の原動力となっています。ただ、決定的に問題なのが、前者では科学的データの「豊富さ」であるのに対して、後者では人間や教育の「本質」であるという点で、両者は根本的に区別されるのです（ゲルナー, 1975, 122-123）。

それとともに、かの「人間における教育の意味への問い」と「教育における人間の意味への問い」との区別に引き寄せていえば、「統合的教育人間学」では「人間における教育の意味への問い」が、「哲学的教育人間学」では「教育における人間の意味への問い」が主導的であるという相違も指摘できるでしょう。もちろん、その場合、あくまで一方の問いが主導的ということであって、両方の問いが密接に絡み合っていることも押さえておく必要があります。というよりも、教育人間学におきましては、最終的には、これら両方の問いの循環ということが決定的に重要となってくるでしょう。いずれにしましても、これら両者の立場がいかに具体化されているかについては、第4講および第5講のところで見ることにいたします。

第3講　教育的動物としての人間

　人間は教育を特徴とする動物、つまり「教育的動物」です。これは教育人間学の根本的な人間規定でもあります。この「教育的動物」ということには、「教育必要性」と「教育可能性」の２つの面が含まれています。そこで、この第３講では、こうした「教育必要性」および「教育可能性」の問題について取り上げてみることにいたします。

「ヒト」は「教育」によって「人間」になる

　統合的なタイプであれ、哲学的なタイプであれ、教育人間学が等しく関心を寄せているのが、生物学的な「ヒト」はいかにして人間性をそなえた「人間」になるか、という問題です。まさに「人間が人間になる」という、つまり「人間生成」という根本事態です。そこで、「統合的教育人間学」や「哲学的教育人間学」の具体相に入る前に、教育人間学そのものの人間規定にもかかわってくるこの根本事態について、少し立ち入って考えてみることにしましょう。

　さて、われわれは生物学的な「ヒト」としてこの世に生まれてきます。では、この自然的な「ヒト」はいかにして人間性をもった「人間」になるのでしょうか。ここで人間の成長を他の動物の成長と比較してみますと、たいていの動物の場合には、生後やがてまもなくその動物固有の特徴が現れ、比較的短い期間で成熟状態に達しますが、しかるに、私たち人間にあっては、たとえば「直立歩行」とか「言語」といった特徴（まさにこの両者は「人間であること」の根本的表現といえます）ですら、それが萌芽的に現れるのにもかなりの期間を必要とし、ある程度人間的な特徴をそなえた成人になるには、はるかに多くの時間がかかります。これを要するに、人間は長い「子ども」の時期をへておとなになるといえるのです。

　この長い子ども期の存在は、人間の「開かれた性質」と相関していると考

えることができます。他の動物が、ある意味では、その本質がすでに最初から確定されているのに反して、人間は、ニーチェ（Nietzsche, F. 1844-1900）のことばをもってしますと、「いまだ確定されていない動物」であって（ニーチェ, 1970, 96等参照）、みずからの力によって自分を確定しなければならず、そのために長い子ども期が必要となってくるのです。このために、人間の発達過程は紆余曲折をへざるをえないし、しかも、人間的特徴は自然的な成長のなかでストレートに発現するのではありません。放っておいても、おのずから人間らしさが現れるということにはならず、人間性の形成には社会的・文化的条件が深くからんでいます。だから、人間が人間的な発達を遂げ、人間性を身につけるためには、やはり他の人間の援助や指導が、つまりは広く「教育」と呼ばれるものがどうしても必要になってくるのです。

このように、「ヒト」がとりわけ「教育」によって「人間」となるのであれば、人間を「教育」を特徴としている動物、つまり「教育的動物」として規定することができるでしょう。古来、人間については、「理性的動物」であるとか、「道具をつくる動物」であるとか、その他「社会的動物」「象徴的動物」「文化的動物」であるとか、実に様々な規定がなされてきましたが、「教育的動物」という人間規定は、あらゆる人間規定の根底に位置づけられることができるかもしれません。人間を「教育的動物」としてとらえる視点は、すでに近代の教育学においてはっきりと認めることができます。たとえば、「近代教育の父」と仰がれるコメニウス（Comenius, J. A. 1592-1670）は、人間の卓越性を「知識」「徳行」「神に帰依する心」に求め、これらのことにかかわって次のように述べています。

> 知識と徳行と神に帰依する心との・それぞれの種子は……自然が与えております。けれども、知識そのもの　徳性そのもの　神に帰依する心そのものまでを　自然が与えているわけではありません。これらは、祈りにより　学習により　行ないによって、獲得される（acquiruntur）ものなのです。このことから申せば、人間を　教育される動物（Animal disciplinabile）と規定した人は、間違っていなかったことになります。申

すまでもなく、教育されなくては (nisi disciplinetur)、人間は人間になることができないのであります (コメニュウス, 1962, 81)。

また、かのカントも、その「教育学講義」におきまして、しばしば引用される有名なフレーズですが、次のように語っております。

人間は教育によってはじめて人間となることができます (カント, 1971, 15)。

教育人間学は、この近代教育学の根本認識を継承しつつ、人間を文字通り「教育的動物」として把握し、現代科学の諸成果の上に立ちながら、それをいっそう理論的に根拠づけようとするのです。

教育的動物の2つの側面

今、教育人間学は人間を文字通り「教育的動物」として把握しているといいましたが、「教育的動物」を表示するにあたってはどのような用語を用いているのでしょうか。用語の上でまず注目しなければならないのはランゲフェルトです。彼は、ラテン語を用いて、人間を animal educandum (アニマル・エドゥカンドゥム、教育されなければならない動物) と呼んでいます。と同時に、homo educandus (ホモ・エドゥカンドゥス、教育されなければならないヒト) という言い方もしています。ただし、「教育されなければならない動物」はヒトだけなので、「ホモ・エドゥカンドゥス」は類語反復にすぎないとしています。他方彼は、人間を animal educabile (アニマル・エドゥカビレ、教育されうる動物) であるともいっています。つまり、ランゲフェルトにあっては、「アニマル・エドゥカンドゥム」と「アニマル・エドゥカビレ」という用語が用いられているわけです (Langeveld, 1978, 171f.)。

その他の論者は、ランゲフェルトの用語使用を受けるか、それにヴァリエーションを加えるかをしていると、だいたい考えてよいでしょう。たとえば、「教育にねらいをつけられ、教育に頼っている存在としての人間」にかかわりあうところに教育人間学の特徴を見るデルボラフは、教育人間学の中

に、経験科学的な人間研究を教育学的視点へと取り込み、それらをできるかぎり統合しようとする努力を認めるとともに（だから彼は「統合的教育人間学」の代表者とされます）、他方では、哲学的人間学が「人間の教育依存性」をますます強く押し出し、「ホモ・エドゥカンドゥス」という概念を提示することによって、経験科学と同様に、教育人間学に対して準備立てをしていることを指摘しています。すなわち、デルボラフの場合には、「教育にねらいをつけられ、教育に頼っている存在としての人間」を表示するのに、ランゲフェルトが類語反復とした「ホモ・エドゥカンドゥス」という語が使用されているのです（デルボラフ, 1979, 33）。

また、フリットナーは、といいましても、おとうさんの Wilhelm Flitner (1889-1990) ではなく、息子さんの方の、『教育人間学への道』の編者の Andreas Flitner ですが、彼は「教育人間学のテーマは、教育可能で教育を必要とする存在、すなわち、homo educandus et educabilis （教育されなければならず、かつ教育されうるヒト）としての人間である」と述べ、homo educandus et educabilis という言い方をしています（Flitner, 1963, 218）。さらに、ロートは、デルボラフと同じく、「ホモ・エドゥカンドゥス」という語を用い、教育人間学は、「人間学に対するあらゆる寄与を……教育学的問題設定のもとに教育に対するそれらの成果を調べ、その固有の研究によって、ホモ・エドゥカンドゥスとしての人間に関する統一的理論へと拡大しようとする試み」（Roth, 1971, 103）であるとしています。ただし、ロートは、「ホモ・エドゥカンドゥスとしての人間」という表現によって、より広く「最も教育を必要とし、最も教育できる存在としての人間」を意味しようとしております。

ここで少し用語の問題にこだわってみましたのは、それを通して教育的動物の2つの側面が浮かび上がってくると思われるからです。すなわち、「教育的動物」といった場合、一方では、「アニマル・エドゥカンドゥム」あるいは「ホモ・エドゥカンドゥス」としての人間が、他方では、「アニマル・エドゥカビレ」あるいは「ホモ・エドゥカビリス」としての人間が、そこに含意されているかと思います。そうであるならば、「教育的動物」とは、よ

り精確にいえば、「教育を必要とし、かつ教育が可能な動物」ということになるでしょう。

　教育人間学は、この両側面のうち、教育を必要としている人間の状態あるいは性質を「教育必要性」(Erziehungsbedürftigkeit) と、教育が可能な人間の状態あるいは性質を「教育可能性」(Erziehbarkeit ないしは Erziehungsfähigkeit)、あるいはヘルバルト (Herbart, J. F. 1776-1841) にならって「陶冶可能性」(Bildsamkeit) と名づけております。したがいまして、ここに、「教育必要性」および「教育可能性」あるいは「陶冶可能性」について検討するという課題が、教育人間学に突きつけられてくることになります。「教育人間学にとっては……2つの契機の記述が、すなわち、人間の教育必要性 (homo educandus) と教育可能性 (homo educabilis) が問題であったし、現に問題である」(Zirfas, 2004, 9) という次第です。

人間の教育必要性

　教育人間学は、実に様々な視点から、人間が教育を必要とする存在であることを明らかにしているのですが、ここでは、特に3つばかりの視点から人間の教育必要性について考えてみることにしましょう。

　まず、教育必要性の解明の手がかりとしてしばしばもちだされるのが、「孤立児」とか「野生児」とかいった、極端な環境のなかで育った子どものケースです。人間社会で孤立するにせよ、あるいは、人間社会から隔絶されるにせよ、これらの子どもは、社会生活を欠落させて、したがって、「教育」を受けることなく大きくなったわけですが、その点で、これらのケースは、教育の有無が人間の成長にいかなる影響を及ぼすかについて、大いなる教示を与えてくれると判断されます。

　「孤立児」の典型例としてよく挙げられますのは、カスパー・ハウザーと名づけられた男の子のケースです。この男の子は、14年間も地下の暗い部屋に閉じ込められていたといわれています（ヴェルナー・ヘルツォーク監督で「カスパー・ハウザーの謎」という題名で映画にもなっています）。これに対しまして、「野生児」の例としては、アヴェロンの野生児（こちらの映画は、フラ

ンソワ・トリュフォー監督「野性の少年」）やオオカミに育てられたと称されるインドの少女カマラとアマラが有名です。こうした極端なケースは、それ自身非常に興味深いものである一方、それらが果たしてどこまで事実なのか、様々な疑問が投げかけられてきてもおります（鈴木，2008参照）。だが、いずれにしましても、多くの事例に共通して見受けられますことは、こうした子どもたちが、発見された時には、ほとんどあるいは全く立って歩いたり、話したりすることができなかったのに、その後人間社会に復帰し、まわりの人々の世話や指導を受けることによって、そうしたことが可能になったということです。このことは、「直立歩行」や「言語」という人類共通の特徴ですら、人間社会の中で、とりわけ他者の世話や指導によって、つまりは教育によってはじめて獲得されることを示しております。この点に関しまして、先に名前を挙げましたコメニウスは、野生児のケースをもちだして、すでに次のように指摘しております。

> 特筆すべき例によれば、幼い頃に猛獣にさらわれその間で育てられた人間は、猛獣以外のことはなにも知りません、いや 今一度人々と暫くの間交わらなければ 口のきき方も手足の動かし方も 動物と少しも変らないのであります。……まことにプラトーが（法律第六編）書きのこしたことは 真理です。人間は、もしまことの教育によって温和にされるならば 最も柔和な・最も神に近い動物である。なんの教育も受けずあるいは過った教育を受けるならば、地上に生じる・すべての動物のうちで最も凶暴なものとなる（コメニュウス，1962，84-85）。

人間が、「最も柔和な・最も神に近い動物」になるか、「地上に生じる・すべての動物のうちで最も凶暴なもの」になるか、それは「教育」（コメニウスの場合には「まことの」という限定がつきますが）を受けるかどうかにかかっているというのです。いずれにいたしましても、このように野生児やあるいは孤立児といった極端なケースを通して、人間にとって教育が必要なことが明らかになるわけです。

ポルトマンとゲーレンの人間学から

　また、人間の生物学的な本質特徴からも、教育必要性を明らかにすることもできます。その際、教育人間学がよく引き合いに出しますのが、ポルトマン (Portmann, A. 1897-1982) の人間学です。ポルトマンは、いわゆる「生物学的人間学」の代表者であるとともに、日本では『人間はどこまで動物か』の著者としてよく知られている人です。そのポルトマンによりますと、哺乳類の新生児は、下等な哺乳類に見られるような未発達な状態で生まれてくる「巣に坐っているもの」と、高等な哺乳類に見られるような発達を遂げて生まれてくる「巣立つもの」の2つのタイプに分けられますが、人間の新生児のみが、「巣立つもの」でありながら、未発達な状態で生まれ、「巣に坐っているもの」の特徴をもあわせもっています。ということは、人間の新生児のみが、高等な哺乳類の中にあって、親の保護や世話に決定的に頼っているわけで、こうしたことから、ポルトマンは人間の新生児を「二次的＝巣に坐っているもの」と規定するのです。

> 　生まれたての人間は、その基本構造からは「巣立つもの」だが、しかし一種独特な両親への依存性をもつことになる。だから、人間の新生児をわれわれは、「二次的＝巣に坐っているもの」とよんだのである。両親へこのように特別な方法で依存するのは、哺乳類のなかでただ人間だけである（ポルトマン，1961，72）。

　ポルトマンは、人間が未発達で生まれてくる原因を「早産」（彼の計算では、人間の妊娠期間は本来は21カ月です）に求めていますが、いずれにしても、「たよりない、能なしの「巣立つもの」」である人間は、そのままでは「巣立つ」ことはできず、他の人間の世話や指導を必要とせざるをえません。ここに教育必要性の1つの根拠を求めることができるでしょう。

　さらに、教育必要性の解明のために教育人間学がしばしば拠り所とするのが、ゲーレンの人間学です。ゲーレンの人間学は、人間を「自然の最もよるべない孤児」（ヘルダー，1972，30）と見なしたヘルダー (Herder, J. G. 1744-1803) の考えを受け継いで、前に触れましたように、人間を生物学的に「欠

陥生物」と規定するところに特徴をもっています。もう一度簡単に繰り返しておきますと、ゲーレンによりますと、人間は、体格、感覚、武器、本能などのあらゆる面で他の動物に劣り、文字通り「欠陥」だらけで、しかも、その欠陥はまさに致命的であって、このゆえに、「人間は、自然の・野生の条件下では、この地表の敏捷な逃走動物、危険な野獣のまん中で、とうの昔に、絶滅していたにちがいない」。このかぎりにおいて、人間は「欠陥生物」です。けれども、「とうの昔に、絶滅していたにちがいない」人間がそうならなかったのは、自然の世界では生存できない人間が、自分にあった第二の自然、つまり「文化」をつくりだし、それによって第一の自然を克服したからです。だとすれば、人間のみが文化をつくり、それをもっているということになるでしょう。その意味では、人間は「文化生物」でもあります。

このようにゲーレン人間学の線に沿って考えていけば、人間の特徴として「文化」ということを問題にせざるをえないわけですが、この「文化」というところから教育の必要性を引き出すことができるわけです。すなわち、文化というものは、自然的な本能等とは違って、生得的に人間にそなわっているのではなく、「学習」によって身につけなければならないからであります。人間が文化生物であるかぎり、学習は人間にとって不可欠といわなければなりません。ここにまず「人間の学習必要性」が明らかになります。もっとも、こうした学習は、自然な形式でもなされますが、しかし文化が複雑になればなるほど、自然的な学習だけに委ねておくわけにはいかず、どうしても方法的・系統的な学習への援助、つまり教育が必要になってくるのです。

以上のように、孤立児や野生児の事例、あるいはポルトマンの理論、さらには学習必要性といった視点から、人間の教育必要性を明らかにすることができるわけです。カントの「教育学講義」の中の、先に引いた「人間は教育によってはじめて人間となることができます」と並んで有名な次のことばは、まさに人間の、そして人間のみのこうした教育必要性を端的に指摘しております。

　　人間とは教育されなければならない唯一の被造物であります（カント,

1971, 12)。

人間は、ランゲフェルトの表現をもう一度もってすれば、まさしく「アニマル・エドゥカンドゥム」なのであります。

人間の教育可能性

人間の教育必要性が明らかになった以上、次に問わなければならないのは、「人間の教育可能性」ということです。といいますのも、教育が必要なのに、教育が不可能であれば、ずいぶん困ったことになるからです。したがいまして、次の指摘にもありますように、「教育必要性」と「教育可能性」とは深く結びついているといえます。

> 教育を必要としていることと並んで、とりわけ、教育が可能であることが人間の基本標識として教育人間学の視野に入ってくる。人間は教育の助力を必要とする存在であるばかりでなく、教育の可能性大である存在である。教育を必要としていることと教育が可能であることは、人間存在の相互に補完し合っている二つの側面である（レールス、1990, 200）。

教育可能性の問題は、「教育の力によって人間を変えることができるかどうか、もし変えることができるのであれば、どこまで変えることができるのか」というように定式化することができるかと思います。この問題は、ある意味では、教育学のいわば普遍的なテーマでもあって、これをめぐっては実に様々な見解が存在していますが、教育人間学におきましては、それら諸見解は、たとえばメルツ（März, 1980, 11-166）やハーマン（Hamann, 1982, 86-88）に見られますように、3つばかりの立場に整理・区分されたりします。

その内のまず第1は、教育の力を取るに足りないものあるいは無力と見て、教育可能性にかなりの制限を加える、もしくは教育可能性を否定する立場です。第2は、教育の力を過大評価して、教育可能性を全面的に肯定し、場合によっては教育の力によってできないことはないと考える立場です。そ

して第3は、これら2つの立場のいわば中間に位置するもので、教育の力をリアルに認識しつつ、教育可能性をできるだけ認めていこうとする立場です。要するに、教育の力を悲観的に過小評価するか、楽観的に過大評価するか、あるがままにリアルに評価するかに応じて3つの立場が区分されるわけです。教育人間学は、第1の立場を「教育的ペシミズム」、第2の立場を「教育的オプティミズム」、第3の立場を「教育的リアリズム」と名づけたりいたしております。

　こうした3つの立場の区分は、「ヒト」が「人間」になるにあたってその決め手となるのは「内因的なもの」か「外因的なもの」か、という問題に応じてもいます。たとえば、「内因的なもの」を決め手とする代表的なものとして「遺伝決定論」がありますが、人間が遺伝等によって前もって内因的に決定されているとすれば、教育の入り込む余地はほとんどなく、「教育的ペシミズム」に行き着かざるをえません。あるいは、人間は、みずからの内部にあらかじめある自己形成力によって自己自身をつくりだすのであって、このようなことに対して他者が外部から介入することはできないし、また介入しても何ら本質的な影響を与えることはできないと考えれば、これまた教育の余地はなくなり、同様に「教育的ペシミズム」に帰着することになります。ともあれ、こうした「教育的ペシミズム」は、それはつまり教育を軽視あるいは否定するわけですから、教育学の容認するところではないのは当然のことです。

　これに対しまして、教育学に好都合なのが、人間生成において「外因的なもの」を重視する立場を背景とした「教育的オプティミズム」であります。それで、この立場はこれまで幅広く唱えられてきました。ことに啓蒙主義の時代には、この立場の極限形態である教育万能論がいたるところで説かれました。たとえば、イギリスの経験主義の代表的な哲学者であり、白紙説で有名なロック（Locke, J. 1632-1704）は、彼は『教育に関する若干の考察』と題した教育論を著しておりますが、その教育論の中で、「われわれが出逢う万人の中で、10人の中9人までは、良くも悪くも、有用にも無用にも、教育によってなるものだと言って差し支えないと思われます。教育こそ、人間

の間に大きな相違をもたらすものです」(ロック, 1967, 14) と述べました。また、フランスの思想家で、『人間論』を書き残しましたエルヴェシウス (Helvetius, C. A. 1715-1771) は、その『人間論』におきまして、「教育がわれわれを現在のわれわれの姿にしているのだ」とし、「教育はすべてを行ないうる」と極言いたしました (エルヴェシウス, 1966, 152-154)。さらに、すでに紹介いたしました例のカントは、「人間とは、教育がその人から作り出したところのものにほかなりません」(カント, 1971, 15) と語りました。要するに、人間は教育の産物だというわけです。

確かに、人間の中に教育可能な部分が広範囲に存在するのは事実です。特に知的精神的領域は大いに教育可能であります。それゆえに、教育的ペシミズムは誤っているといわざるをえません。しかしながら、他方では、人間のある部分、とりわけ生物学的な部分が遺伝の法則によって支配されているのも事実でありますし、また、人間の最も内面的な部分とか、本来の自己といったことは、教育によって直接つくりだせるものではないかもしれません。したがいまして、教育の力を絶対視し、つまりは「教育決定論」に陥ってしまう教育的オプティミズムも、これまた一面的といわなければなりません。問題は、まさに人間学的に人間全体をどうとらえ、それに応じて教育の力をどこまで認めるかということでしょう。

教育的リアリズムの立場

教育の限界を承知しつつ、その可能性をできるだけ認め、その範囲の中での最大限の教育的努力を力説するのが「教育的リアリズム」であり、この立場こそ教育学が本来立つべき立場といえましょう。だから、教育学をはじめて科学的に独立した学として構築しようとしたヘルバルトが、「教育的リアリズム」の立場に立っていたのは、決して偶然ではありません。すなわち、彼は「教育学の基礎概念は生徒の陶冶可能性である」(ヘルバルト, 1974, 3) として、まず教育学の大前提として人間の教育可能性を認め、そこからさらに、教育的ペシミズムと教育的オプティミズム、彼自身はそのような表現を用いているわけではありませんが、それら両方を批判して、次のように

指摘しているのです。

> 教育の力は事実よりも過大に評価されてはいけないが、しかし過小に見積もられることは禁物である。教育者は彼れに可能な限りのことを成し遂げるように努め励まなくてはならない（ヘルバルト、1974、5）。

こうした教育的リアリズムは、教育人間学の支持するところでもあります。たとえば、ランゲフェルトは、教育の力を過大視する教育的オプティミズムも、内的な要因を決定的と見る教育的ペシミズムも、いずれをもしりぞけ、本来教育は、それゆえに教育者と被教育者の関係は、その中間に成立するものであるとしています。

> もしひとが被教育者の中にある固有な人格的な構造力・形成原理を軽視し、したがって被教育者の自己形成の可能性に悲観的であるなら、そのとき人は一つの教育的楽観論に落ち入る。逆に人が教育者の意識的な被教育者に対する形成活動を軽視するとき、人は一つの自然主義的楽観論に落ち入る。……教育者が自己の可能性を確信するのは、子供が生来無力で助けを必要とするものだからである。しかしこの確信は子供の自己形成的な傾向に対する確固たる信頼と一緒になってはじめて本来の教育関係を、つまり単なるおとなと少年、両親と子供の関係とは厳密に区別されなければならないような教育者と被教育者の関係を——つくり出すのである（ランゲフェルド、1971、50-51）。

またロートも、膨大なデータに基づいて、人間が陶冶可能な存在であることを明らかにするとともに、遺伝決定論も環境万能論もともに誤りであるとし、「遺伝と環境との間の教育の自由な空間」を強調しています（Roth, 1971, 151-267）。以上のことから明らかでありますように、人間は「アニマル・エドゥカンドゥム」であるとともに、「アニマル・エドゥカビレ」であるといえるわけです。

第 4 講　発達と教育

この講におきましては、「統合的教育人間学」の代表的なケースでありますロートの教育人間学、とりわけそこで提唱されています「発達教育学」に目を向けてみたいと思います。そして、それを通して、「発達と教育の関係」という基本的な問題について考えることにいたします。

人間の発達

第2講におきまして、ゲルナーの提案を受けて、教育人間学を「統合的教育人間学」と「哲学的教育人間学」とに大別し、その代表者として、前者ではロート、後者ではボルノーの名をとりわけ挙げておいたかと思います。ここでは、その内のまず「統合的教育人間学」の具体的様相を、ロートの教育人間学におけるいわゆる「発達」の問題への取り組みに即しながら見ることにいたします。

けれども、それに先立って、「発達」(development, Entwicklung) ということについての一般的な説明が必要でしょう。「発達」は、英語では development ですが、この development という語はいろいろな意味をもっておりまして、たいていの英和辞典には、「発達」「発展」「開発」「現像」「展開」等といった訳語が載っているはずです。たとえば、文化とか産業の development といえば、「文化の発展」「産業の発展」ということになりますし、環境の development といえば、「環境の開発」という意味になり、写真用語としては「現像」、音楽用語としては「展開」を表します。そもそも development とは、語源的にいえば、develo（ラテン語で「包みを解く」「覆いをとる」の意）の状態（ment は動詞に付いて「状態」を表現します）ということで、さらに申しますと、develo は velo（ラテン語で「包む」「覆う」）に「除去」を示す接辞 de が付いたものです。つまり、包まれているものを解く、覆われているものをあらわにする、そうした事態が、もともと development が意味することなのです（ドイツ語の Entwicklung も、「包む」を意味する wickeln に「除去」を表す ent が付いた entwickeln が名詞化したものです）。

　そして、development が心理学あるいは教育学のタームとして用いられる場合に、「発達」ということがいわれるわけですが、ここにいう「発達」とは、個としての人間の心身がより高い状態へと変化して行くことを意味しております。それに際しましては、3つばかりのことがポイントになってきます。すなわち、まず第1は、発達するのは「個としての人間」だということです。心理学的・教育学的な意味での発達は、あくまで人間個人の発達です。第2は、その人間個人の「心身」の発達が問題となるということです。このことから、発達は「身体的発達」と「精神的発達」に区分されたりいたします。そして第3は、その心身が「より高い状態に変化して行く」のが発達だということです。発達は、時間的経過による「変化」ですが、単なる変化ではなく、「より高い状態への変化」です。より低い状態への変化を発達と呼ぶことはできません。もっとも、どのような状態がより高い状態なのかという基準は、時代や社会によって、個人や状況によって違ってきますが、とにかく、人間がより高い状態へと変化して行くのが発達なのです。

　むろん、人間以外の生命体にも、人間の発達と類似したような過程は広く見られます。しかし、その過程はある意味で直線的で、おおよそはあらかじめプログラムされていることの展開にとどまります。しかるに、「いまだ確定されていない動物」（ニーチェ）であり、長い子ども期を有する人間の場合には、その発達のプロセスはきわめて複雑で、その終点も見極めがたいといえます。

　こうした人間の発達を、心理学あたりでは、「成熟」（maturation）と「学習」（learning）という2つの要因によって規定されていると説明しています。その場合、「成熟」は生得的なものの自然的な展開を、「学習」は経験による行動の変容を意味しています。これら要因のいずれを欠いても人間の発達は成立しませんが、どちらの要因を重視するかに応じて、発達のとらえ方も当然異なってきます。

　が、すでに「孤立児」や「野生児」のケースが明らかにしましたように、

人間的な発達は社会的・文化的な文脈の中でこそ成し遂げられると考えられます。外的条件を全く無視した発達は不可能であり、単なる成熟すらもが外界との相互作用を必要としています。ましてや、学習を本質契機とする人間の発達は、社会的・文化的な条件に大きく依存しているのです。と同時に、他方では、人間を発達の受け皿としてではなく、発達の主体としてとらえる必要もあります。この点について、ランゲフェルトは次のように指摘しております。

> 「発達」はただ単に外部から観察できる過程であるばかりではない。それはまた、内的な経験でもある。発達は、前進や挫折として、可能や不可能として経験される。したがって、さまざまな国語において、「発達する」sich entwickeln ということが自動と他動の中間形で表されているのは興味深いことである。惜しいことに、「発達」という名詞はこのような内的な構造を表現していない。「変化する」sich ändern とは、事実的には、「自分を─変える」ことなのである（ランゲフェルト，1973，48-49）。

人間は、単に発達するのではなく、「自分を発達させる」のです。こうしたことから、発達は内界と外界との相互関係において成り立つといえるかと思います。

以上のような人間の発達に教育はどのようにかかわることができるのでしょうか。ここに、「発達と教育の関係」という問題がもち上がってきます。この「発達と教育の関係」という伝統的な問題に対して、教育人間学の立場から新たにアプローチしようとしましたのが、ロートにほかならないわけです。すなわち、彼は、発達研究は心理学のみに限定されないとして、「発達教育学」（Entwicklungspädagogik）なるジャンルを提唱することによって、発達の問題を教育人間学の根本問題に据えたのです。

ロートの『教育人間学』

すでに触れましたように、ロートの『教育人間学』という書は2巻より構

成されており、第1巻は「陶冶可能性と目標規定」、第2巻は「発達と教育」とそれぞれ題されています。全巻通して1160頁の文字通りの大著で、まさに教育人間学の金字塔を打ち立てた書といってよいでしょう。今、その全体構成を概略的に示せば、次のようになります。

第1巻　陶冶可能性と目標規定
　第1部　序論──課題領域と研究領域──
　　第1章　教育人間学としての教育人間論
　第2部　陶冶可能性──ホモ・エドゥカンドゥスとしての人間──
　　第2章　最も教育を必要とし、教育可能でもある存在としての人間
　　第3章　遺伝と環境との間の教育の自由な空間
　第3部　目標規定──古い教育目標と現代の人格理論──
　　第4章　ヘルバルトからシュライエルマッハーおよびフンボルトをへてペスタロッチおよびリットにいたる教育目標と陶冶理想の明確化
　　第5章　人間諸科学との対決および現代の教育科学的思考における教育目標
　　第6章　教育学的人格理論の試み
第2巻　発達と教育──発達教育学の基礎──
　第1部　変化した発達概念（理論の部）
　　第1章　序論
　　第2章　発達心理学と教育科学
　　第3章　教育学的問題設定
　　第4章　発達を規定する諸過程の理論
　　第5章　教育学的発達理論の諸帰結
　　第6章　人間像や人格理論に対する発達理論の依存性
　　第7章　教育学的発達理論のモデル設定と基本原則
　第2部　基礎的な人格領域における発達段階と進歩段階（分析の部）
　　第1章　序論

第2章　おとなの行動と乳児の行動との対比
　第3章　基礎的な人格諸領域における生後数年間の決定的な発達段階
第3部　人間の行為能力における発達段階と進歩段階（総合の部）
　第1章　序論
　第2章　機械と動物の「行為能力」の自由度に関する余論
　第3章　人間の行為能力の決定的な発達段階
　第4章　結論的考察と要約

　まず、第1巻におきましては、第1部で他の人間諸科学や人間学との対比を通して、教育人間学の課題がそれら諸学の成果を教育学的視点から統合することにあるとされた後、第2部では「ホモ・エドゥカンドゥスとしての人間」の本質構造が「教育必要性」および「教育可能性」の側面から解明され、第3部ではこうした「ホモ・エドゥカンドゥスとしての人間」の「目標規定」の問題が取り上げられ、近代以降の代表的な教育目標や現代の人格理論の検討を踏まえて、最終的には「成熟した一人前の人間」という教育目標が提起されています。こうした「成熟した一人前の人間」への発達というテーマを扱うのが、「発達教育学の基礎」という副題をもった第2巻であって、そこでは、第1部で発達教育学の理論的枠組みが明らかにされ、次いで第2部では諸能力の発達が、さらに第3部ではそれら諸能力を総合するものとしての「行為能力」の発達が教育の相のもとに考察されています。要するに、全巻の個々の内容は有機的に結合し、統一体として「教育人間学」全体を形成しているのです（平野正久訳『発達教育学』は第2巻第1部の訳です。また、ロートおよび彼の教育人間学全体については、この書の「訳者解説」ならびに次の論文を参照下さい。平野，1993，127-168）。いずれにしましても、発達の問題は「発達教育学の基礎」という副題が添えられた第2巻で論じられることになります。

「発達教育学」の構想

では、「発達教育学」とはいかなるものか。なぜそれが要請されるのか。その根本課題はどこにあるのか。このことについて、ロートは次のように説明しております。

> 「発達心理学」という概念は十分に知られているが、「発達教育学」(Entwicklungspädagogik) という概念をここで導入するとすれば、その概念の説明から始めなければならない。
>
> 　「発達教育学」を発達心理学と別個に存立させる根拠として、まず第一に人間の発達は・一・つ・の・科学（たとえば心理学）だけの研究対象にとどまらないという事実があげられる。……
>
> 　では教・育・学・的・な・発達研究（pädagogische Entwicklungsforschung）の占める場所はどこにあるのか。そもそも人間とその発達にかかわるすべての諸科学は根本的には発達の一・局面を研究しているのだが、教育においては全人格が問題なのであり、したがって教育学においても人格の全体的発達が問題とされなければならない。……このように教育学の課題は、全・人・格・という観点からの教育がどうしたらより適切かつ効果的に行なわれうるかを研究することなのである（ロート，1976，11-12）。

それでは、この課題にいかに取り組むべきであろうか。ロートはさらに次のように続けます。

> さてこの課題に対して教育学はどれだけの準備ができているのだろうか。教育学的な発達研究はようやくその端緒についたばかりであるが、その問題設定は次のようなものでなければならない。すなわち、成熟したおとなという方向にむけての発達に影響を及ぼしうるような、制・御・可・能・な・諸・条・件・（die steuerbaren Bedingungen）は何かという問題設定である。これは教育の科学（ないし心理＝教育の科学）だけが提起しうる問題なのであり、他の人間諸科学はこの問題に進んで取組もうとはしていない。……しかしそうはいうものの、教・育・学・的・な・問・題・設・定・にとって他の発

達研究のより一般的な問題設定の諸成果が役立ちうることは明らかである。それゆえ教育学的な子ども・青年研究（pädagogische Kinder- und Jugendforschung）は、必然的にまずはデータ処理の統合科学（datenverarbeitende Integrationswissenschaft）として行なわれなければならない（ロート，1976，12）。

要するに、諸科学の「発達」に関する成果を利用しつつ、それを「教育」という観点から統合するところに、「発達教育学」の独自の任務があるというわけです。ここに教育人間学を「データ処理の統合科学」としてとらえるロートの立場がはっきりと現れていると見ることができるでしょう。この点で、ロートの教育人間学はまさしく「統合的教育人間学」の方向にあります。

発達は教育に依存する

以上のような立場からロートは発達の問題を追究していくのですが、その詳細に立ち入る余裕はありませんので、大筋だけを述べておきますと、ロートの発達教育学のポイントの1つは、「発達を規定する過程」の究明にあるといえます。彼はそのような過程として「成熟過程」「学習過程」「創造過程」の3つを挙げております。先に、人間の発達を規定する要因として、通常「成熟」と「学習」が挙げられるといいましたが、ロートの独自の点は、それにさらに「創造」を加えていることです。しかし、いずれにしましても、こうした過程の検討を通して明らかにされますことは、どの過程も、程度の差はあるにしても、外から影響が可能だということであります。「学習過程」はいうに及ばず、「成熟過程」も「創造過程」も外からの影響が可能だというのです。そこでロートは、「外から影響を及ぼすことの可能な、発達を規定し発達を助成するすべての過程」を、「広義における学習過程」とも呼んでいます。そしてロートは、こうした学習過程は「教授過程」によって制御可能で、しかもこの教授過程に大きく依存しているという結論を引きだします。

……われわれがこれまでの研究によって獲得した認識、さらに今や……ふたたび取り上げようとしている次のような認識が存続するのである。すなわち、それは、われわれの社会的、科学的および文化的世界は、教授により統制された学習過程というものがますます重要性を増し効果的となるように発展しているという認識であり、このような教授により統制された学習過程が生活の中でいわばひとりでに習得した能力や技能、態度や行動基準などとくらべて、人々の間のさまざまな差異をしだいにより強く規定し分化させはじめているという認識である。以上のことの意味内容は、表現をかえれば、成人し成熟した一人前の人間への発達を推進するような学習過程というものは、われわれがそこを通過したか、あるいは通過しなかったかという教授過程……の如何にますます強く依存するようになるということである（ロート，1976, 207）。

　こうして発達教育学の課題は、次のようにまとめられることになります。

　……発達は単なる展開ではなく、また外から影響を及ぼすことのできない事象でもなく、生まれつき内因的に不変なものとしてあらかじめ設計されているのでもないと言える。その反対に発達は制御可能で方向づけの可能なものだと考えられるが、その場合には発達は外から影響を及ぼすことの可能な事象でもあり、制御可能な学習＝教授過程……に左右されることになる。……この命題をデータによって証明し、理論的に基礎づけることが発達教育学の課題なのである（ロート，1976, 16）。

　要するに、発達教育学の根本課題は、人間の発達が学習過程に依存し、この学習過程が教授過程に、したがって教育に依存しているということ、つまり、人間の発達が教育に依存していることを明らかにするところに存するわけです。もっとも、発達が教育に依存しているというテーゼは、別にロート独自の発見ではなく、しばしば主張されるところですし、ランゲフェルトも、みずからのanimal educandum論に引き寄せて、次のようにいっております。

発達とは人間的な存在可能性の実現である。したがって発達は、いつも教育を基礎として、少なくとも人間らしくするはたらきを基礎として、その上に完成されるものである。人間が長い少年期をもち、個体発生的に変化する可能性があり、創造的に世界や自己を形成してゆくことができるということは、人間にとって教育というものを必然的なものにする。児童——児童としての人間——は、ただ形成でき、教育できるだけでなく、教育に依存している。それは教育されうる動物 animal educabile であるばかりでなく、教育されねばならぬ動物 animal educandum である（ランゲフェルド，1973，60-61）。

けれども、ロートにおいて画期的な点があるといたしますならば、それは、発達が教育に依存しているというテーゼを実に膨大なデータを駆使して解明したことに求められるでしょう。まさに「データ処理の統合科学」としての教育人間学の本領が、発達教育学においていかんなく発揮されているのです。

発達と教育の関係に関する3つの立場

と同時に、ロートの発達教育学は、いわゆる「発達と教育の関係」という教育学の根本論議にも一定の寄与をなすものでもあります。そもそも発達と教育の関係につきましては、いうまでもなく諸説が存在しますが、かつて勝田守一（1908-1969）は、ヴィゴツキー（Vygotsky, L. S. 1896-1934）あたりの区分を参照しながら、それら諸説を次のような3つの立場に分類・整理しました（勝田，1964，99-104）。

まずその内の第1は、「子どもは、組織的な教育を受けるかどうかには関係なく、その内的な要因の展開にもとづいて、心理的な発達の過程を辿る」とする立場です。この立場は、環境の要因を全く無視するのではありませんが、環境から独立した普遍的な発達の過程を想定し、教育はその発達過程に従うだけであると考えます。ヴィゴツキーとともにいえば、「発達のサイクルは、つねに教育のサイクルに先行する。教育は発達の尻の後について行

く。発達はつねに教育の前を行く」(ヴィゴツキー, 1962, 257) というわけです。

次いで第2は、「教育は成長である」といったデューイ (Dewey, J. 1859-1952) に代表されるように、「発達と教育を完全に同一と考える」立場です。この立場は経験を重視して、子どもは経験を通して学習し、この学習によって発達がもたらされるとし、この発達の過程がとりもなおさず教育の過程であると考えます。

これに対して第3は、第1の立場のように、発達と教育を完全に分離するのでもなければ、第2の立場のように、発達と教育を完全に融合するのでもなく、「発達と教育とを区別しながら、しかもその相互の作用を切り離さず、密接なものとしてとらえようとする」立場です。この立場は、発達における内的要因の成熟の重要性を認めつつも、学習の役割を積極的に評価し、しかも、教育による学習の指導によって発達が促進されるとします。ヴィゴツキーは、「正しく組織された子どもの教育は、子どもの知能の発達を先導し、教育の外では一般的に不可能であるような一連の発達過程を生ぜしめる」(ヴィゴツキー, 1962, 272) として、教育によってつくりだされる「発達の最近接領域」なるものを指摘し、「発達に先廻りする教育」を説きましたが、この立場はそのように考えます。そして、勝田自身も、最終的に、この立場に身を置いております (堀尾, 1991, 47-50参照)。

これら3つの立場の内、第1の立場は、発達が教育をリードするので「発達リード説」と、第3の立場は、教育が逆に発達をリードするので「教育リード説」と呼ばれたりしますが、どの説を採るかによって、教育の目的や方法も、場合によっては、大きく異なってきます。

> 教育リード説は、極端になると、発達のもつ固有の法則を否定して、人間は思うようにつくれるという環境・学習決定論になる。十七、八世紀ヨーロッパの感覚論者ロックやエルベシウスが、この説の開祖である。逆に発達リード説が極端になると、これまた逆の意味で発達固有の法則を否定し、人間の成長はまえもってその人に内在していたものが外に出

てくるだけだという生得(成熟)説、つまり遺伝・本能決定論に近づいてくる。これを前成説という。前成説は古代ギリシャのデモクリトス以来のものだが、ロックたちの同時代人としては、感覚論のうちに「精神を物質的で本性上死すべきもの」とみる論法の萌芽をみてこれに反対したライプニッツの主張が有名である。ロックのように考えるのとライプニッツのように考えるのとでは、教育目標の内容や指導過程のつくり方などがちがってくることはいうまでもない(中内、1988、12)。

要するに、「発達」と「教育」のいずれが先に行くかに応じて、3つの立場が分かれるわけですが、「発達」が先に行く第1の立場、つまり発達リード説と、「教育」が先に行く第3の立場、つまり教育リード説の場合には、「発達」と「教育」との間に当然距離があることになります(これに対しまして、「発達」と「教育」を同一視する第2の立場は、二人三脚状態ということになるでしょうか)。もっとも、距離があるといっても、その距離の開き方にはヴァリエーションがあります。たとえば、発達リード説の場合、教育が発達の後をぴたり付いて行くこともあれば、どんどん前進する発達のはるか後を教育が追いかけるということもありますし、同様に教育リード説の場合でも、教育がぴたり付いてくる発達の少し前を行くということもあれば、教育が発達をはるか後方に引き離すということもあります。前に説明しました教育可能性をめぐる諸見解に関連づければ、極端な発達リード説は、「人間の成長はまえもってその人に内在していたものが外に出てくるだけだという生得(成熟)説、つまり遺伝・本能決定論」に近づいて、「教育的ペシミズム」となってしまい、また逆に、極端な教育リード説は、「発達のもつ固有の法則を否定して、人間は思うようにつくれるという環境・学習決定論」に陥り、教育万能論的な「教育的オプティミズム」になってしまいます。

節度ある教育リード説

それでは、ロートの教育人間学は、これら3つの立場のどこに位置することになるのでしょうか。「発達は教育に依存する」というロートの根本見解

からすれば、教育リード説に立っていることは明らかでしょう。とはいいましても、ロートの教育リード説は、教育万能論的な極端な教育リード説、つまり過度の教育的オプティミズムでは決してありません。彼は、人間の生得的な諸要因の存在を否定し、「最も極端な白紙説」に立って、「私に健康でいいからだをした一ダースの赤ん坊と、彼らを育てるための私自身の特殊な世界を与えたまえ。そうすれば、私は好き勝手にそのうちの一人をとり、その子を訓練して、私の選んだ何かある専門家に——たとえば医者や弁護士、芸術家や大実業家に、そうだ、乞食や泥棒さえも——きっと請合ってしてみせよう」と豪語した行動主義者ワトソン（Watson, J. B. 1878-1958）に賛同はいたしません。これでは、人間は「内部からではなく、外部から決定される存在」になってしまうからです（ロート，1976, 243-244）。ロートは、第3の立場がそうでありますように、発達における内的要因の成熟の重要性を認めます。認めはしますが、かといって、内的要因が決定的であるとする前成説は当然採りません。つまるところ、内的要因にせよ、外的要因にせよ、それらが一方的に人間を規定する「決定論」に異を唱えるのです。ロートの教育学的スタンスは、次の彼のことばに明確に現れているかと思います。

> 教育学が発達と教育の連関と相互作用に関して考えを深め研究を深めれば深めるほど、また異論の余地のないデータを用いて納得できる明白な理論を構築できる度合いが強まれば強まるほど、教育学にとっては、それだけ緊急を要することとして、同じく決定論や宿命論（diteministische und fatalistische Theorien）を乗り越える力をもつ社会理論と連携しつつ、教育人間学や教育学的発達理論を発展させる必要が生じてくる。人間というものは確かに、単に自分自身の主人でも作品でもなく、また単に歴史の主人公でもない。だがしかし、人間は人類がこれまで考えていたより、はるかに自らの主人であり歴史の主人公なのである（ロート，1976, 245）。

以上要するに、ロートの教育リード説は、「節度ある教育リード説」とでも称すべきものであります。したがいまして、彼の教育人間学は、教育を万

能論的に見るのではないが、教育の積極的な役割を重視する中庸を得た「節度ある教育リード説」に、「データ処理の統合科学」の手法を用いて、説得力ある論理的根拠を与えたと評価してよいでしょう（日本における受容をも含めたロートの評価については、Hoffmann/Gaus/Uhle, 2006参照）。

第5講　教育現象の人間学的考察

　この第5講では、「哲学的教育人間学」の典型例でありますボルノーの教育人間学について、特にそこで問題となっています「教育的雰囲気」ということについて見ることにいたします。また、教育人間学のその後の新しい展開にも触れ、そして最後に、もう一度「人間と教育」というテーマそのものに立ち返ってみたいと思います。

ボルノー教育学の根本意図

　統合的教育人間学の典型例をロートに見るとしますならば、今一つの、哲学的教育人間学の代表ケースはボルノーであります。ボルノーが、哲学的人間学の方法論を教育学に導入することにより、「教育学における人間学的見方」なるものを主張していることは、すでに述べた通りです。では、ボルノーの教育学において、こうした「人間学的見方」はどのように具体化されているのでしょうか。

　このことを見るにあたって、それに先立って、ボルノー教育学の根本意図というものを押さえておく必要があるかと思いますが、そもそもボルノーによりますと、これまで教育学は、教育の本質を、技術との類推で「つくること」ととらえるか、あるいは、人間の発達を有機体の成長と同一視して「成長させること」と見なすか、いずれかでした。この場合、彼におきましては、前者は「教育の機械的観念」とか「教育学の技術論的見解」と、後者は「教育の有機体的観念」とか「教育学の有機体論的見解」と呼ばれます（私自身は、前者を「技術モデルの教育観」と、後者を「栽培モデルの教育観」といったりしております）。彼は、これら両見解の権限を認めつつも、しかるに他方では、これら2つの可能性には還元できない教育の形式というものの存在に注意を促し、そうしたいわば「第3の可能性」の究明にみずからの課題を見いだそうといたします。この「第3の可能性」の究明というところに、ま

さしくボルノー教育学の根本意図があると同時に、そこに彼の教育学研究のオリジナリティもあるといえます。

　この「第3の可能性」の究明をまず試みましたのが、1959年に出版されました『実存哲学と教育学』という書にほかなりません。これは、ボルノーの名を特に日本において一躍有名にした書でありまして、この時期、ナチスや第2次世界大戦という人間存在の問い直しを迫る歴史的出来事を経験したボルノーは、楽天主義的な人間観に依拠したそれまでの教育学を乗り越える新しい教育学の必要性を痛感し、その思想的基盤を、当時の流行哲学でもありました、ハイデガー（Heidegger, M. 1889-1976）やヤスパース（Jaspers, K. 1883-1969）に代表される、人間存在の深淵に切り込んで行く「実存哲学」に求めたのでした。

　この書でボルノーが述べていることによりますと、人間存在の本質は、「実存」（Existenz）と呼ばれる「究極的で、最も内的な核心」に存し、この核心は、瞬間において実現され、瞬間とともに消えるので、持続的な形成を拒むことになります。つまり、実存は「瞬間性」「非連続性」を特徴としているわけです。しかるに、先に述べました旧来の2つの見解、私流にいえば「技術モデルの教育観」と「栽培モデルの教育観」は、互いに対立しはいたしますが、人間の形成や成長の「連続性」を前提とする点では共通しております。もし人間のあり方が「連続性」に尽きるのであれば、教育の形式としては、そのような「連続性」をベースにした「教育の連続的形式」だけが可能です。しかしながら、そうではなくて、「実存」と称されるような非連続的な核心も人間存在を構成している以上、しかも、まさにその核心に人間存在の本質が存すると思われる以上、「非連続性」に基づいた教育形式も考えられなければなりません。こうしてボルノーは、「実存哲学」の影響のもとに、「教育の非連続的形式」という、いわば「技術モデル」にも「栽培モデル」にも還元されない、「第3の可能性」を究明しようとするのです。

教育の非連続形式としての「訓戒」

　『実存哲学と教育学』におきましては、このような「教育の非連続的形式」

としまして、「危機」「覚醒」「訓戒」「助言」「出会い」「冒険と挫折」といったことが具体的に取り上げられているのですが、これらはいずれも、従来の教育学がほとんど省みることのなかったものです。そして、これらの「非連続的形式」、つまり「特定の人間学的および教育学的な諸現象」の探究において、かの「人間学的見方」が用いられることになるわけです。ボルノーみずから、後になって、『実存哲学と教育学』につきまして、「タイトルでは明瞭に表現されていないにせよ、その書はその全体的意図によればある特殊な分野への教育人間学的研究なのであり、その遂行においてまた幾重にも人間学的問題提起が示唆されているのである」（ボルノー，1977, 120）と語っています。ここでは、「人間学的見方」が特に鮮明に現れていると思われます「訓戒」（Ermahnung）のケースについて触れておくことにします。

　ボルノーの見るところでは、教師が子どもに「訓戒」を与えるという教育的事象は、その重要性にもかかわらず、これまであまり高く評価されず、したがって教育学研究においてもほとんど取り上げられてきませんでした。訓戒は、教師にとっては、それをなしても結局子どもは同じ過ちを繰り返すだけで、それゆえに効果のない教育手段と見なされがちでした。あるいは、それが問題となるにしても、どのように訓戒すべきか等といった技術論的な域にとどまっていました。これに対しましてボルノーは、訓戒が教育的に深い意味をもつのであれば、まず次のように問うことが必要であるといたします。

> 訓戒が人間全体にとって有意義な教育手段として把握されうるためには、人間全体の本質はいかに理解されねばならないか。また逆に、このことから、かかる役割を果たしうるためには、訓戒はいかに理解されなければならないか（ボルノー，1966, 98）。

ここには、例の「個別諸現象の人間学的解釈の原理」に基づいた、「個別を全体から、全体を個別から理解しようとするあらゆる哲学的・人間学的な問いに特有な、かの循環的な歩み」（ボルノー，1966, 98-99）が見られることになります。ちなみに、ボルノーは上記の問いに対して次のように答えることになります。

ここに、訓戒の時間構造の特色をよくあらわしている、挽回の性格が示される。それは、とっくのむかしにしてしまっているべきであるのに、これまでまだしていなかったことを、挽回するように、人が訓戒によって勧告されるかぎりにおいて、過去に対しての償還要求である。このことからして同時に、訓戒の人間学的理解への一つの重要な示唆が、すでにあたえられることになる。すなわち、訓戒はどのような存在にむけられるかというと、自己のあるべきあり方にたいして遅れをとる可能性をもち、そのため、あたらしいスタートにさいして、おこったことを挽回しなければならない負い目が生じるような、そういう存在にたいして向けられるのである。そして、このような存在にたいしてのみ、訓戒もまた、有意義で必要な方策となりうるのである（ボルノー，1966，101-102）。

「教育的雰囲気」ということ

『実存哲学と教育学』が、人間的実存の非連続性のレベルでの「第3の可能性」の究明であるとしますならば、人間的生の連続性のレベルでの「第3の可能性」の究明が、『教育的雰囲気』と題された書であります（邦訳書名は『教育を支えるもの』となっています）。この書は、師であるノールの「教育者と被教育者の関係」論、つまり「教育関係」論をボルノーなりの仕方で発展させたものですが（教育関係論につきましては、次の拙著をご参照いただければと思います。宮野，1996）、ここでテーマとなっていますのは、教育が成功するための不可欠の前提ということです。教育がうまく行く場合には、教育者と子どもとの間に、たとえば「愛」とか「信頼」とかいったような、ある種の「情感的条件」や「人間的態度」が存在するはずです。そこで、ボルノーは、「教師と児童の間に成立し、あらゆる個々の教育的なふるまいの背景をなす情感的な条件と人間的な態度の全体」（ボルノウ，1969，31）を「教育的雰囲気」と名づけるわけです。

こうした「教育的雰囲気」は、ボルノーの主張するところでは、これまで

その意義が認識されてきませんでした。といいますのも、雰囲気というようなものは、かの「教育学の技術論的見解」では、「つくること」にとって二次的ないしは妨害的なものとして、また「教育学の有機体論的見解」にあっては、「成長させること」にとって外的なものとして考えられていたからです。その意味で、「教育的雰囲気」は、まさに「第3の可能性」を表すことになります。

「教育的雰囲気」についてのボルノーの論議は、具体的には、それをつくりだしている「子ども」と「教育者」のそれぞれの「パースペクティヴ」から、その個々の「情感的条件」や「人間的態度」を問題にすることによって展開されて行きます。その場合に、「子どものパースペクティヴ」においては、「子どもの被包感（Geborgenheit）」（たとえば母親に対する信頼）とか、「子どもの気分状態」としての「快活さ」や「朝のような感情」や「期待の喜ばしさ」とか、「子どもの徳」としての「感謝および従順」や「愛および尊敬」とかいったことが、また「教育者のパースペクティヴ」においては、「子どもに対する信頼」とか、「教育者の徳」としての「教育愛」や「期待」や「忍耐」や「希望」とか、「円熟した教育者の根本態度」としての「明朗さ」や「ユーモア」や「善良さ」とかいったことが取り上げられることになります。そして、こうしたいわば「個別現象」を考察するに際して、そこに投入されますのが、先ほどの「訓戒」の場合と同じく、かの「個別諸現象の人間学的解釈の原理」に基づいた方法論なのです。その点で、「教育的雰囲気」は「教育学における人間学的見方」の格好のテーマになっているといえるでしょう。

いわゆる「教育愛」をめぐって

一般に、教育論議におきましては、他の何ものにもまして、教育者と子どもの間の「愛」や「信頼」といったことの重要性がよく力説されますが、ボルノーの教育的雰囲気論でも、上記に明らかなように、「子ども」と「教育者」のそれぞれの「パースペクティヴ」で「愛」および「信頼」が取り上げられております。ここでは、特に「教育者のパースペクティヴ」での「愛」

および「信頼」に注目したいと思います。といいますのも、この教育者の子どもに対する愛情、それとともに、教育者の子どもとの信頼関係といったことは、しばしば、教育者に求められる最も根本的な条件であるとされ、教育者論あるいは教師論の重要なテーマにもなっているからです。

そこで、まず「愛」の問題です。この問題は、ボルノーの見るところ、いわゆる「教育愛」(die pädagogische Liebe) の問題として、教育者の徳性の中で唯一これまで論じられてきたものです。そして、その説明にあたっては、とりわけ、ソクラテス (Sokrates 470 B. C.-399 B. C.) やペスタロッチ (Pestalozzi, J. H. 1746-1827) 等を引き合いに出しながら、ギリシャ的な「エロス」やキリスト教的な「アガペー」(ラテン語的には「カリタス」) といった愛の原理を導入するということがなされてきました。しかし、ボルノーは「そこでは、「教育愛」という誤解されやすい名のもとに、実際にはそれの解明がなされというよりも、むしろ一層の混乱がつくりだされてきたといったほうが正しい」(ボルノウ, 1969, 126) として、従来までの「教育愛」論を批判いたします。このボルノーの批判は、具体的には、教育者の愛を「エロス」あるいは「アガペー」として性格づける考え方に向けられることになります。

ボルノーの主張によりますと、教育者の愛は、まず「エロス」ではありません。そもそも「エロス」は、これを哲学的に理念化したのはプラトン (Platon 427 B. C.-347 B. C.) なのですが、そのプラトンにおいてそうでありますように、それは価値への愛であり、価値あるものを対象とし、それを賛美するとともに、他方では、そうでないものを排除する、条件的で主観的な愛です。これに対しまして、教育者は、すべての子どもを公正に扱い、客観性を心掛け、子どもを完全なものとして偶像化するのではなく、子どもを教育しようとしなければなりません。したがいまして、エロスは教育者の愛としてはふさわしくないというわけです。

また、シュプランガー (Spranger, E. 1882-1963) が試みましたように、教育者の愛を、子どもの「価値現実性」ではなく、「価値可能性」に向けられた愛としてとらえる解釈にも (シュプランガー, 1959, 79)、ボルノーは異を

唱えます。このような解釈に立てば——愛が、現実の価値ではないが、可能態としての価値に向けられているという点で、結局のところ、価値への愛であるので、このような解釈はエロス的解釈のヴァリエーションといえますが——現在の人間と未来の人間との間を人為的に区別することになって、現にある人間をあるがままに受け入れ愛するという、教育者の愛の根本が覆い隠されてしまうことになりかねないからです。

そもそも、愛は相手をそのままに肯定し、しかるに、教育は相手をそのままにせず変えようとします。だとしますならば、シェーラーが指摘していますように、愛の本質にはその対象に変化を加えることは含まれていないことになります。と同時に、教育的態度の本質は愛の本質とは別個のものであることになります（シェーラー，1977a，263-271）。それでボルノーは、「教育愛なるものについて語ること自体、すでに間違いであり、もともと誤っている」（ボルノウ，1969，128）とすらいいます。かといって、このことは、愛と教育は排除し合うことを意味するものではありません。ボルノーは、愛はむしろ教育への「動機づけの基盤」であるといたします。

他方ボルノーは、教育者の愛をアガペー的に把握することにも反対します。アガペーは、憐れみの愛であって、教育者が子どもを愛するのは、決して子どもを憐れむからではなく、むしろその愛は、「同情し共に悩むというような関係の気重さから全く解放された、輝きにみちた、晴れやかな、喜ばしい愛」（ボルノウ，1969，130）であるというのです。こうしてボルノーは、教育者の愛は根源的で自然なものであるとして、次のように結論づけます。

> それゆえに、エロスからも、またカリタスからしても、教育的関係を決定づけるものをつかむことはできない。たぶんそれは、端的に素朴な人間的な愛である。それ自体としては、まだ特に「教育的」とはいえないものであるけれども、しかし、子どもの側にもそれに応ずる愛が生まれ、それとひとつの統一的関係に結ばれるばあいに、その人間的な愛は、教育的関係を支え、教育を可能ならしめる不可欠……前提をなすものなのである（ボルノウ，1969，130）。

ボルノーのここでの議論は、いわば反「教育愛」論、というよりもむしろ、非「教育愛」論とでも称すべきもので、はなはだ興味深いものであります。

教育における「信頼」の問題

次に、「信頼」の問題です。ボルノーは、例の「個別諸現象の人間学的解釈」を試みるにあたりまして、しばしば当該の個別現象をそれと類似した個別現象から概念的に区別することからはじめていますが、「信頼」の究明におきましてもこの手法が採られています。すなわち、言語的には「信頼」(Vertrauen)は「信用」(Zutrauen)と似通ってはいるものの、後者が、たとえばあることについてあるひとを「信用する」という場合のように、相手のなしうる能力に関係しているのに対して、前者は相手の人間全体を眼目に置いており、それゆえに、信頼は人間に対して抱かれるのであって、この意味で、われわれは機械を信頼するとはいえず、しかも加えて、「信用」が一方的であるのに反して、「信頼」は相互的であるといたします。

教育における信頼に関しましても、信頼が「相互的な関係」である以上、「子どもから教育者への信頼」と「教育者から子どもへの信頼」の両方向からアプローチがなされなければならないことになります。そこで、先に触れましたように、教育的雰囲気論では、信頼の問題は、「子どものパースペクティヴ」と「教育者のパースペクティヴ」のそれぞれのパースペクティヴで取り上げられます。あるいは、逆にいいますと、教育者と子どもの両者によって醸成されつつ、この両者を人格的に結びつけている統一的な「信頼の雰囲気」が、両パースペクティヴにおいて分析的に考察されるわけです。

ここでは「教育者のパースペクティヴ」での信頼が問題となりますが、教育者が子どもを信頼するということは、「信頼」と「信用」の先の区別からしますと、子どもの人間全体を信じるということ、子どもを人格として全面的に肯定することにほかなりません。このような信頼は、子どもの発達を決定づけるものであって、「教育にとって不可欠の前提」、「すべての教育を支える基本的態度」といえます。もっとも、信頼の教育的意義の高調というこ

とは、別にボルノーを待つまでもなく、通常の教育論でしばしば見受けられるところです。

けれども、ボルノーのユニークな点は、信頼の「動揺」や「崩壊」に論及しているところにあるかと思います。人間関係一般においてそうでありますように、教育にあっても、たとえば、信じていた子どもに裏切られて、教育者の信頼が揺らいだり、崩れたりすることがありえます。しかし、考えてみますと、裏切りがなされるのは、裏切る相手がまさに「自由な存在」だからです。それゆえに、ボルノーは、「子どもに対する教育者のこうした信頼は、あらゆる真の信頼と同様、ひとつの冒険である」（ボルノウ，1969，122）といいます。ここには、教育や人間的生を「技術モデル」や「栽培モデル」では割り切れないところを含んだ「冒険」としてとらえるボルノーの持論がはっきりと現れております。と同時に、ボルノーは、「教育者は、たとい人間的な弱さや悪をすべてリアルに知ったとしても、なお、そのつど彼自身の胸の中に、新たに信頼の力を奮い起こさなければならない」（ボルノウ，1969，123-124）とし、そのためには、「存在と生に対する信頼」に支えられていなければならないとするのです。

以上、ボルノーの教育的雰囲気論から、サンプルとして、「愛」と「信頼」という「個別現象」を取りだしてみたわけですが、他の個別現象についても、同様のアプローチ、つまり「個別諸現象の人間学的解釈」のアプローチが試みられていると見てよいでしょう。ボルノーは『教育的雰囲気』の結論部分において、次のように述べております。少し長くなりますが、重要な箇所でありますので、あえて引用いたします。

> 個々の人間的現象を人間の全体的理解という枠組のなかで解釈すると同時に、逆に個々のものから人間の全体的理解への扉を開いてゆこうとする考察法を、いま仮りに哲学的人間学と呼ぶならば、心理学的ならびに倫理学的な考察法から哲学的・人間学的考察法への移行は、以上によって一応完了したといえる。哲学的人間学は……個別的諸現象を、人間全体の中でそれぞれに意味のある、しかも必要欠くべからざる分肢として

とらえるためには、そもそも人間を全体としてどのように理解しなければならないのか——という問いを提起するものなのである。……
　かくして、以上の諸論考においても、信頼とか被包感等々のなんらかの効果について検討することが問題だったのではなく、人間的生の全体においてそれらがいかなる意義を有するかを認識し、人間存在の可能性の条件としてそれらを明確に取り出すことが問題だったのである。……この意味で、本書において試みたぐいの諸論考は、教育的人間学の一部——しかも、その根底をなす重要な一部なのである（ボルノウ、1969, 202-203）。

　教育的雰囲気論が、哲学的人間学の方法の教育学への導入である「教育学における人間学的見方」、すなわち「教育人間学」の典型ケースであることをここにはっきりと見て取ることができるでしょう（ボルノーの教育人間学の詳細につきましては、岡本、1972参照）。

教育人間学の新しい展開
　第1講の「教育人間学の構想」のところで、「60年代は教育人間学の流行の時代であったといっても過言ではありません。その後一時期教育人間学は下火となりますが、やがてまたその重要性が再認され、現在では人間学ブームにも乗って、教育学における1つの重要な立場と見なされております」ということを申しました。ボルノーやロートあたりの華々しい議論も1970年代までで、いかなる思想も理論もそうでありますが、その次の段階におきましては、教育人間学は厳しい批判を受け、「教育人間学の危機」（König/Ramsenthaler, 1980, 288）が語られるようになります。
　たとえば、教育学への分析哲学的方法の導入を企図するブレツィンカ（Brezinka, W. 1928- ）は、「教育学の一つの新しくて不確かな部分学科」である「教育人間学」を問題視し、その根本概念である「教育必要性」を俎上に載せて、この概念が多義的で曖昧であり、結局のところ、「科学的に支持しがたく、また誤っている」ので、破棄すべきであると断じました（ブレツ

ィンカ, 1980, 171-239)。

　しかしながら、教育人間学にとりまして、というよりも人間学そのものにとりまして、何よりも衝撃的だったのは、「人間」概念を近代のものと見るフーコー (Foucault, M. 1926-1984) のいわゆる「人間の終焉」宣言であったと思われます。フーコーはこう書いたのです。「人間は、われわれの思考の考古学によってその日付けの新しさが容易に示されるような発明にすぎぬ。そしておそらくその終焉は間近いのだ。……人間は波打ちぎわの砂の表情のように消滅するであろう」(フーコー, 1974, 409)。この人間主義批判ないしは人間学批判以降、「人間一般」について語ることが困難になります。さらに、現代を特徴づける多元主義が、この困難を一層増大させます。また他方では、文化人類学、民族学、構造主義、アナール派の歴史学等が、人間研究の新たな認識次元を切り開き、人間や教育についての言説の相対化の方向を指示することになります。そして、次のようにいわれるようになるわけです。

　　今日教育人間学について語るということは、人間学批判以後及び基礎カテゴリーとしての人間の終焉**以後**、その残滓に対して態度を明らかにすることであり、そしていかなる問いや問題が残っているのか、あるいは人間学批判の後になってはじめて何が見えるようになったのかについて問いを立てることなのである (ヴルフ, 2001, 123)。

　こうした状況の中、1990年代に入ったあたりから、教育人間学の新しい展開が見られることになるのですが、そうした新しい試みの代表的なものとして挙げられますのが、たとえばヴルフ (Wulf, Ch. 1944-) の「歴史的教育人間学」の構想です。ヴルフは、「今日の人間科学においては、一九六〇年代や一九七〇年代頃の哲学的人間学とその影響下にあった教育人間学のように、人間一般について語ることは、もはやできない」(ヴルフ, 2001, 5) として、普遍性への要求を掲げてきた従来までの人間学に「歴史的人間学」なるものを対置させ、そこに教育人間学の今後を探ろうとします (「歴史的人間学」については、ヴルフ, 2005/2008参照)。

人間学的批判は、人間学は**歴史的人間学**としてのみ有意義に遂行される、という点を明瞭にしてきた。それに呼応して、教育人間学も、歴史的教育人間学としてのみ、さらに発展する可能性が生まれる。教育人間学的知識は、二重の歴史性を背負っている。第一に、ここで扱われるテーマはとくに歴史的なものであるという点であり、第二に、人間学的問題を探求し、研究する者は、その時々の歴史的に制約されたパースペクティブのなかにいるという点である。人間学的言説は、こうした二重の歴史性によって相対化される。同時に、この視点は、教育人間学の個々の内容が可変的であることを示している（ヴルフ，2001，6）。

ヴルフによりますと、二重の歴史性を考慮に入れたこのような歴史的教育人間学は、人間一般や子ども一般を問題にするのではなく、「ある特定の歴史的、社会的制約のもとでの人間の諸現象や表出のしかた」を探求するものであり、と同時に、多元的な方法をとってその知識の早急な固定化を避け、その知識の可能性と限界について反省することによって「反省的」となるものです。その意味で、それは「反省的な歴史的教育人間学」です。こうした教育人間学のテーマとしては、「ミメーシス」「文字と主体」「メディア・テクノロジー」「経験と学習」「他者」「幸福」等といった様々なことが取り上げられますが、これら研究を通して、「教育人間学は、人間と教育に関する固定化された知識のいかなる体系も生みだすことはしない。むしろそれは、教育人間学的な研究方法を生みだすのである。この研究方法は、人間の非決定性を示すと同時に、人間の自己理解という作業が必要不可欠であることを示している」（ヴルフ，2001，181）ということが明らかになるとされます。いずれにしましても、歴史的教育人間学としての教育人間学は、まさに緒に就いたばかりでありまして、ヴルフのことば通り、「教育人間学も、歴史的教育人間学としてのみ、さらに発展する可能性が生まれる」ということになるのかどうか、この先が大いに注目されるところです。

「ボルノー的問い」について

　以上、5回にわたりまして、「教育人間学」というものを通してでありますが、「人間と教育」というテーマについてお話して参りました。私の講義を閉じるにあたって、もう一度、ボルノーの「個別諸現象の人間学的解釈の原理」に基づいたかの問い、すなわち、「生の事実に与えられたこの特殊な現象が、そこにおいて有意義かつ必然的な項として把握されるためには、全体としての人間の本質はいかなるものでなければならないか」という問い、この問いを「ボルノー的問い」と名づけておきますが、この「ボルノー的問い」に立ち返ってみることにいたします。といいますのも、まさしくこのように問うことによって、「人間と教育」というテーマの核心にいたることができると思われるからです。

　第1講の冒頭で申しましたように、「人間と教育」というテーマには、「人間における教育の意味への問い」と「教育における人間の意味への問い」の2つの問いが含まれています。ボルノー的問いにおきましては、その教育学的バージョンは、「この教育現象が、そこにおいて有意義かつ必然的な項として把握されるためには、全体としての人間の本質はいかなるものでなければならないか」となりますが、前に指摘しましたように、まずは「教育における人間の意味への問い」が問題となります。つまり、「教育から人間へ」という方向です。

　けれども、それは、「教育」がすでに確定されていて、そこから未確定の「人間」に向かうということではありません。「教育」も未確定であり、したがって、方向を定めるには、逆に「人間から教育へ」ということが必要になってきます。その意味で、ボルノー的問いは、「人間における教育の意味への問い」を必然的に提起します。ということは、つまりは「教育から人間へ」と「人間から教育へ」の「循環」ということです。ボルノーみずから、「訓戒」を論じた箇所で、「個別を全体から、全体を個別から理解しようとするあらゆる哲学的・人間学的な問いに特有な、かの循環的な歩み」について語っておりました。

　そもそも「教育人間学」は、「人間のほうから教育をそして逆に教育のほ

うから人間をという二重の仕方」での「教育学的な反省の往復運動」（氏家, 1999, 14）とか、「教育から人間を問うと同時に人間から教育を問うという、双方向的な問いとして成立する学問領域」（平野, 1993, 160）と規定されたりいたします。このように「人間を教育から、そして教育を人間から理解する試み」（Zirfas, 2004, 36）が教育人間学だとしますならば、ボルノー的問いはまさに教育人間学的問いであります。と同時に、「人間と教育」というテーマも、こうした「循環」によって掘り下げられることになるといえます。

さらに、ボルノー的問いにおいて重要なことは、それが「開かれた問いの原理」と連携しているということです。ボルノー的問いは、「全体としての人間の本質」を問おうとするものですが、しかしながら、ボルノーは、「開かれた問いの原理」に立って、「全体としての人間の本質」そのものをわれわれは把握することはできず、われわれがとらえることができるのは、全体としての人間の「ある一つのアスペクト」だけであるとします。「われわれはまさに人間のあらゆる可能性の尽きせぬ多様性に対して門戸を開いておこうと欲する」（ボルノー, 1977, 78）として、人間の「測り難さ」を強調し、閉ざされた「人間像」をあくまで拒否いたします。

したがいまして、ボルノー的問いは、人間や教育を相対化する視点をもっているわけでありまして、この点で、ヴルフの「歴史的教育人間学」に通じるところがあります。ボルノーにとりましても（ボルノー, 1991, 63）、またヴルフにとりましても（ヴルフ, 2004, 172）、人間は、プレスナーの表現を用いれば、あらゆる定義から身を引く「隠れたる人間（homo absconditus）」（ボルノウ・プレスナー, 1976, 39-55）なのです。人間の本質は、いってみれば「無」、なのかもしれません。こうしたことからすれば、「人間と教育」というテーマは、いつか底にたどり着いて、「人間」について、そして「教育」についても、最終的な解答を得ることができるといったものではなく、ただひたすら深められるものであるということになるでしょう。

最後に、プレスナーのことばを引いておきます。「人間が自分自身に対して隠されていること――ホモ・アプスコンディトゥス――は、人間の世界開放性と重なっている。人間は彼の諸活動においてけっして完全に自己を認識

できない。認識できるのは、彼の前方を走るか彼の背後につきまとう彼の影だけであり、したがってひとつの複製であり、自分自身に向けられたひとつの指針である。だからこそ人間は歴史をもつ」（ボルノウ・プレスナー，1976, 47）。人間は「歴史」をもちます。これは「歴史的教育人間学」の根本テーゼでもありましょう。ここに、「人間と教育」というテーマは、「歴史と教育」というテーマに移行いたします。次の担当者にバトンを渡します。

第 II 部　歴史と教育——教育史の世界へ——

第 6 講　歴史と教育をめぐる現代の論争

　第 II 部では、歴史を「現在と過去の対話」と捉える観点から、近代以降の学校教育の歴史的意味づけ、成り立ちや変化をもたらす要因、方向性や課題について検討します。まず第 6 講では、第 7 講以降の主題となる歴史事象の分析視角を明確にするため、ポストモダン思想において議論された歴史編纂・認識の見解を取り上げ、歴史（学）や教育史（学）の課題を概観します。次に、1960年代に生じた学校教育批判を概観し、現代の学校教育の課題を意識化します。

歴史（学）をめぐる論争

　人間は過去を意識的に振り返ることができ、振り返った内容を語り記述する能力を有する唯一の存在（homo historicus）です。その記述内容は歴史（history）、また歴史の営みをめぐっては歴史学（history）、歴史編纂（historiography）、歴史認識学（historiology）等と称されています。
　ところで、私たちが日常的に使っている「歴史」という言葉は、日本では明治 6 年頃から、ギリシア語 'ἱστορία'（イストリア）（調査した知識やその記述。ラテン語では historia）を語源とする英語 'history' の訳語として使われ始めたものです。ですから、歴史が一般の人々に普及したのは、「学制」（明治 5 年）後の学校教育においてであったのです。それは、教科の細かな規程が盛り込まれた文部省布達第13号別冊誌上に、小学・中学では「史学」、外国語学校・法学校・同予科では「歴史」が記されていたことに明らかです。（佐藤，

2004, 11)

　では、学問としての歴史（学）はいつ頃誕生したのでしょうか。歴史（学）が誕生したのは、ヨーロッパの大学で歴史が講義され始めた19世紀以降のことです。ですから、歴史学は新しい学問なのです。たとえば、オックスフォード大学では、歴史は1850年の試験制度の改編によって大学のカリキュラムとなりますが（小泉、2007）、歴史学が独立科目になるのは1870年代になってからです。

　ところが、20世紀半ばになると歴史編纂あるいは歴史記述の客観性に疑念が提起され、歴史に関する認識論的・方法論的問いが出現します。このときに伝統的な歴史（学）観を展開したのは、イギリスの歴史学者カー（Carr, E. H. 1892-1982）でした。彼はロシア革命研究や国連「世界人権宣言」起草委員長（1948年）の役割を果たしたことでも知られています。その彼はケンブリッジ大学での講演「歴史とは何か」（What is History, 1961）において、歴史哲学の立場に基づき、「歴史とは現在と過去との対話である」というテーゼを掲げて、次のように述べて歴史の意義を主張したのです。

> 「歴史とは何か」という問いに答えようとするとき、私たちの答は、意識的にせよ、無意識的にせよ、私たちの時代的な地位を反映している。またこの答は、私たちが自分の生活している社会をどう見るかというさらに広汎な問題に対する、私たちの答の一部分を形成している。（Carr, 1961, 8）

　カーは、歴史とは歴史家が自らの生きている視点から歴史的事実を再現することであり、その答えの一部は歴史家の生きる社会の解釈と考察を形成していると言明したのです。

　これに対峙する見解は、日本にも大きな影響を与えた、フランスのアナール派（École des Annales）の人々やポストモダン論者です。たとえば、『〈子供〉の誕生―アンシァン・レジーム期の子供と家族生活』（1960，邦訳：1980）を著したアリエス（Ariès, P. 1914-1984）は、これまで無視されてきた家族・子ども・死といった日常生活の底に流れる人間の感情や態度を明らか

にし、社会史家・心性史家と称されました。また『ポストモダンの条件』(1979) を著したフランスの哲学者リオタール (Lyotard, J.-F. 1924-1998) も近代が価値と見なしてきたイデオロギー体系の終焉を論じ、これまでの歴史学とは異なる方法を提起しました。さらに、第7講で紹介しますフーコー (Foucault, M. 1926-1984) も『監獄の誕生』(1975) において、近代を個人への「身体の規律化」が権力となる時代だとして近代西欧社会の価値観の転換を試みます。またさらにデリダ (Derrida, J. 1930-2004) も、二項対立的な思考を特徴とする近代合理主義を批判し、それを脱するテーゼ「脱構築」(deconstruction) を提起します。彼は、「文字や書かれたもの、書法、書く行為」を意味するエクリチュール (écriture) の特質や差異に着目し、西欧社会のパロール（音声本位主義）中心主義に潜んでいる逆説性を暴いたのです。こうしたポストモダニストは、モダンの歴史学の認識傾向、言い換えますと、整合的で網羅的・体系的な歴史再現、要素還元主義的な歴史事象の抽出、合理的な歴史解釈への偏重といった旧来の歴史観を批判していったのです。

このようなポストモダニストに正面から向き合ったのは、エヴァンズ (Evans, R. J. 1947-) です。彼は、『歴史学の擁護―ポストモダニズムとの対話―』(1997) において、カーらに代表されるモダンの歴史家の歴史編纂と、ポストモダニズムの歴史認識、科学的・定量的な歴史理論とを比較対照し、ポストモダニストの研究態度に切り込んでいきました。

> ポストモダニストは……新しいレベルの専門用語や隠語を発達させた。その結果、彼らの仕事はポストモダニスト仲間以外には分かりにくいものになってしまっている。この企ては利己的であるばかりでなく、皮肉にも階層秩序と優先順位の設定を批判しているまさにその点で、エリート的でもある。その自己中心主義とエリート主義は、両方ともここ十年から十五年間に大学教育者たちが苦しんできた実際の権力、収入、地位の喪失に対する補填機能と見ることができるだろう。（エヴァンズ, 1997, 160）

私は慎ましく過去を見つめ、そして彼らすべてにこう反論したい。過去の出来事は現実に起こったのである。したがって、歴史家が十分慎重で、注意深くあり、自己批判に徹するならば、その出来事がどのように起こったのかを見つけだし、たとえ過去を解明しつくした最終結論に達することはできなくとも、批判に耐えうる結論に至ることはできるのだ。(ibid., 198)

エヴァンズのポストモダニズム批判は、従来の歴史編纂の方法を毅然と擁護すると同時に、歴史家の真摯かつ禁欲的態度の重要性を再確認したという点で、一定の着地点をもたらした、といえましょう。

むろん、歴史編纂に関する論争は、日本の歴史学にも影響を与えました。たとえば、「歴史を見る道筋と視角、歴史と人間を考える基礎」を意味する言葉をタイトルにした著作、『歴史の文法』(1997) があげられます。そのなかでは、「歴史学は、好むと好まざるとにかかわらず、他の人間科学と混じり合いながら、過去の複雑な出来事を解き明かそうとする学問」(義江, 1997, i) であると定義されます。そして、その上で「現実の解決困難な問題にも、歴史の経験や展望から答を与えることが期待されている」がゆえに、「複雑な過去の出来事、解決困難な現在の問題にむきあい、新たな歴史像の構築」が不可欠だと論じられたのです。このような歴史学の態度表明は、近代的価値を問い直す視点を堅持しつつ、歴史のなかで生きる人間の輪郭に迫った「生のためのパラダイム」、史料としてのテキストに語り手の肉声を嗅ぎ取ろうとした「テキストと叙述」、人間と社会のおりなす筋書きのないドラマが時代の枠組みと戯れる様相を分析しようとした「時代のロジック」という本書の内容構成に如実に現れております。

教育史（学）をめぐる論争

では、教育の歴史を意味する教育史（学）はどのように捉えられてきたのでしょうか。日本の教育学では、教育史は最も重視され研究蓄積も多大な領域です。それは勝田守一 (1908-1969) によれば、教育の歴史的研究が教育的

価値の成立と関わっているからです。

　［教育の歴史的研究は］人間存在の歴史的諸条件（経済的・政治的・理念的・文化的な）に規定されつつ、教育の諸価値がどのように形成されたかを研究することを通じて、教育概念を歴史的に究明する研究である。したがって、教育の歴史的研究は、仮説的な教育概念に導かれながら、それ自身が教育概念を認識する過程である。この循環を含まぬ歴史的研究は、けっして教育史を構成しない。仮説的な教育概念は、教育的価値を表示するものとして、現実の教育的実践の課題意識につながりその内容をふまえて構成されるのだから、教育の歴史的研究そのものが現実の教育課題を離れては成り立たない」（勝田, 1973, [　　]：引用者 445-446）。

　カーと同様に、勝田も教育史研究は現実の教育課題との関連において成立すると言明し、そのことが「教育概念を認識する過程」となる、と論じているのです。ここに「教育とはなにか」という認識論的アプローチを捨象しないかたちでの教育史研究の責務が存在します。この勝田の研究姿勢を堀尾は次のように分析し考察しています。

　勝田は……教育学独自の課題と方法を吟味し、実践的課題に対する研究者としての任務と責任を明らかにすることに努め、この主題とかかわって数篇の教育学論を書いた。これらは時期を異にし、主張の力点に多少の差異こそあれ、時代と人間が求めている実践的課題の解決に、理論家として参加する者の実践的価値志向と厳密な方法的自覚の統一という課題において共通している。（勝田, 堀尾解説, 1973, 538-539）

　堀尾は勝田の研究姿勢を「実践的価値志向と厳密な方法的自覚の統一」に見いだし、以後も勝田を高く評価していきました。ところが、ポストモダン思想の影響下、日本の教育史学界でも例外なく、歴史編纂の省察を主張する声が高くなってくるのです。その結実の一例が『教育史像の再構築』（藤田他編, 1997）です。本書の第Ⅰ部「教育史像の再構築」には、片桐芳雄「序―教育史像の再構築」、宮澤康人「教育史かきかえの遠い道のり」、佐藤

秀夫「教育史研究の検証―教育史像の改築をめざして」、佐藤学「教育史像の脱構築へ―『近代教育史』の批判的検討」、斉藤利彦「教育史研究の再構築―『学ぶ者』の視座から」などが集録されています。それぞれのフレーズを一瞥しただけで、従来の教育史学の思考枠組み（パラダイム）の転換の意図が強く表れていることがわかります。ベルリンの壁崩壊後、イデオロギーの価値は衰退し、人権や個性など、近代が掲げた教育的価値を追究する研究は影を潜めていきました。同時に従来の教育史学のパラダイムも人間中心主義、西欧中心主義のいわば「大きな物語」であった点を反省し、社会史に留意した歴史編纂や研究方法が主流になっていったのです。このことは「教育の社会史」、「子ども観の社会史」、「社会史のなかの子ども」といった近年の著作のタイトルに端的に示されています。

　以上、歴史（学）や教育史（学）をめぐる様々な論争を見てきましたが、その論争が原理的なものであるだけに、そもそもこれらにはどのような意味や役割があるのか、という素朴な疑問が頭をもたげます。この問いに答を与えてくれるのは、イギリスの教育史学者のオルドリッチ（Aldrich, R. 1937- ）です。彼は歴史に関わって次のように語っています。

　　歴史は、出来事の、とりわけ時間次元にかかわる人間やその他の出来事についての研究や記録や解釈を記述するために使われる言葉［であり］……歴史は起こったこと、起こりつつあること、起こるであろうことの全てを含んでいます……。全ての知識は歴史の一部なのです。歴史の研究は有益であるだけでなく、潜在的に教育的でもあります。なぜなら、歴史学は人間の経験の幅を広げるからです（オルドリッチ, 2009, [ ]：引用者 3-4）,

　彼はこのように述べ、その上で教育史から得られる教訓を論じています。それを要約しますと、彼は教育史には、①人間の諸経験の全体から知識と「真実の意味ある本質」を抽出し理解する、②価値あるいは真価の概念を含む教育の歴史研究から結論を引き出すことに責任があることを学ぶ、③可能な限り過去の正確な地図を把持し、それに基づいて歴史的展望をもって意思

決定の可能性と過去の誤りに類する教育改革に警鐘をならす役割の重要性を学ぶ、④歴史は連続性と変化との共存を含み、それが人間の出来事の複雑さを示しているということを洞察しながら学ぶ、という4つの意味があると述べています（ibid., 山﨑解説, 369-370）。こうした意味づけは、彼が史的展望をもちつつ、社会的・学問的・政治的・人間的な観点から半世紀以上も教育史にアプローチし続けた結果、得られた見方です。ですから、彼の解釈には説得力があります。当然のことですが、歴史家は裁判官でも予言者でもありません。が、教育史（学）は、また生きている私たちがどのような歴史的文脈のなかで形成されてきたかを振り返る自己省察の学であり、私たちの行く手を照らしてくれる自己形成の学であると捉えることもできましょう。であるならば、教育史研究においては、現代の学校教育の歴史的意味づけ、学校教育の成り立ちや変化をもたらす諸要因、学校教育の方向性の検討が不可欠です。

　以上の点に留意しつつ、社会変革の著しい20世紀半ばの教育に目を向けてみることにしましょう。そこに現れてきますのは、英語圏で展開された教育論争です。以下では、社会状況が急激に変化した1960年代にまで遡り、アメリカとイギリスで展開された学校教育論争を取り上げ、教育史研究の課題を意識化しておきたいと思います。

管理主義教育をめぐる論争
ー1960年代のアメリカの進歩主義教育運動ー

　1960年代、アメリカでは、資本主義社会の進展によって複合的な問題や矛盾が噴出し、それに対抗する文化思潮が生まれました。これに伴って展開されたのが、進歩主義教育（Progressive Education）という言葉で集約された教育改革運動です。ボルノーに従えば、この基本思想は「栽培モデルの教育観」に属しますが、この運動の特異な点は、同時期の公民権運動などと共に展開された点にあります。公民権運動は1950年代から1960年代にかけてアメリカの黒人が公民権と人種差別の撤廃を求めて起こした運動です。アフリカ系アメリカ人への人種差別は、子どもたちが通う学校や通学バスに対しても

向けられ、それは子どもたちに対する人種隔離政策の一環として機能していました。人権無視政策への反対運動は大きなうねりとなり、国家権力に抵抗する民主主義者や平和主義者による教育運動を伴ったのです。それが「教育における自由」、「子どもの個性」、「子どもの権利」といったフレーズを掲げて展開されたアメリカの進歩主義教育運動です。この運動は、社会の「進歩」を旗印にしていましたので、フォークソングや反戦歌など、大衆文化の影響を受けた人々からも絶大な支持を得ました。権威主義的で形式主義に陥った学校教育への批判は、学校制度から解放されたフリー・スクール、選択の自由を求めるオータナティヴ・スクールやオープン教育など、学校教育に対する変革要求とその代替案として多種多様に展開されたのです。

　では、このような運動の根底には、どのような教育思想があったのでしょうか。当然のことですが、何らかの批判と方向性を有した運動には、一定の理論や意味が存在します。実は、この運動の根底にあったのは、19世紀末から影響を与え続けたデューイ（Dewey, J. 1859-1952）の進歩主義教育の思想でした。よく知られていますように、デューイはアメリカを代表する哲学者ですが、その思想はプラグマティズム（Pragmatism）の系譜に属します。プラグマティズムの言葉を最初に用いたのは、パース（Peirce, C. S. 1839-1914）です。それは行為・実行・実験・活動を意味するギリシア語のプラグマ（Πράγμα）を原義とします。デューイは、思想と行為・行動の一致を目指すプラグマティズムの立場から教育を解釈し、人は「なすことによって学ぶ」がゆえに、「教育とは経験の再構築」であると論じたのです。その特徴は、ヘルバルト学派に代表される「技術モデルの教育観」、すなわち「道徳的品性の陶冶」を掲げて子どもを一定の「理想形」につくりあげる旧来の教育を乗りこえようとした点にあります。デューイは、進歩主義協会（Progressive Education Association, 1919-1944）を設立しますが、その組織はやがて「子ども中心」派と「社会中心」派に分裂するという結果に陥りました。が、しかし、デューイの教育思想は、1960年代に至って進歩主義教育運動の再燃という歴史事象となって、その教育観を今日に色濃く残したのです。

　デューイに加えて着目したいのは、その導火線的役割を果たした人物、す

なわちイギリス新教育運動第 2 世代を代表するニイル（Neill, A. S. 1883-1973）です。新教育運動第 1 世代の思想については第 9 講で述べますが、新教育運動は19/20世紀の転換期に展開された教育改革運動です。新教育運動家は、旧教育、すなわち古典語、読み・書き・計算、教師、書物だけを偏重する伝統的な学校教育に異議を申し立て、新しい教育を模索しました。この19/20世紀転換期の新教育運動はアメリカでは進歩主義教育運動、ドイツでは田園教育運動、日本では大正期自由主義教育運動と呼ばれていましたが、ニイルは1920年代イギリスの新教育運動を先導した新教育運動家だったのです。彼の創設した学校は、サマーヒル校（Summerhill School, 1921-）と名づけられました。その名前を冠した『サマーヒル』（1960）のアメリカでの刊行により、進歩主義教育はさらに論争を呼ぶことになります。それはニイルが 'free'（授業料不要）の元来の意味を転じさせる形で 'Free School'（自由学校）の言葉を用い、「子どもを学校に合わせるのではなく、学校を子どもに合わせる。」というテーゼを掲げて、徹頭徹尾、子どもの自由を尊重したからです。ただ彼は同時に市民を育てることを目指し、学校の「自治」（self-government）を公民科と捉えて自律を重視しましたので、自由放任を主張したわけではありません。しかし、「自治」の意味には配慮されず、「教育の自由」や「子どもの自由」だけが強調されてしまったため、自由学校の日常を描いた『サマーヒル』はセンセーショナルな話題を提供し、当時のアメリカの教員養成においては必読書と称される程の革新的影響力を与えることになるのです。

　ところが、その後、ニイルの思想を批判する人物が出現します。その論争点はニイルが自由を標榜しながらも学校組織を肯定していた点にありました。それが 'deschooling' の言葉を用いて「脱学校」の理論を提示したイリイチ（Illich, I. 1926-2002）です。彼は、当初、ニイルの教育思想に興味を示していましたが、学校の肯定は真の意味での自由をもたらさない、と批判の鉾先をニイルに向けたのです。それは、デューイや、『教育の過程』（*The Process of Education*, 1960）を著して教育内容の現代化を推進した心理学者のブルーナー（Bruner, J. S. 1915-）をも問題視する程の勢いをもっていまし

た。彼の批判は、資本主義社会の学校がブルジョアの発見した「子ども期」概念を用いて、人間を無力化し想像的で探究的な学習を不可能にしている、というものでした。その舌鋒鋭い理論の趣旨は、貨幣価値の制度化を推し進める「学校化された社会」制度の代案の提起にあったのです。その意味で、彼の見解は極めて論争的な教育観の提起であった、ということがわかります。

その後も、次々と「子どもの自由」、「子どもの権利」を求める教育改革運動が展開されました。ジャーナリストのシルバーマン（Silberman, C. E. 1925-）の『教室の危機』（Crisis in the Classroom, 1970）、ニイルやイリイチらの考えを批判的に発展させたホルト（Holt, J. 1923-1985）の『子どもはいかに失敗するか』（How Children Fail, 1964）や『子どもはどのように学ぶか』（How Children Learn, 1967）、さらにポストマン（Postman, N. 1931-2003）の『子どもはもういない』（The disappearance of childhood, 1983）も、この時代の精神を具現し、一般の人々の賛同を得ていきました。それは、「学校は子どもの本質を疎外している」、「公立学校の画一性が子どもの成長に悪影響を与えている」といった管理主義社会への批判だったからです。ホルトは次のように述べています。

> 子どもたちが、生まれながらに賢明で、活動的で、好奇心に溢れ、学ぶことに意欲的であり、そして学ぶことが上手であるということ、したがって、彼らを学ばせるために、餌で突っついたりいじめたりする必要はないということ、また彼らは楽しく、活発で、自分がやっていることに集中して興味をもっているときに最もよく学ぶものであるということ、そして彼らが退屈していたり、脅されていたり、侮辱されていたり、怖がらされていたりするときにはほとんど何も学ばないということ、これらのことを、私たちはかなりのあいだ主張し続けてきた。(Holt, 1973, 11-12)

ホルトはこのように子どもの自発性や意欲を信頼することの重要性を主張し、さらに学校の機能と教師の使命について述べていきます。

学校にとって最も重要かつ正統で、そして人間的な使命や機能は、生徒の成長を助けることである。これを教育的使命と呼んでおきたい。真の教育であればそれは一生を捧げても悔いのない使命なのである。われわれは、すべての人間があらゆる点で自らの能力を最大限にまで成長し発達するように、できるだけ手助けをしたい。とりわけ、意識、敏感な反応、好奇心、勇気、自信、想像力、機知、忍耐、寛容、思いやり、技術、能力、理解力といった点において、また、幅広い選択可能性を見極め、賢明な選択をし、誤った選択をしたということがわかればそれを認め、別の選択肢が可能だという諸能力に対して、また自らの、そして他者の自由、尊敬、価値に対して抱く深い認識という点に対して、われわれは可能な限り手助けしたい。良い教師が望んでいるものは、人がこのように成長していくときに手を貸すような仕事である。有能で、献身的な若い人たちが数多く教育界に入ってくるが、このこともこうした仕事をやりたいと思うからである。(Holt, 1973, 242-243)

このようなホルトの思想もまた、「栽培モデルの教育観」に属しているといえましょう。子ども自身の内発的動機を信頼した彼は、その後、「学校教育に頼らない成長」(growing without schooling) のための組織を構想します。それは 'unschooling' や 'homeschooling' という概念で説明され、インフォーマルな学びの場を創出するホームスクーリング運動 (the homeschooling movement) となって展開されました。彼のメッセージは、今も、管理や注入に陥りがちな学校教育に警鐘を鳴らし続けています。

『プラウデン報告書』をめぐる論争
－1960年代のイギリスの進歩主義教育運動－

その頃、イギリスの学校教育においても、同様の教育改革運動が展開されていました。1960年代のイギリスの教育改革運動は、プラウデン卿夫人 (Plowden, B. H. 1910-2000) を委員長に、初等学校の教育調査に取り組んでいたプラウデン委員会 (1963-1966) が『子どもたちと初等学校』(Plowden

Report, 1967, 通称はプラウデン報告書。以下通称を使用）と題する報告書をまとめたことで急激に勢いを増していきました。その影響力は「プラウデン旋風」と命名された程です。この報告書は初等学校の教育全般の調査と考察をまとめたものです。その第2章では、誕生から思春期の身体的発達、成長の割合の個人的差異、脳の発達、批判的かつ敏感な時期、遺伝と環境の相関性といった点が取りあげられ、知的な発達については行動面の発達の後に取りあげられています。全体的な論調は個性の重視や協同学習の推進にありましたので、これに賛同する教師は自らの実践を進歩主義教育と呼んだり、形式（フォーム）に拘らないことを意味するインフォーマル教育と呼んだりしました。この背景には、宗教問題や民族問題など、解決し難い社会問題がありましたので、イギリス政府は学校教育にその解決を期待したのです。プラウデン報告書の表紙裏面に、明朗な子どもたちの写真が掲載されていることが、このことを物語っています（図1）。報告書は、新教育運動の成果を受容したハドゥ報告書（1931, 161頁参照）の理念を継承しつつ、学校教育につ

図1：プラウデン報告書

出典：Central Advisory Council for Education (England), 1967, 内表紙.

いて次のように述べています。

> 学校は単に教え屋ではなく、諸価値と諸態度を伝えねばならない。それは子どもたちが、未来の大人としてではなく、第一に、そして何よりも子どもとして、生きることを学ぶ共同社会なのである。家庭生活において子どもたちは、あらゆる年齢の人々と共に暮らすことを学ぶ。学校は、子どもたちのために適切な環境を慎重に作り出し、彼らが彼ら自身であるようにさせ、彼らにとって適切な方法と速さで彼らを発達させるように形作っていく。学校は機会を均等にし、ハンディキャップを埋め合わせようと努める。学校は個性の発見、直接経験、創造的な学習機会をとりわけ重視する。知識はとうてい個々に分割されるものではなく、また、学習と遊びとは対立的なものではなく、補完的なものである。教育の全ての段階において、そのような雰囲気をもって育てられた子どもには、バランスのとれた成熟した大人になる望みがあり、彼がその一部をなしている社会のなかで生活しそれに貢献し、それを批判的に検討することができるようになるという望みがある。（DES, 1967, 187-188）

報告書は、学校を「生きることを学ぶ共同社会」と規定し、知識を各教科に分けることや学校と遊びを分けて捉えることに警鐘を鳴らしたのです。報告書は次のように続きます。

> 子どもたちは、他の子どもたちと過ごすために、大人たちと過ごすために、彼らを取り巻く環境から学ぶために、いま現在を楽しむために、将来に向かうことができるようになるために、何かを創造するために、愛するために、逆境から学ぶために、責任を持って行動するために、すなわち端的に言えば、人間であるために、真に自分自身である必要がある。このような目的の考案のための作用や情況についての意思決定は、各々の学校や教師や保護者の手に委ねられなければならない。何より保証されなくてはならないのは、学校におけるそうした意思決定は、可能な限り最善の知識から紡ぎ出されなければならないということであり、

単なる習慣や慣習から押し付けられるものであってはならないということである。(DES, 1967, 188)

　教科に分断された知識の注入への批判、学習と遊びを分断しない姿勢、「自分が自分である」という自然主義の教育観、これらが具体的な言葉で綴られた報告書となっています。子どもたちは、愛、自由、刺激、支援、創造的な活動を通じて、また学ぶ機会を体験する環境下で自らを成長させる能力を獲得する、と委員会は考え、学校は何にもまして「いかに生き、いかに学ぶか」を学ぶ場であるべきだ、と論じたのです。それゆえ、プラウデン報告書は、ボルノーのいう「栽培モデルの教育観」に位置づけることができましょう。

　ところが、報告書が出るや否や、その基本姿勢に対する批判や疑問が提出されたのです。たとえば、宗教教育やカテキズムの暗記を主張した保守主義者の黒書『教育への闘い』(*Fight for Education,* 1968) や分析的哲学者ピーターズ (Peters, R. 1919-) 監修の『プラウデンの展望』(*Perspectives on Plowden,* 1969) は、報告書の分析の妥当性に疑念を呈した典型です。ピーターズは、プラウデン報告書に散見される発達やレディネスといった支配的イデオロギーが、何ら科学的・実証的根拠を伴っていないため、その意味内容が極めて曖昧であると断罪しました。また、社会学者のバーンスティン (Bernstein, B. 1924-2000) は、社会的不平等の観点から報告書の楽観性に切り込んでいきました。いずれも適確な指摘だと受け止められました。ただ、同書の表紙裏面には、行動主義心理学者スキナーの見解、「経験ばかりの学校は、学んでいる者がいないからではなく、教えている者がだれもいないので学校とはいえない。教えることは学ぶという長い旅に送り出すことなのである。つまり、教えられている学習者は教えられていない学習者よりも早く学ぶのである」が付されていますので、プラウデン批判は、学び手よりもむしろ教え手の視点からの批判であったということがわかります。「教科中心か、子どもの生活中心か」の議論は、イギリスの学校現場では今なお続いていますが、その根底に横たわっている「教育行為への見方」の乖離や論争の擦れ違

いの内実検討が求められています。

　ただ、当時は、教育学者の論争を横目にしながらも、プラウデン賛同者は増えていきました。自由主義だけでなく社会主義の立場をとる教師たちも賛同したため、賛同者の層は厚みを増していきました。彼らは、「教育の自由」の主張と共に、国家によって与えられた教育内容ではなく、子どもの側に立った「インフォーマルな教育」を唱導していったのです。その特徴は、子どもの生活体験を介在させながら教科内容を横断させて作ったトピック学習に象徴的です。子どもの興味と活動を組み込んだトピック学習は学校の建築物のデザインにも現れ、やがてこの現象は、進歩主義の教育思想を象徴するオープン・プランを採用した初等学校にはっきりと認められるようになります。優れた学校の建築物は、使い勝手が良く、頑丈で、楽しめる、といった３つの条件を満たさなければならないと言われ、オープン・プランという用語は、初等教育の方法論を表現する用語としてごく一般的になり、「進歩的」「インフォーマル」「子ども中心」といった言葉と相互に交換可能なものとしてしばしば用いられるようになったのです。（カニンガム、2006, 219-220）その結果、少人数の学級編成（20〜23人程度）が実現し、そして、子どもに合わせた実践例に依拠したカリキュラム構成の知見が蓄積され、教師集団による教授上のエートスが築かれていくことになるのです。

　以上、20世紀半ばに生起した学校教育をめぐる論争を概観してきました。ここで取り上げた歴史事象に存在するモチーフは、第Ⅲ部「歴史と教育」を貫く問題意識です。ただし、今一度確認しておきたいのは、歴史事象を切り取る際の視点についてです。スイスの美術史研究者のギーディオンは、人間の生活を洞察するための歴史研究の手続きについて、次のように述べています。

> ……歴史とは、事実を編輯することではなくて、動きつつある生活過程を洞察すること……。さらに、こういう洞察は、パノラマ的調査や鳥瞰図的概観だけの使用によって得られるものではなく、ある特殊なできごとをクローズ・アップの手法で見通し探索することによって、つまり強

調的に孤立させながら考証することによってなしとげられるものである。こういう手続きによって、ある一つの文化を、外面からだけでなく、内面からも評価することが可能になる。(ギーディオン, 2001, xi)

　以下の講義では、ギーディオンの助言に倣ってある特殊なできごとをクローズアップするというスタンスで、イギリスの、とりわけ近代の学校教育に光を当て、人々が生きる上で不可欠となった学校教育の変遷を考察対象として取り上げたいと思います。

第7講　近代学校の出現とその方法原理

近代学校の源流は、産業革命を最も早く成し遂げたイギリスの学校にあります。ここで言うイギリスとは、現代英語の 'Britain' を示しています。19世紀の初め、イギリスは多数の若年労働者への「教育」に苦慮し効率的な教授法を考案するのですが、その歴史には、内心の自由にかかわる宗教・教会との関係、教授方法、カリキュラム、教科など、今なお検討と考察を要するトピックがあります。本講では、学校教育の成り立ち・本質・機能を考察するために、イギリスの近代学校とその方法原理に目を向けます。

産業革命と徒弟教育

イギリスに始まった18世紀末の産業革命は、社会のあり方を根本的に変えることを不可避としました。このことは、たとえば封建社会の束縛から個人を解放し、利己心に基づく経済活動と都市的自由を人間に保証する自然的自由の制度 (system of natural liberty) をもたらした点に典型的に現れています。自然的自由は、政府が私的な企業に干渉を加えず、市場論理や市場メカニズムにまかす自由放任の方法、つまりレッセ・フェール (laisser-faire) の原理です。レッセ・フェールは、スミス (Smith, A. 1723-1790) らイギリス古典派経済学の主要理論として展開され、帝国主義の拡大をもたらしました。しかし、裕福な資本家と苛酷な生活環境に追いやられた労働者という対立構造を生み、また人口の集中化、工場の林立と煤煙、日光と新鮮な空気の喪失、スラム化、コレラ・チフスなどの伝染病の蔓延といった都市問題を噴出させたのです。この深刻な状況は、1802年、「徒弟の健康と道徳に関する法律」(Health and Morals of Apprentices Act) の制定をもたらしました。これは国家が労働制限と読み・書き・計算の習得を課した最初の重要な法律です。この法律は3人以上の徒弟を抱える綿・毛織物工場に適用されました。

あらゆる徒弟には、少なくとも徒弟期間中の最初の4年間、平日に必ず

時間を取り、教育を受けさせなければならない……分別のある思慮深く適切な人物によって、徒弟の年齢と能力に応じ、読み・書き・計算またはそのいずれかが勤務時間中に教えられ、その費用は徒弟の主人または女主人が負担するものとする……（VI, Health and Morals of Apprentices Act, 1802）。

19世紀初期になると大量の子どもたちが地方から工場地域へと送られ、徒弟問題はさらに加速化していきます。この時期、民衆への教育機関には、宗派立及び非宗派立の慈善学校や日曜学校、田舎の学校（図2）、独身女性らが読み方を教えていたディム・スクール（Dame School）などがありましたが（図3）、いずれも40人以内の小規模なものでした。それゆえ、大量の若年労働者への効率的な教育方法が必要になり、そこで着目され、導入されたのがモニトリアル・システム（monitorial system）でした。

図2：村の学校の部屋（1780年）

出典：Seaborne, M., 1971, Plate 118.

図3：デイム・スクールの部屋（1783年）

出典：ibid., Plate 119.

モニトリアル・システムの誕生

モニトリアル・システムは、俗にベル・ランカスター法（Bell-Lancaster method）とも称されていますが、これは英国国教会（Church of England）の牧師であったベル（Bell, A. 1753-1832）が相互教授（mutual instruction）の方法を、また非国教徒（nonconformists/English dissenters）のランカスター（Lancaster, J. 1778-1838）がモニターによる教授法（図4）をほぼ同時期に開発したことに由来します。彼らはいずれも、大量の若年労働者に対して、善良さ、礼儀正しい習慣、敬虔の念などを植えつけ、読み・書き・計算を教える方法を考えて普及させたのです。

では、なぜこのような方法が考案されたのでしょうか。前者のベルはスコットランドのセント・アンドリュース大学で法学博士号を取得したエリートでした。彼の属したイングランドの国教会は、16世紀、離婚を認めないローマ教会から分離し、国王を首長とするかたちで誕生したイングランドの宗教です。信者は国教徒（conformist）と称されました。ベルは司教をしていたインドで、1789年、陸軍のマドラス男児孤児院の責任者となり、分団的相互教授の方法を編み出したのです。この方法は均質なクラスを作り、すべての

図4：19世紀初期のモニトリアル・システム
（サザック、バラ・ロードの内外学校協会）

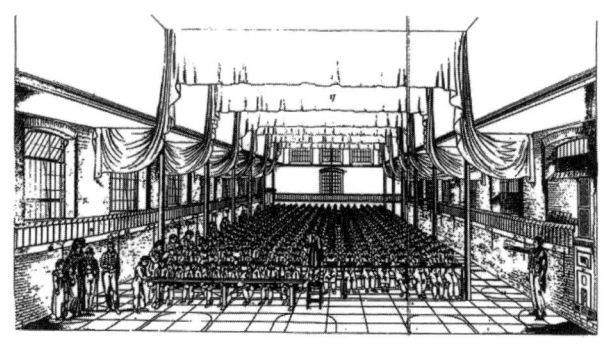

Interior of the Central School of the British and Foreign School Society, Borough Road.

出典：Taylor, J., 2007, 15.

クラスを常に教師の監督下におき、その方法原理に基づいて、生徒間に模倣と競争の精神を生むことを意図した効率的なシステムでした。これが俗にマドラス・プランと称されるものです（図5）。イギリスに戻った彼は、国教徒による全国貧民教育促進協会（通称：国民協会, National Society, 1811）の創設に伴い、約12,000校を誇るその組織の監督責任者となり、この方法の普及に尽力することになるのです。

他方、ランカスターは、ロンドンのテムズ川南の貧困層の多く住むサザックで誕生し、地域の非国教会派の慈善学校で教育を受けたクウェーカー教徒（フレンズ派とも称す。非国教徒）でした。彼は地域の非国教会派の学校で助教師（an usher）として働いた後、1798年にロンドンのサザックにある父の家に小さな学校を作り、数年間でその学校を地域の富裕階級の基金を得るまでに発展させたのです。そこで考案されたのが、モニター（monitor）を採用するモニトリアル・システムです。彼のバラ・ロード校は特定の宗派を支持しない（nondenominational）ことを特徴とし、1805年ごろには教員養成校として知られるようになります。1808年には王立ランカスター協会の創設

図5：相互教授（1810年）
（ロンドン、バターシー、ワンズワースの国民協会・クラパム・マドラス校）

出典：Seaborne, M., 1971, Plate 124.

に至り、1811年の時点では既に50人の男性が教員になる訓練を受けていました（Rich, 1933, 6）。この協会は1814年に内外学校協会（British and Foreign School Society）と名称変更され、機能性と効率性を前面に掲げてそのシステムの拡大を図っていきます。ランカスターのバラ・ロード校は、バラ・ロード教員養成カレッジとして、また初期の教員養成機関として、歴史的に重要な役割を果たすことになるのです（Rich, 1933, 144-145）。

　1814年といえば、スチーブンソンが蒸気機関車の運転に成功した年ですが、その後、全土に敷かれた鉄道網によってイギリスの産業革命はさらに加速化していきます。同時に、農業から工業に転じた若年労働者への教育の必要性も叫ばれ、教員養成もまた喫緊の課題となったのです。それを担う内外学校協会と国民協会は全国各地で競合しますが、実際は、国教会派の国民協会の方が優勢でした。しかし、国民協会の教員養成カレッジであるバターシー校が創設されたのは1840年のことですから、教員養成の歴史は、19世紀初頭のサザックに創設されたバラ・ロード教員養成カレッジから刻まれた、と

いうことになります。

では、ランカスターのモニトリアル・システムはどのようなものだったのでしょうか。それは今日の日本の学校でも用いられている固定式机を用いた対面式授業やクラス・学級の源流となった方法ですが、ここでは、イングランドのヒッチンに残されている学校史料に基づいて解説したいと思います。学校は1つの大きな教場（schoolroom）（図4，図6）だけの1学校1教場を特徴とし、教師が監視しやすいように床にはゆるやかな傾斜がついています。前面には教卓、中央には固定式机が並べられ、図6のようにその周辺の四方の壁の間の床には、縦10、横4の計28の同じ半円が規則正しく書かれています。また、机の周辺には生徒を走らせるためのスペースがとられていました。生徒（年少の子ども・労働者・徒弟）は能力別に10人から20人にクラス化され、半日間、机か、半円か、その間にあるスペースのいずれかで過ごしました。そして、すべての行動はモニターと称される、選ばれた優秀な9歳以上の少年の指示に従わねばなりませんでした。また、登下校時の帽子の取り扱いについてもモニターの命令に従った機械的な振る舞いを要求され（図7）、帽子を介して身体的規律を身につけたのです。モニターは、午前中はモニターとして働き、午後には生徒になることもありました。

図6：教場（図4）のレイアウト

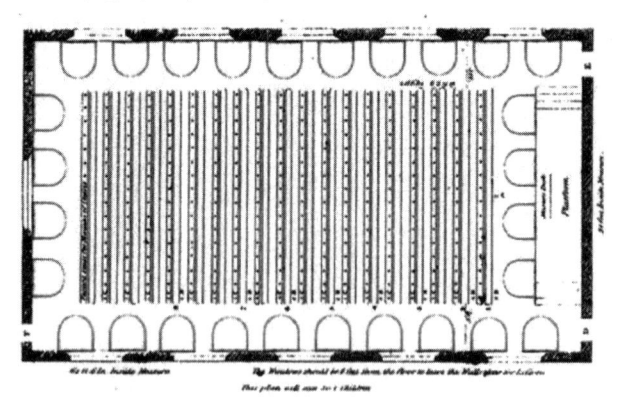

出典：Taylor, J., 2007, 17.

第7講　近代学校の出現とその方法原理　　87

図7：登学後の着席上の規範

Boys come in and take caps off and sling them over their heads to rest on their backs

出典：ibid., 9.

　半円の描かれた場所は読み方練習のためのものです（図6，図8）。各クラスの生徒はモニターの指示で半円の外に丸く並んで立ち、壁に掛けられた様々な読み方教材を使って、アルファベット2文字、3文字といったように順次レベルをあげて音読の練習をします（図8）。いくつかの読み方教材を用いた音読練習が終わると、モニターの指示で中央区画に設置された書き方練習用の固定式机に移動します（図9）。読み方と書き方の練習は、順次繰り返されましたので、クラスによっては、固定式机での訓練が先になる場合もありました。書き方の練習では、初心者はサンド・デスク（指で文字を書いて練習するための砂を入れた横長トレイの付いた固定式机）を利用し、砂にアルファベットを書いて練習します。文字は、線だけの文字、角度のある文字、カーブのある文字の3つに類型化されて教えられます。スムーズに書け

図8：読み方教授（図6の半円箇所にて）

図9：書き方教授（図6中央にて）

出典：ibid., 8.

出典：Dodwell, F., 1990, 4.

るようになると、小さなスレート盤とペンシル型の鉄製筆記用具が置かれた固定式机に進み、さらに練習を積んでいきます。概ね習得できると、モニターが聖書に関する事柄、都市名、キリスト教所在国名の単語の書き方や聞き取りを指導するのです。

したがって、この方法の特徴としては、（a）多数者のクラス化と指導内容の習得状況の個別確認が可能な点、（b）1人しかいない教師の労力が節約できる点、の2つをあげることができます。

一方、ベルの教授法では、教場の外側のスペースは内壁に面した書き方用机で占められ、中央の区画は補助教師の授業を受けるための場所となっています（図5）。中央の区画の後方では、各クラスの生徒が方陣を作って立ち、授業を受けています。ベルは、一般にクラス・サイズは大きければ大きいほど相互に影響を与え合うことができ、生徒の進歩も大きい、と考えたのです。

ここで留意したいのは、ベルやランカスターの教授法が共に効率性の追求にあった点です。これは近代の学校教育の特徴であり方法原理の1つです。ランカスター方式もベル方式も一度に300人から500人、ときには1,000人以上にも教えることができましたので、この方式は瞬く間に国内外に普及していきました。ベンサム（Bentham, J. 1748-1832）など、当時の功利主義者（Utilitarianism）もこの方式を熱狂的に支持しました。もちろんその背景には、19世紀のスミスの自由主義経済とベンサムの功利主義の思想体系がありました。前者は、政府が企業や個人の経済活動に対して干渉せずに市場の機能に任せるレッセ・フェールの思想を基調とし、後者は、'utility'、つまり、社会全体の効用あるいは功利（功利性、公益）や機能（有用性）によって善悪の判断が決定されるとする思想です。しかも、社会は立法による干渉がなくとも、自由な諸力の相互作用によって最も適切に規制される、という考えに基づいていました。が、しかし、功利主義者らは教育の分野では、規制が、とりわけ「見えない形での規制」が不可欠であると考えたのです。それを可能にしたのはモニトリアル・システムでした。なぜなら、教場の床には傾斜が付けられていましたので、一人の教師による一元的な監視が可能であった

からです。多数者を一望して監視するという原理はこの有用性ゆえに、近代の学校建築の設計上の重要なファクターとなったのです。

モニトリアル・システム批判

　モニトリアル・システムは、急速に拡大・伝播するのですが、このことは、逆説的にも、批判の招来につながっていきました。教師ではなくモニターが教えましたので、予想されてはいたのですが、機械的である、非人間的である、キリスト教道徳の涵養にすら失敗している、といった批判が出てきたのです。批判は賞罰に対しても向けられました。実は、モニターが最も神経を使ったのは生徒の秩序維持でしたので、授業の全ての過程には賞罰が組み込まれたのです。成績優秀者への褒美には様々な絵付きカードが与えられ、規律違反者への罰には、馬鹿帽子をかぶった教室内引き回わし、バスケットに入れられた柱での吊さげ、放課後の軟禁など、様々なものが考え出されました。モニトリアル・システムに組み込まれた訓練主義の問題は、後の研究者によっても厳しく批判されることになります。

> その訓練は明らかに「システム」のなかでの訓練であり、独占的にバラ・ロードの学校で実行された。ここに創始者自身によって組織され、そしてもっとも完全な形式で機能しているシステムが提示している言語上最も厳密な意味での、プラン・モデル校（Model of School of the Plan）があった。訓練を受けている者はモニターとしてこの学校で働き、そして彼らの唯一の仕事は、彼らに配分されている短時間内にできる限り多くのルーティンに精通することであった。彼らは自らを教育するためにそこに来たわけでも、また普通の教授技法を学ぶために来たわけでもなく、学習の機械的諸原理において、極めて大人数の子どもたちの教練（drilling）を容易にするランカスター考案の特別なトリックを習得するために来たのである。(Rich, 1933, 7)

　また、フーコーは『監獄の誕生──監視と処罰』(1975) のなかでモニトリアル・システムがパノプティコン（panopticon, ギリシア語の 'pan'（全）

と 'optikos'（視覚の）の合成語＝一望監視）原理を援用したという点を問題視しています。パノプティコンの原理はベンサムが『刑罰理論』（1791）で論じた監獄装置に関するアイデアでした（図10）。フーコーによれば、「一望監視」は、保護、拘束、孤立、強制労働、教授（instruction）の目的全てが達成しているかを把握する懲戒・矯正のための監獄の原理です。その際、監視される囚人の心に自らを監視する自己規律の目を植えつけ、権力に対して自発的に服従するように囚人を導く必要があったのです。監視塔の外からの光は独房を経て中間領域を通り、監視塔へと至ります。ですから、監視者からは収容者の行動がはっきりと見えます。が、監視塔の窓にはブラインドがつけられていますので、収容者からは監視者の姿は見えないのです。また、収容者を日中だけでなく長時間監視下におくために、監視塔の外側に鏡をつけてわずかな光の反射を利用するような作りになっていました。その原理は監獄だけでなく、人間を囲い込んで規律を注ぎ込む工場や学校にも応用されておりました。それゆえ、これこそが近代の制度である、とフーコーは指摘したのです。とはいえ、ベンサムは「最大多数の最大幸福」という功利主義の

図10：ベンサムの構想した監獄
（パノプティコン原理）

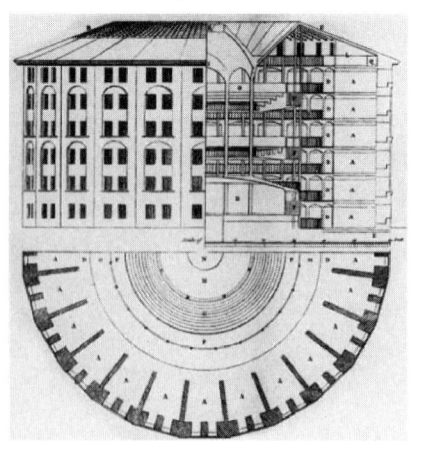

出典：http://en.wikipedia.org/wiki/Panopticon
（2010年10月30日）

立場から、その政治原理の実現のために快楽を求め、苦痛を避けようとする人々の情念の働きをうまく利用し、人民が違法行為に関わらなくてすむような制度的仕組みの創出を意図したのです。そうであるなら、ベルもランカスターも、単純で経済的な社会的装置の発明家として、時代の要求と期待に応答したある機構の発明家として歓迎され、またそこで訓練された教師やモニターはこの方式の優美にして効率的な単一性から逸脱することを禁じられたに過ぎません。(小松, 2006) それゆえ、彼らはいわば時代の産物であったのです。

いずれにせよ、モニトリアル・システムの賛否をめぐる見解の存在は、ベルやランカスターに経済的支援をしていたオウエン (Owen, R. 1771-1858) が、その後、モニトリアル・システムを批判し、幼児学校運動に乗り出したという点からも同定できます。

オウエンの教育思想と国庫補助金支給

オウエンは、自らが共同出資者となった工場で、怠惰、不道徳、貧困、病弊などを抱えた労働者の実態を目の当たりにします。この経験が『新社会観』(A new view of society, 1813) を生むことになります。彼はそのなかで、多くの労働者を酷使していた経営者に対し、労働者の労働条件や生活条件を改善するならば労働意欲を喚起することができると論じました。大人たちの「矛盾と愚行」は、民衆への学校教育がもっている2つの特徴、すなわち「推論せずに信じさせ、読んだ内容を理解させようとしなかった」ことに、その原因があるとオウエンは考えます (ハミルトン, 1998, 110)。それゆえ、彼は、徒弟の合理的判断のためには、あらゆる事実が与えられ、推理能力が鍛えられねばならない、と論じたのです。

しかし、現実には、劣悪な労働条件の下、綿糸紡績工場では、幼い子どもが1日に14時間、15時間、時には16時間も働かされ、彼らの心身の健康状態は蝕まれていました。そこで、こうした状況を改善するためにオウエンは幼い子どもが工場で労働することを禁止し、より良い性格形成をめざした性格形成学院 (The Institution for the Formation of Character, 1816) をニュー・ラ

ナークの工場に付設したのです。この学院の教室では、コメニウスの理論によって作られた掛け図が使われ、ペスタロッチの理論による実物教授(object lesson)が採用されました。彼の学校はフレーベルに先んじた世界で最初の幼児学校となり、彼の思想は幼児学校運動となって伝播していくことになるのです。ただ、彼の社会思想は、彼が1825年にアメリカのニューハーモニーで共同体の建設に失敗したことも加わって、空想的社会主義やユートピア思想と揶揄されがちです。が、教育思想の観点からみますと、若年労働者が自らの周辺環境の事実・事物を客観的に理解するならば、無知から解放され自立した労働者になる、というオウエンの思想は、極めて革新的なものであったことがわかります。(永井, 1993, 3-16)オウエンの「人間の性格は環境によって決定される」という理論について、永井は次のように解釈しています。

> オウエンにとってその基本哲学である環境決定論は、人が人を責め、憎み、褒め讃えることを止めさせ、悪行を生んだ環境を改廃することにより、この世の一切の対立を解消し、人びとの調和をもたらす原理であった。(ibid., 5)

オウエンは、社会悪の根絶の成否は教育にあると考えていましたので、彼の社会思想は少しずつ人々の間に浸透していきました。

また、医師で博愛主義者として知られていたケイ=シャトルワース(Kay-Shuttleworth, J. P. 1804-77)も、モニトリアル・システムによって与えられた知識は「生半可な知識」だとし、それが社会秩序の混乱を招くと批判し、そして、オウエン同様に国民教育制度の成立の必要性を主張しました(ハミルトン, 1998, 110)そして、こうした論争を背景に、1819年工場法、1832年改正選挙法、1833年工場法、基礎教育国庫補助金支給、1834年改正救貧法、さらにそれに続く地方制度の改革が断行され、国民教育に光があてられることになります。ただ、国民教育の制度化は産業革命によって誕生した中産階級の勢力の結果でもありましたので、その内実は脆弱でした。彼らは貧民や若年労働者を保護しつついかに教育(インストラクション)するかということをめぐって、半世

紀以上の歳月を費やしたわけですが、その内実は、安価で効率的な方法による規範・規律の形成と読み・書き・計算の習得のみを目的としたものだったのです。

とはいえ、1833年工場法は、レース縫製以外の紡績工場の労働者を対象に就学義務規程を拡充しました。9歳以下の子どもを働かせてはいけないこと（シルク縫製工場を除く）、13歳以下の子どもは1日に9時間以上、また1週間に48時間以上働いてはいけないこと、18歳以下の労働者は夜間労働をしてはいけないことが盛り込まれました。啓蒙運動家や慈善運動家の声によって、工場付設の学校（factory school）も増えていきます。労働時間が制限されるとして反対していた工場主も、予想以上に従順になった労働者の労力を評価し、反対の態度を次第に軟化させたのです（堀尾, 1977, 19）。1833年工場法施行後の状況は、(a) 教育責任を課された工場主の硬直的態度の軟化、(b) 職業に特化した専門的な教育内容ではなく、一般的なものであったこと、(c) 適正な視学官の不在により、実効性の点では弱かったこと、の3点に要約することできます（オルドリッチ, 2009, 330）。

さらに1833年工場法は、基礎教育への国庫補助金の交付という成果をもたらしました。それは国教会の国民協会と非国教会の内外学校協会を窓口とし、学校管理者が新校舎を建築する際の必要経費の半額を学校側が準備するならば、残りの半額は国が補助するというものでした（大田, 1992, 31）。これはイギリス国民教育の実質的起源ですが、同時に宗教、産業、健康、教育が全て中央の政治によって統御された起源でもあるのです。

翌1834年、改正救貧法が成立します。その理念は、これまで富者が貧者になしてきたキリスト教精神に基づく家父長主義的な慈善、すなわち庇護・服従や恩恵・感謝という相互関係から、新興ブルジョア階級が旗印とするスマイルズ（Smiles, S. 1812-1904）の「自助の精神」（「天は自ら助くる者を助く」）へと軸足を移すものでした。この精神は、農業労働から工場労働を選んで工業都市に移住した労働者に公と私という生活スタイルをもたらすことになります。具体的に言いますと、工場主と労働者の関係は働く労働時間のなかだけのものとなり、工場主は労働者の私生活には干渉せず、また同情や庇護も

与えないというものです。言い換えれば、労働時間中は身分上の不平等がありますが、私空間では平等関係の余地があったのです。そうなりますと、労働者もさまざまな望みをもつようになります。この時期の労働者階級の要求の1つは子どもに対する教育でした。それは労働によって私空間を確保し得た家族が、子どもを自由に教育するという思考をもったことを意味します。ロンドンではディム・スクールが多数出現し、読み・書き・計算への需要と供給の関係が成立しました。(図2、83頁) とはいえ、労働者の生活が極めて厳しい状況であったことは想像に難くありません。過重労働、栄養不足を原因とする結核やくる病などの蔓延は、生活の破綻をもたらし就労不可能な貧困層を生み、結局、彼らは自治体や慈善団体の運営する救貧院 (work house) に頼らざるを得なくなるのです。当時はイギリスの人口の4分の3を貧民・浮浪者が占めていましたので、救貧院は収容した浮浪者に対し、身体の程度に応じて働くことを求め、労働者や貧民・浮浪民にも身分に相応しい処遇を求めたのです。これは「自助の精神」に基づいています。が、救貧院は収容者で溢れかえり、現実には浮浪者を人間と見なすことにも仕事に従事させることにも失敗するという悪しき状況が生まれたのです。ただ、救貧院政策の根底にあったのは、彼らに優れた教育を与えることへの中産階級の恐怖です。博愛主義者で国民教育の推進者でもあったケイ＝シャトルワースですら、社会的階級や社会的不平等を天の配剤によると考えていました。しかし、この状態では国家の支出が増えるばかりです。そこで、新興工場主たちは勤勉な労働者、自助努力によって貧困から抜け出る敬虔で従順な労働者を求め、やがて教育機関は不可欠なものと認識されるようになったのです。

1839年、ヴィクトリア女王の書簡が根拠となって、国庫補助金の支出の管理を目的に、ケイ＝シャトルワースを初代事務局長 (Secretary, 1839-1849) とする枢密院教育委員会 (Committee of the Privy Council on Education, 1839-99, 1870年以降はEducation Departmentと通称) が創設され、勅任視学官 (Her Majesty's Inspectors) 制度が導入されました。このことは、宗派主義に陥っていた国民教育において、国家の公金を二つの学校協会 (国教会の国民学校協会と非国教会の内外教育協会) に委ねるのではなく、政府及び議会の責

任による管理が不可欠であること、すなわち世俗主義（secularism）を認めたことを意味します（松井, 2008, 283）。勅任視学官はオックスフォード大学やケンブリッジ大学を卒業したエリートでした。つまり、この制度の導入によって彼らに近代的な職業が提供される時代がやってくるのです。彼らの任務は、学校に支給した補助金が適切に使用されているか否かを査察することでした。教育への国家の義務は、査察という仕方で政府の権力を介在させ、その結果に応じて財源を供給するという方法において行使されたのです。この考え方は教育政策策定上の原理として定着し、以後の公教育はこの枠組みの踏襲に終始していくことになります。

こうしたなか、ケイ＝シャトルワース率いる枢密院委員会は、騒音に悩まされるモニトリアル・システムではなく、ウィルダスピン（Wilderspin, S. 1791-1866）やストウ（Stow, D. 1793-1864）らが試みていた、子ども1人ひとりの精神を常に教師の統制下におく「一斉教授」（simultaneous instruction）の導入を提案することになります。

ギャラリー・遊び場・一斉教授・クラス

一斉教授の初期形態として採用されたのは、ウィルダスピンの考案したギャラリー（gallery）です（図11，図12，図14）。ギャラリーとは、教場の両壁面の間のスペースに設置された階段式座席の集合施設を指します。教場では、50人から80人程度の子どもを階段式の座席に座わらせ、教師は彼らの前に立ってレッスンポールに掛け図を掛けて（1840年代中頃には黒板やチョーク）、一斉に授業を進めていきます。この方法は、スレート盤だけを使用していたモニトリアル・システムと比べて、教具の用い方や内装の工夫において、教授法上、より一元化され効率性を発揮していることがわかります。

ではウィルダスピンは、どのような社会的背景のなかでギャラリー・システムを考案したのでしょうか。彼はスウェーデンボルグ（Swedenborg, E. 1688-1772）を信奉し、その教義に従って、1807年、日曜学校で教え始めました。スウェーデンボルグの思想は、コールリッジ、ブラウニング夫妻、イェイツ、エマソン、ヘレンケラー、リンカーン、バルザック、ボードレー

ル、ドストエフスキー、オルコット大佐、心理学者のW・ジェームス兄弟、鈴木大拙など、多くの人々に影響を与えた思想です。その真髄は、精神的なものと物質的なものの融合による独自のスピリチュアリズムの展開と普遍宗教を求めた点にあります。1820年、ウィルダスピンはスピタルフィールズの新設のクウェーカー・ストリート幼児学校で教えることを委託されました。そのときの彼に影響を与えたのは、オウエンが実践した幼児学校の思想でした。彼は、1826年から幼児教育思想と幼児学校協会（Infant School Society）の普及のために各地を旅行し、その後もスコットランド、リヴァプール、ダブリンで幼児教育の推進に寄与するのです。(Aldrich & Gordon, 1989, 261) そして、1941年、妻と共にバールトンにある、1歳から7歳の子どもたちの知的・道徳的発達のための学校、クゥイーン・ストリート校（図11、図12）を奉仕の精神で支援しました。彼の功績は、その学校の建築物や土地にギャラリーと遊び場（図13）を設置したことです。また回転式のブランコなどの遊具も開発し（図13）、生涯にわたって幼児教育の理想の具現化に尽力したのです。

　ギャラリー授業で用いられた方法のいくつかは、今日の日本の授業にも残っています。たとえば、図14の右上の2人の子どもとその右下の子どもは、答が分かったことを意味するサインとして、手を差し出して立っています。このスタイルは、やがて今日のように挙手をする方法に変化します。しかも、興味深いのは、ギャラリー授業によって、一人の教師が同一の教育内容を同一時間に多数の子どもたちに教える方法が定着したという点です。ここにも近代教育の原理、つまり効率性の追求の視点があります。また、遊び場は、汗をかいて気分を転換させるだけでなく、子ども同士が理性と道徳性を育てる場だとして重視されます。やがて、この学校は幼児学校のモデルとなり、またギャラリーは1870年末になっても教場として推奨されたのです。その設計プランは詳細に解説されて普及していくことになります。

> 　5つの階段式座席を設置するとすれば、黒板側の壁からの距離は9フィート4インチがよい。床は第1の足置き板になるので、4つの足置き板

第 7 講　近代学校の出現とその方法原理　　97

図11：ウィルダスピン構想の教場
（ギャラリーとレッスンポール）

出典：Wilderspin, S., 1840, p. 38と p. 39の間（頁数記載なし）.

図12：図11改装後の教場

出典：Barton upon Humberにて26th Aug. 2010（筆者撮影）.

図13：ウィルダスピン構想の幼児学校の遊び場

出典：Wilderspin, S., 1840, 表紙内側（頁数記載なし）．

図14：ギャラリー・システム（地理の授業）

出典：ibid., 表紙内側（頁数記載なし）．

が必要になり、それぞれは幅16インチ、座席幅9インチとなる。最後の4番目は幅12インチとなる。それぞれの椅子の高さは、前列から順に11インチずつ上がっていく。最後は、それより少し高くなる。各階段は1人当たり19インチとなる。もし幼児が使うのなら、各席は子ども2ステップ分があるはずであり、座席は15から16インチとなる。(Prince, 1879, 13-14)

ここで用いられている単位の1フィートは12インチ、1インチは2.54センチメートルです。ですから、このように精密に計算された設計が推奨されたことによって、ギャラリー・システムは普及していったのです。このギャラリー・システムをイギリス全土に実践的な観点から普及させたのはスコットランドのストウです。彼はこれに加えて、幼児学校や基礎学校の遊び場と男女共学制も唱導しています。(Aldrich & Gordon, 1989, 239) ストウの属した宗派は、福音主義の立場をとるフリー・チャーチ・オブ・スコットランドでしたが、彼は1816年、グラスゴーの貧困層の住むサルトマーケット地区で日曜夜間学校を創設し、そこにウィルダスピンを招聘して彼の思想の普及に努めます。そして1824年、教員養成校のためのグラスゴー教育協会の設立を導き、1836年にはケイ＝シャトルワースの支援を得て、それを教員養成カレッジとして発展させていったのです。

　では、一斉教授と教授組織の関係はどのように変化したのでしょうか。教授組織の変遷につれて、一斉教授の意味内容が変化していったということは容易に想像できます。しかし、その変化には興味深い現象があります。ランカスターが試みた19世紀初期の教授組織・クラスは同質的で均質化されたグループでしたが、その後、年齢や習熟度を基準にグループ化されたクラスが作られていくことになるのです。また、「一斉」という言葉も、ランカスターが重視した「読み方と書き方」の同時教育、クラス構成員全体への読み方だけの一斉授業、生徒全員への読み方の一斉練習というように、意味内容が変化していきます。さらに、子どもの心が常に教師の影響下に置かれるという意味での一斉という使われ方もありました。(ハミルトン, 1998, 113-114) またさらに、一斉教授は一斉応答 (simultaneous answers) を伴ったために、「共感」の意味も内在していました。ハミルトンによれば、ストウのいう一斉応答は、全員が一緒に答えるということよりもむしろ、あるクラスが指名されて答えたり、1人ひとりの子どもが指名されて答えたりする場合にも、黙っている子どもたちが共に恩恵を得て知識を獲得している、という考えに基づいています。つまり、教師は子ども全員に一斉に注意を促し、子どもは相互共感に内包された同じ効果を体験することによって教授内容を理解した

のです(ハミルトン,1998, 116)。ストウのこの考えは、『国富論』で知られるスミスの「共感」(sympathy)概念の影響を受けている、とハミルトンは考察しています。スミスは、グラスゴー大学での講義録をまとめた『道徳感情論』(The Theory of Moral Sentiments, 1759)において独自の共感論を提示し、共感を他者の感情と観察者(もしくは観察者としての自己)の感情が一致する際に感じられる是認の快の感情だと論じています。この共感は「公平な観察者(impartial spectator)」の社会的承認の水準を表し、それは一般世論の審判と同義のものでした。彼の『道徳感情論』(第6版)では、共感論は良心論となって展開されるのですが(日本イギリス哲学会,2007, 106-107)、ストウの教育方法をスミスと関連づけて解釈したハミルトンは、次のように述べています。

> それは、60年後に「一斉」教授用に行った生徒のグループ分けを正当化するためにデイヴィッド・ストウが用いた「多数者の共感」(sympathy of numbers)の概念と何らかのつながりがあったのではなかったのか。確かに状況証拠はそのことを示唆していた。スミスと同様、ストウも「共感」が「人間自然の原理」であることを認め、その接着効果は、「多数者の近接や集中」に比例して大きくなったり小さくなったりする」と考えていた。したがってストウは教育の見地からこう信じた。「個別教授」では得られない「数の力」が、道徳機構を産業革命によって生み出された社会問題の解決に適したものにすることができる。それゆえ、「適切な管理」と正しい「道徳的雰囲気」があれば、一斉教授は大英帝国の工業地域で増大した「落ち込んだ大衆」を道徳的かつ知的に「高める」ことができるはずだ、と。(ハミルトン,1998, 8-9)

ギャラリーを用いた授業は、19世紀末に至っても続きます。そして、クラス(ドラフト、分団とも称された)という組織体は、授業を受ける際の行動様式や習慣を形成することに寄与することになるのです。それを担ったのは、国民教育としての基礎学校でした。それは、子ども同士の間に共感と良心を呼びおこし、道徳心を養うこと、また、読み・書き・計算の能力を発達させ

ることを目的としていました。しかしながら、その方法には、安価かつ効率性の要素が複合的に埋め込まれていたのです。その意味において、近代学校の方法原理は、社会的・政治的・経済的な要素が複合的に絡まるかたちで、形成されたものであった、と結論づけることができましょう。

第8講　近代イギリスの国民教育制度
―教員養成・学校査察・学校建築・カリキュラム―

　近代社会における学校教育の効果の成否は、労働者階級の人々の職業選択や経済生活を規定します。それゆえ、国家は、自立した個人・国民となるために不可欠な知識をカリキュラム・スタンダードという名目の下に、教科内容として体系化し、それを効率的に保証しようとするのです。本講では、「国民教育（ナショナル・エデュケーション）」の本質について考えるために、イギリスの国民教育制度の成立・拡充の過程を辿りつつ、教員養成・学校査察・学校建築・カリキュラムの特徴を抽出します。

見習い教員制度

　イギリスでは、第7講で述べましたように国家の補助金によって学校が建設され、学校教育が進行していきました。ヴィクトリア期の学校建築は、教会をイメージさせるゴチック様式が採用されましたので学校は教会同様に威信を表明し、国民生活の全てにおいて有徳で従順な宗教的態度の習得を要請したのです。ただ、その時の国家のスタンスは、大衆を無知のままに放置することも、教育を与えすぎることも危険であるという「限定づき教育」（堀尾, 1977, 20）でした。もちろん、生徒だけでなく教師も有徳かつ従順でなければならず、教員養成（teacher training）は喫緊の課題となり、「学校教育と徒弟制それぞれの世界をつなぐ重要で新しい連結部が中央政府の主導で作り出され」たのです。（オルドリッチ, 2009, 330）

> それは、1846年に始まった見習い教員制度であり、そのシステムの下では、13歳の少年少女が5年契約の徒弟となった。この徒弟たちは年に10ポンド程度の基本給を受け取り、年に2ポンド10シリングの増額と最高20ポンドまでの昇給の可能性があった。5年間の徒弟期間中、見習い教員たちは学校で教え、始業前ないし放課後に校長からさらなる指導を受

けたのである。年季が明けると、彼らは教育の仕事を全く辞めてしまうか、学校で教える仕事を続けるか、教員免許状を取得するために教員養成カレッジに進学するかの選択をした。(Aldrich, 2006, 198)

オルドリッチが述べていますように、1846年、「徒弟制」を基本とする見習い教員制度が始まりました。ちなみに当時の住込下級使用人は、年収20ポンド位でした。この見習い教員体制を維持するための補助金の支出は教育予算の大部分を占め、国の財政を圧迫してきたのです。枢密院教育委員会は、1851年の全国宗教調査・全国教育調査を経て、1856年、副局長をおく程の規模の組織となり、第5代ニューカッスル公 (New Castle, Pelham-clinton, H. P. F. 1811-1864) を委員長としたニューカッスル委員会 (1858-1861) を1858年に枢密院に発足させました。この委員会の主な役割は1846年の見習い教員体制を見直すことでした。そのため、イングランドにおける民衆教育 (popular education) の現状を調査し、民衆の全階級への安価で健全な基礎教育(エレメンタリー)の拡大のために何らかの方法が必要であるとすれば、いかなる方策が必要であるか、について報告することが求められたのです。

「出来高払い制」と市場原理―教員評価の歴史的源流―

ニューカッスル委員会の実質的なリーダーは、パキントン卿 (Pakington, Sir J. S. 1799-1880) でした。その委員会は、通学制学校の生徒数の報告にのみ注目するのではなく、査察を受けない学校にも着目すべきであり、現行制度が多くの点でその欠陥をますます増大させている、という調査結果を示しました (オルドリッチ, 2009, 97)。そこでこの委員会は教区税ではなく、自治区あるいはカウンティによる教育制度を提案したのです。1861年3月、ニューカッスル委員会報告書が下院に提出されました。ところが、当時、枢密院副局長であったロウ (Lowe, R. 1811-1892) は、報告書の重要な結論、すなわち基礎教育に対するカウンティ委員会 (county board) の提案を退け、1862年、改正教育令 (Revised Code) の制定を断行するに至るのです。改正教育令には、基礎学校への政府予算を、第一義的に、生徒の読み・書き・計算の

結果に基づいて配分するという厳しいルールが盛り込まれたのです。この見解が出てきた背景には2つの報告書の内容の齟齬、すなわち、勅任視学官報告書では9割の子どもが良い教育を受けていると書かれていたにもかかわらず、ニューカッスル委員会報告書ではその信頼性の低さが指摘されたというずれがありました。それは、いわば「評価の不一致」の問題でした。ここに「教育査察」・「教育評価」の難しさとその妥当性への問いが存在します。それにもかかわらず、良い教育とは試験の成績結果に現れるものであり、それが補助金決定のファクターである（大田, 1992, 63）、という見解は、その妥当性の考察なしに今日もなお継承されているのです。

　こうして、改正教育令には基礎学校に与える政府補助金を見積もり、評価する制度が導入されたのです。この制度は近代の教員評価の源流と位置づけることができます。それが歴史的に悪名高い「出来高払い制」（Payment by Results, 1862-1897）です。勅任視学官に課せられた点検項目は、(a) 半日の規定日数の出席の確認、(b) 読み・書き・計算に関する生徒の個別試験の結果、(c) 特別支給（状況に応じて異なる）の規則をどの程度充足しているか、というものでした。読み・書き・計算は、水準（Standard）ⅠからⅥに分けて各内容が定められ、それは6歳から12歳までに当てはまる適切な内容だとされました。（オルドリッチ, 2009, 251-252）読み・書き・計算の偏重は、教育史学者のサイモン（Simon, B. 1915-2002）に倣うならば、学校教育における「機械的ドリル法」と称されるものでした。それゆえ、教師の主な業務は、国家の定めた内容の厳密な実施のみに置かれることになります。となると教師の雇用関係が問われます。大田はそれを次のように考察しています。

> 1846年体制の下では、教師には、資格取得に伴う特別加俸、退職年金のほか、教師見習生指導の特別手当などが直接国家から各教師宛に支給されていた。しかし、改正教育令により、これらの補助金は全て学校管理者に支払われることになり、教師は国家との直接的なつながりを失うことになった。したがって、改正教育令は、教師たちにとって、給料の一部およびその準国家公務員としての地位を脅かすものとなった。（大田,

992, 59)

　教師は国家公務員か、準国家公務員か、それとも独立した専門家か。教員の職制へのこの問いについては、多様な要素が考慮されねばなりませんし、単純に答えを出すことはできません。が、これは極めて原理的な問い、つまり「教師とは何か」、「教師の雇用主はだれか」という問いです。なぜなら、近代国家の誕生によって出現した基礎学校の'teacher'には、'master'とは異なる教授技術に特化されたイメージが付与され、それらが'teacher'の本質・職能・地位を規定することになるからです。また、教師とは教授の専門家であるということを認めるならば、教員連合などの職能者集団の自律性は強化されるのですが、その一方で、学校を成り立たせている国家との雇用関係なしには教職は成立し得ない状況があるからです。もちろん、国家との雇用関係を維持するならば、職制は一定程度、安定します。が、逆にそのことは教師が国家の教育政策に左右され易くなるという状況を招き、その結果、自律的職能者集団としての機能や能力も脆弱化してしまうことになるのです。ここに教職をめぐる複雑な諸相が現れてきます。

　実は、ロウが出来高払い制を導入した背景には、経済的理由だけでなく、準国家公務員としての教師のマンネリズムを打開する意図があったのです。ロウは、例外的にせよ一部の優秀な校長のビジネス感覚を制度化することによって、全教師にそのモチベーションを波及させようと考え、基金（endowment）によって学校を運営する過去の遺産に安住するのではなく、市場原理で行なうことを目論んだのです。（大田, 1992, 60）つまり、ロウの改正教育令は、いかに国民教育を近代的に組織していくかという観点から、国民教育への国家介入を認め、そこに市場原理を導入したものだったのです。実際、「基礎学校への補助金は、1861年には813,441ポンドであったものが、1865年には636,806ポンドになった」（Simon, 1965, 115）のです。当時のイギリスはクリミア戦争の戦費、金融恐慌、教育に対する国庫補助金の増大などで国家財政が逼迫していました。改正教育令は、女王陛下奨学生数の5分の1の削減、教員養成カレッジの授業科目数の削減や補助金交付の対象から教員見習

制度を撤退させることを断行し、宗派別の教員養成機関への国家補助金の支給を打ち切ったのです。(大田, 1992, 62) ここに教育への国家介入と財源のせめぎ合いの緊迫した現実が浮かび上がってきます。しかし、加えて、膨大な書類作業を不可避とする教育の「官僚化」への契機がここに内在していることは看過できません。なぜなら、改正教育令は、国家が学校に対して国庫補助金の使途の物的証拠を求め、それを「試験結果」が担保するという思考様式を自明視しているからであり、これが現代の教員評価の原則となっているからです。

1870年基礎教育法と学校建築―学務委員会による統御―

19世紀後半、ディム・スクールは衰退を迎えます。それは改正教育令制定後の長い議論によって、またロウのある種の尽力によって、枢密院教育委員会副局長のフォスター (Foster, W. E. 1818-1886) 主導の下、1870年、国民教育の骨格となる基礎教育法 (The Elementary Education Act of 1870) がついに制定されたからです。1870年基礎教育法の成立背景には様々な次元の要因がありました。主な要因をまとめますと、それらは、(a) パリ万国博覧会でのイギリス工業製品の劣勢さの認識、(b) 普遍的な国民教育制度を根幹とするドイツの軍事的成功、(c) 1867年選挙法改正後の選挙によって明らかとなった無教養な選挙民の暴走への脅威、といった社会的要因です。しかし、法制上、最も紛糾した議論は宗教の問題でした。これに決着をつけたのが、クーパー＝テンプル (Cowper-Temple, W. F. 1811-1888) によるクーパー・テンプル条項 (1870年法の第14条第2項) です。すなわち「国民教育は特定宗派から自由でなければならない」という一文の法制化です。1870年基礎教育法制定後、ついに宗派対立が原因で学校を作ることができなかった地域に国家が介入していきます。政府は全国を数千の学区 (school district) に分け、公選制の学務委員による学務委員会 (School Board) を通じて「良好な学校」の普及を図ることを命じました。学校 (board school) では、特定宗派の教義問答や儀式集は教えられなくなり、公教育における世俗の原則が遵守されるようになったのです。

しかし、この基礎教育法は5歳から15歳の就学強制の実施細目を地域の学務委員会に委ねたため、普遍的な国民教育制度とはほど遠いものでした。（松塚, 2001, 61）また、'elementary school' という呼称は、否定的な意味合いをもっていましたし（Simon, 1965, 126）、中央政府の民衆・大衆への教育に対するスタンスは、民主的なものでも、平等な教育を保証しようとするものでもありませんでした。もちろん、教育の無償化や義務教育の導入はその後のことでした。とはいえ、産業革命を早期に成し遂げながらも教育を宗派に委ねてきた従前の政府の方針からすれば、それがいかに画期的なものであったかは想像に難くありません。また、教育への国家の直接的介入の必要性がいかに大きいものであったかも推察できます。しかしながら、サイモンは、社会主義者で経済史学者のトウニィ（Tawney, R. H. 1880-1962）を引用しながら次のように考察しています。

> ……この時期に、非常に困難な状況下で、学校に何らかの人間性を取り入れ、生徒たちの知的能力を発達させ、彼らの一般知識を広げようとして、最善の努力をした教師たちがいた。しかし、R・H・トウニィが後に述べたように「1870年の基礎学校は、命令を理解するのに求められる十分な教育を受けることによって、規則正しく、礼儀正しく、従順な住民をつくりだすことを主に意図していた」のである。学校は、大規模学級、ドリル学習法、厳格で残忍な規律を伴い、「驚異的な効率さ」をもって、要求された目標を達成した。こうした態度様式は、労働者階級の子どもたちにとって適当であると見なされた。そして、これらの態度は、後に学校と平行して発達していった新しい社会機関を通じて、おそらくより強化されたのである。（Simon, 1965, 119）

すなわち、1870年基礎教育法は「従順な労働者」の育成を第一義にしていたのです。そして、その実行のために、学校建築様式にその意図を潜在的に埋め込んだのです。ハミルトンは、1870年基礎教育法による学校建築費助成後のクラスの状況を次のように分析しています。

総じて言えば、1870年代に始まった学校建築の波は、教師、クラス、教室を三位一体の関係へと導いていった。つまり、各部屋が単一のクラスを収容するためにあてられ、各クラスは、固有の資格（ないし仮資格）をもった「クラス」教師の責任に全面的に任せられることになった。
(ハミルトン, 1989, 125)

　つまり、教師とクラス（学級）と教室の三つのファクターが学校建築の様式に埋め込まれ、それらが相互に関係することによって教育関係を規定する機能が組み込まれた、と彼は分析しているのです。

　顧みるならば、改正教育令下の学校建築様式の特徴は、(a) 聖職的で教会的な特徴を有し、狭い窓を通して光が洩れる「薄暗い宗教的な光」を取ることだけが許され、(b) 建物の内部にはトイレ設備がなく、教室と教室をつなぐ通路もない、といった点にありました。学校建築は、宗教的権威と共にその威信を民衆に知らしめるシンボル的な意味を付与し、国民を学校に集める方法として機能したのです。しかし、1870年基礎教育法により学務委員会が設立され、学務委員会のデザインによって急速に学校リフォーム・ブームが到来します。その学校建築様式は、要約しますと、(a) 容易にアクセスできるように内部に廊下を設備する、(b) 教員用の施設を追加する、(c) 教室は中央のホールの周りに配置し、周りの教室は校長の直接的な監視と統制が可能なように設備する、(d) 教室の天井は高く教室には高い窓がある（図15，図16）、といった特徴を有していました。これらの特徴は、効率性を求められた教師の職務のほとんどが管理と統制であったことと整合的です。図16を見れば、設置された運動場で、生徒が整然と体練をしていることがわかります。また、通りに面した正面玄関、小さなホール、光を取り入れる高い窓からは、学校の威厳が醸し出されています。

　図17のフロア・プランからは、通路、クローク、手洗い場、ホールが確保されていることがわかりますし、長い時間学校にいることができるような広さと清潔さが設備的に保証されていることも窺い知ることができます。また、校長による監視のために、ホールではガラスを入れたドアやパーテーシ

図15：ロンドン学務委員会立の学校建築

出典：Stillman, C. G., 1949, 10.

ョンなどの新しい建材も用いられました。ただ、この種の簡易的設備は、騒音・換気・照明の問題を顕在化させ、それはとりわけ2-3階の建物では強く現れましたので、新たな監視の方法が模索されることになるのです。

図16：ロンドン学務委員会立の学校建築と運動場

出典：ibid.

図17：初期学務委員会時代の学校のフロア・プラン

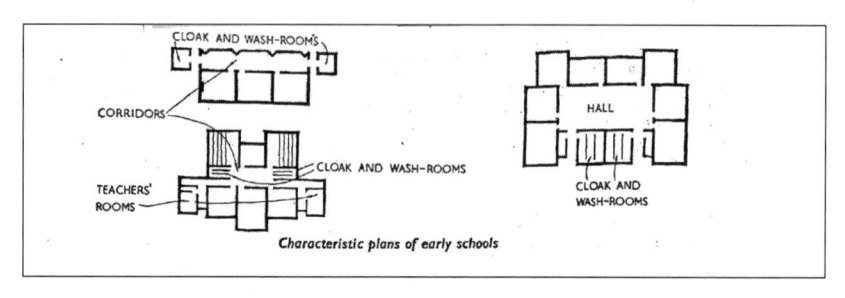

出典： ibid., 12.

基礎学校教育の拡充と規律化の進行

　その後も基礎学校教育の制度化は進行し、公教育制度の実際的な拡充に向けて法整備が進められていきます。1876年基礎教育法（Elementary Education Act of 1876, Lord Sandon's Act）では、10歳以下の児童労働を全面的に禁止し、就学強制のための細則を定める権限を与えた就学督促委員会（School Attendance committee）を設置し、同時に5歳から13歳の子どもを修学させる責任を親に課しました。1880年基礎教育法（Elementary Education Act of 1880, Mundella's Act）では、5歳から10歳の学齢期の子どもに修学を強制し、親は1週間に学費として2～3ペンス支払うことが規定されました。これがイギリスの義務教育の本格的な始まりです。就学児は急激に増加していきました。基礎学校の就学無償制は、1891年の無償教育法（Free Education Act）まで待たねばなりませんでしたが、しかし、この法律によって、学務委員会と就学督促委員会に就学強制のための細則施行が義務づけられ、未就学児の親に罰金を科すことと、基礎学校の大部分を無月謝（無償）にすることが決まったのです。

　当時の学校の特徴を物語る図18の机と椅子は、工場都市シェフィールドで開発されたシェフィールド・システムと呼ばれるものです。狭い座席部分を備えた椅子が一人ずつ与えられ、それぞれが動かないように固定されていることがわかります。生徒は、ここで読み・書き・計算だけでなく、身体の拘束を介した規律・規範も無意識に習得し、労働者として不可欠な従順さを身

第8講　近代イギリスの国民教育制度　*111*

図18：The "Sheffield System"

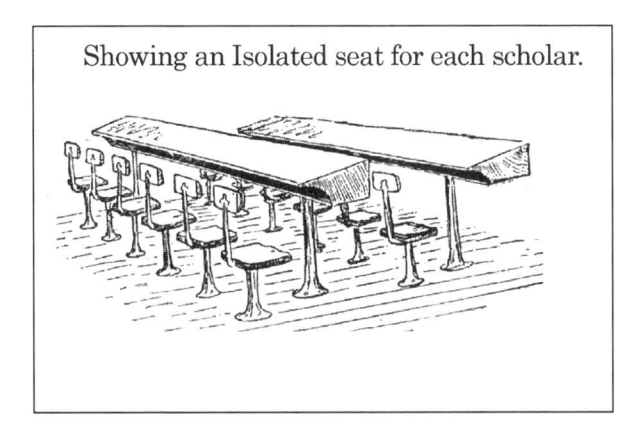

Showing an Isolated seat for each scholar.

出典：Bray, S. E., 1911, 53.

につけていったのです。

　また19世紀末になると、1830年代に導入されたペスタロッチ（Pestalozzi, J. H. 1746-1827）の実物教授が主流を占めるようになります（図19, 図20, 図21）。

図19：基礎学校（女子）の実物教授

出典：Seaborne, M., and Lowe, R., 1977, Plate 10.

112　第II部　歴史と教育——教育史の世界へ——

図20：19世紀末の幼児学校の教室

出典：Stillman, C. G., 1949, 9.

図21：19世紀末の基礎学校（女子）の教室

図21：ibid.

　いずれの教室にも教師による監視を可能にする床の傾斜が残っていますが、机や椅子はシェフィールド・システムのものよりもゆったりとし、図21では机の蓋が可動し、本が立てかけられるように工夫されていることがわかります。暗記主義や注入主義を批判した実物教授は、教育者が観察と自然法則によって活動することを要求しました。その自然性ゆえに、実物教授は19世紀末まで基礎学校の教育方法として使われます。それゆえ、教師には、子

どもに提示する実物を質・部分・用途の3項目の下に分析し、それらを有機的に関連づける能力が不可欠になったのです。言い換えれば、この時期の教師の専門性は、具体的な事物を分析し、その結果を総合する能力にあったのです。であるならば、1960年代末のイギリスのトピック学習は、こうした教授能力の継承の上に生まれたものであり、このことがその後の教師文化やエートスの土台となっている、と考察することができましょう。

ただ他方で、19世紀末の教授法は、授業の支配的単位をクラスという単位に一元化していくことになります。

> クラス（ルーム）教授が教育の個別化の発達とともに傑出してきた……。個人としての生徒が教授の基本的な教育単位とみなされていく一方で、クラスはこの時期、教授の支配的な組織単位となっていった。
> （ハミルトン, 1989, 127）

クラスを一単位とした教授法が確立し、実物教授の種類が増えてきますと、さらに効率的に教えることが求められるようになります。1893年教育規程（New code, 1893）では、「行儀良く座らせること」や机サイズ（横18フィート＝5.4mから20フィート＝6m）の規程、そして1週間に25時間か27時間半の学習を要求する「時間規程」などの細則が定められます（表1）。(Prince, 1894, 20) また教育内容についても、「年長クラスの地理の時間は、年少クラスでは、主にかけ算やカテキズムのための学習、そして一般的な事柄に関する授業に振り分けられる」(Prince, 1879, 21) と定められたのです。クラス経営の効率性は、教育内容と時間を厳密に設定する近代的な教授スタイルとなり、それは生徒の学校生活を拘束しました。が、同時に、時間割は国民教育を保障する際の一定基準を示し、公平さを保証することにつながります。つまり、教育内容を定量化することによって教育活動を見える形で提示し、そのことによって、国民教育の正当性と平等性を、学校は表明し維持していったのです。

表1：1893年新教育規程下の学習時間配分

時間配分 / 学習内容	科目	1日当たりの時間 (h)	1週間（5日間）当たりの時間 (h)
学習内容	読み・書き・計算	3	15
	聖書あるいは宗教	0.75	3.75
	地理		2
	イギリス史		2
	英語文法		2
	その他		2.75
その他の学習内容（例示）	体練	適宜	0.5
	歌／音楽	〃	0.5
	実物教授	〃	0.5
	道徳（矯正・口述レッスン、例：アッセンブリー）	〃	0.5
	その他		適宜
	総学習時間	5.5	27.5

出典：Prince, J. J., 1894, 20-21（筆者作成）．

「出来高払い制」の廃止と教師の自由裁量

　では、クラス教授の進行は、「出来高払い制」にどのような影響を与えたのでしょうか。「出来高払い制」は約35年間も機能し続けました。それは長い間論争を呼んだ制度でしたし、ロウもまた悪人扱いされてきました。(Aldrich & Gordon, 1989, 152-153) 批判者には、たとえば、ケイ＝シャトルワース、勅任視学官の立場から自らの見聞に基づいて批判したホームズ (Holmes, E. G. 1850-1936)、ホームズが尊敬していた勅任視学官で詩人のアーノルド (Arnold, M. 1822-88)、そしてミル (Mill, J. S. 1806-1873) らがいます。とりわけミルは市場原理の質の観点からこの制度を批判します。彼は、消費者の判断が信頼できるのは、(a) 彼らが購入費を十分持っているとき、(b) 商品に対して十分な情報をもっているとき、(c) 商品に対して正しい

判断が下せるときであり、この３つの条件が満たされていない場合には、市場原理は機能しないし、授業料を払い選挙権を有した中産階級の親たちはまだその状況に至っていないと考えます。(大田, 1992)それゆえ、ミルは中産階級の教育内容を市場原理によって判断するよりも、安定した収入を与えられた専門家としての教師に任せることを主張したのです。一方、ロウは、中産階級の親を一人前に判断できる啓蒙主体とみなしています。したがって、政府には、正規の学校と教師の育成・増加を主張する19世紀後半の社会改良主義の立場と、ロウのような保守自由主義の立場があり、政府は一枚岩ではなかったことがわかります。しかしながら、ロウには、近代的官僚制度を目指して上級国家公務員採用制度をこれまでのパトロン方式（コネ）から能力主義の公開試験制度に変えた実績もあり、その功績を評価する見解もあります。

　いずれにせよ、論争を呼んだ出来高払い制は、1895年に廃止されました。その後、イギリス政府は1899年に教育院法（Board of Education Act）を制定し、翌1900年には、基礎学校、中等学校、工業学校の三部門を創設し、それらを管轄する教育院（Board of Education）を設立します。そして、着実に、近代的な教育制度の拡充へと踏み出すことになるのです。同時に、教育院は学校統制を容易にする学校建築を要求し、基礎教育に対する完全な責任をもつに至ったのです。ただ、教会立の学校は依然として政府補助金を得ていましたので、国教会派と非国教会派に分断された二重教育体制は続いていました。

　そこで1902年、世紀転換を経た保守党政権下、イングランドとウェールズの学校教育が再編されたのです。それを実行したのは、下院議長バルフォア（Balfour, A. J. 1848-1930）と教育院事務次官モラントでした。彼らは基礎教育に続く教育制度を念頭に置いて、1902年教育法（The Education Act of 1902）を制定したのです。この法律によって、1870年教育法で組織された2,568の学務委員会が廃止され、地方行政の全国的再編と中等教育改革を目的に全国に約300の地方教育当局（Local Educational Authority＝LEA）が設立され、そして、教育行政が一本化されました。また、長年議論されてきた

学校保健サーヴィス（Schools Medical Service）も導入され、子どもの健康と福祉がさらに重視されます。そこで、学校建築においても自然な照明、換気装置、衛生が強調されるようになるのです。また、地方教育当局は全形態の学校を統括する権限と責任を有していましたので、多くのカウンティには中等学校や教員養成カレッジが設立され、カウンティ立の中等学校及び教員養成学校が急増していきます。こうして、教員の需要と供給が共に増大していきました。そうなると看過できないのは、国家の教師への関与の仕方です。この点に関わって、教育院は、カリキュラムへのアプローチを奨励した基礎教育規則（Elementary code, 1904）を交付し、続いて『教師の手引書』（*Suggestions for the Consideration of Teachers*, 1905）を刊行します。そして、後者では、教授上の教師の自由裁量を示唆する叙述を盛り込んだのです。

> 公立の基礎学校での教授において、教育院が望む実践の唯一の画一性は、それぞれの教師が、自ら考え、自分自身の力を最善の利益のため用いることができ、学校の特定の要求や条件に最適だと思われるような教授法を自ら編み出すことである。……しかし、自由の行使に際しては、当然のことながら同等の責任が伴う。（Board of Education, 1905, 6）

　教授上の自由裁量へのこのような言及は、イギリスの学校教育を理解する上で要となります。なぜなら、教授に直接関わる教師の専門性が、すなわち「教師の自律性」の根拠がここに存在するからです。この姿勢は、学士の称号を有する教師を多数擁する大規模学校の出現によって生まれた学級組織の重要な変化に注目するものでした。そのことは第9講で取り上げます新教育運動家のフィンドレイ（Findlay, J. J. 1860-1940）の著作『学級教授の原理』（*Princples of Class Teaching*）（1902）に明らかです。彼は、デューイの教育思想に影響された人物としても知られていますが、この著作で「個人としての子ども」観を鮮明に出し、教師による「子ども理解」の重要性に先鞭をつけることに寄与したのです。

> 　1つの教室は大きいかもしれないが、それを取り扱う方法は、1人ひと

りの子どもについての我々の知識に基づいている。我々の教育において、「単位」（unit）は、学校ではなく、またクラスでもなく、「1人の生徒」である。(Findlay, 1902, 13-14)

　子どもを個人として理解し教育する視点、言い換えれば、個性化・個別化の方法原理は新しい教育思想です。学士号を有した教師に対して、社会は子どもの個性に着目することを求めたのです。
　この時期、政府はカウンティ議会立の学校建築に期待を寄せていました。その特徴をまとめますと、(a) 相互の換気、窓部分の増加（ややオープン・プラン）、(b) 廊下（corridors）、ベランダの設置、(c) ホールと教室の分化の3点に集約できます。図22をみれば、生徒全員で集会や活動ができるホールを中心に、教室と廊下が配置されていることがわかります。このフロア・プランには余裕がありますので、教育の個性化・個別化の方法原理が、学校建築に反映されつつあることがわかります。もちろん、教授活動の自由には、「教師の自律性」を肯定するという意味が内在していました。

図22：カウンティ議会立の学校のフロア・プラン

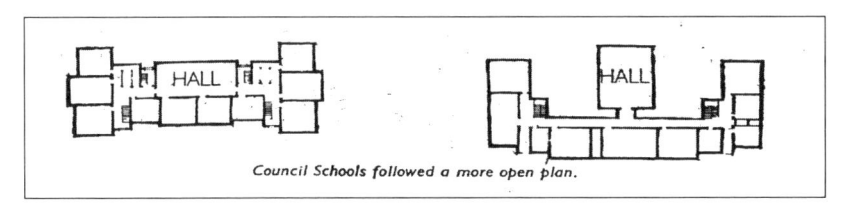

出典：Stillman, C. G., 1949, 13.

　さらに、1907年になると、教育院は健康に配慮した建築規程を公布していきます。そのなかには、照明と衛生の改善、講堂（アッセンブリー・ホール）・体育館・実験室・体育のための運動場のような施設の設置、教室の広さの基準と高さ、に関する提言が盛り込まれていました。ここには「基礎学校の自由化」と「福祉的視点の学校への導入」という政府の干渉の仕方の2つの方向性が存在します。このことから、学校が子どもの生活時間の大半を

過ごす場となったこと、すなわち学校化の進行の情況が見て取れます。そこでさらに重要になってくるのは教師の教授能力です。この点を考慮に入れるならば、政府が『教師の手引書』において、教師の自由裁量に言及したことは、基礎学校に課せられてきた教授細目や教授方法に関する特別な規則のなかで一大進歩を示すものでした。(ウォードル, 1979, 111) 同時期、教員養成を担ったトレーニング・スクール (2年制) の入学資格は、原則として中等学校に3学年以上在学し、2年間前後の教習生 (student-teacher) 経験者と定められ、入学資格が高度化されました。そして、1906年以降の新入生からは、教員養成課程が2年間から3年間に延長され、教員養成機関は、'Training College' から 'College of Education' へと名称変更され、教育学士 (bachelor of education) の称号が導入されたのです。(ウォードル, 1979, 170) こうした教師の地位向上への制度化は、『教師の手引書』(1931) 冒頭部で確認することができます。

> 1904年から1926年の教育規程の序章には、次のように書かれている。
> 「公立基礎学校の目的は、人格を形成し強化すること、そこに預けられる子どもたちの知性を発達させること、利用可能な学校での歳月を最良に活用させること、少年に対しても少女に対しても彼らの様々な必要性に応じて知的のみならず実際の生活上の活動に適用させることである。……この目的を視野に入れると、学校の目的は、子どもたちが事実や自然法則への理解に精通することができるよう、観察習慣や明晰な推論において彼らを慎重に訓練すること、理想に対する生き生きとした関心や人類の成し遂げたことへの関心を彼らのなかに喚起すること、彼らの母国の文学や歴史への親しみを持たせること、思考や表現の手段としての言語に対する力を彼らに与えること、自らの知識の限界を自覚させながら自らの努力で後年にその知識を増やすことを可能にする良い読書や思慮深い学習への嗜好を彼らのなかに発達させること、これらのことが可能になるであろう」。(Bord of Education, 1931, 9)

しかしながら、実は、ここで述べられている公立基礎学校で働く教師には

助教（pupil-teacher）や教生を含んでいました。つまり、国民教育制度の拡充においては、助教・教生の存在を前提とせざるを得なかったのです。このことは助教・教生体制の法制化を盛り込んだ1907年規程が成立したことによって確認することができます。(Cunnigham, 2004) ですから、カリキュラムや時間割に拘束された生徒の学校生活、また、試験によって人間の能力を測定する教師の職務など、学校教育を特徴づける営みに対する批判は、20世紀に入っても途絶えることがなかったのです。

120　第II部　歴史と教育——教育史の世界へ——

第9講　生活改革と「新学校」の教育思想
―「生きることを学ぶ」カリキュラム―

　学校教育は生活のあらゆる部分を含み、一人の人間としての全人性を発達させることにある。本講では、このような目的を掲げて教育という営為を「人間の生活」を基盤に構想したイギリス新教育運動に着目し、その実現のために創設された3つの新学校（アボッツホーム校、ビデールズ校、キング・アルフレッド校）を取り上げます。まずそれらが生起した社会的背景を明らかにし、次に各新学校の教育思想、カリキュラム、学習活動の特徴を描出し、考察を加えます。

アボッツホーム校の誕生―前近代への憧憬―

　新教育運動という事象は、第6講でも触れましたが、19/20世紀転換期に国際的に展開された教育改革運動を指し、これは教育史上、類例のない多くの知見を有した歴史事象です。イギリスの場合、新教育運動は、19世紀末の中等教育段階の新学校（パイオニア校とも称された）運動と20世紀初めの基礎教育段階の「教育の新理想」（後に国際的な新教育連盟のイギリス支部となる）運動の2つの運動に大別して捉えることができます。新教育運動は既に述べましたように、国際的に展開されることになるのですが、世界の新教育運動の嚆矢は、前者に属するイギリスのアボッツホーム校（Abbotsholme school, 1889-）とその影響を受けて創設された新学校（New Schools）にまで遡ることができます。アボッツホーム校の元教師で、新学校ビデールズ校を創設したバドレー（Badley, J. H. 1865-1967）は、次のように述べています。

> 「新学校」運動は、今や多くの国に広がってきたが、イギリスがその起源である。それはイギリスのパブリック・スクールのシステムの部分的改革として生起した。そして、そのシステムの伝統が築かれて以来生じてきた諸要求に対処するため、偉大な伝統の範囲が拡大され多数の改革

が導入されてきたなかで、パブリック・スクールの伝統において何が最善かをずっと検討し続ける試みの1つであった。(Badley, 1923, 2)

　彼の叙述は、新教育運動の起源がイギリスの新学校にあり、さらに各新学校が伝統に代わるパブリック・スクールでも、また急進的な改革でもないということを言明しているのです。ここに見えてくるのは、この時代が有していた中等教育に対する社会的ニーズ、社会的意識です。それはパブリック・スクール・システムの部分的な改革要求として誕生したアボッツホーム校を考察対象とすることによって明らかになります。創設者のレディ (Reddie, C., 1858-1932) は、親に向けて次のように語っています。

　　私たちの希望は、まず「パブリック・スクール」内の制度改革でした。それは大変有益なものでした。それは全国のことには関わっていませんが、少なくとも理論上では、協同生活の義務を認識していました。この義務とは、過度な自己中心性を否定し、町で見かけられるレッセ・フェールや貿易上のレッセ・フェールを否定することです。(Reddie, 1910, 19)

　すなわち、レディは19世紀末に顕著であった経済的・社会的自由（レッセ・フェール）が抱えていた問題を自覚し、アボッツホーム校が「協同生活の義務」を放棄するものではないということを親に明示し、その上で、当時批判されていた既存のパブリック・スクールの部分的改革という観点を強調したのです。この運営方針には、未だ学校をコミュニティやコモンウェルスとして意識的に捉える考えはありませんが、しかしアボッツホーム校を既存の社会に位置づけた一社会集団として捉える視点があることがわかります。

　では、なぜレディは新学校の創設に乗りだしたのでしょうか。問題意識はどのような点にあったのでしょうか。彼の経歴を見ますと、彼はスコットランドの大学で学び、ドイツ留学中にゲーテ研究で博士号を取得しています。その彼が影響を受けたのは、自然主義と社会主義の思想を展開していたカーペンター (Carpenter, E. 1844-1929)、スコットランド出身の生物学者のゲデ

ィス（Geddes, P. 1854-1932）、社会批評家で芸術教育運動を主導した社会主義者のラスキン（Ruskin, J. 1819-1900）らでした。彼らに共通するのは、生活改革、都市計画、ガーデン・シティの思想でした。(Sederman, 1989, 1) 帰国後、レディはエジンバラの学校で化学の講義を担当し、教育実践の道に入るのですが（Giesbers, 1970, 26）、31歳の時にスコットランドの事業家の資金援助を得て、ついにイングランド北中部に位置するダービシャーに10歳から19歳までの少年の寮制学校を創設することになるのです。

「アボッツホームの名前は、中世の時代、ロチェスター修道院の院長（Abbot of Rochester Monastery）がマスを捕り、金曜日の夕食にするダヴ川の孤立した牧草地（Island-Meadow or Holme）からきています」（ibid., 28）。小さな白い鳩（Dove）は、平和・安寧を象徴し、またホーム（Holme）は緑の草の生い茂った豊かな土壌でできている孤立した土地を意味します。つまり、この学校のネーミングは、レディが物質主義に陥った近代ではなく、中世の平穏な自然と芸術への憧憬的態度を有し、ラスキンやモリスが求めたロマンティックなユートピア思想を求めたことを示しているのです。それゆえ、「レディにとってアボッツホームはコスモスであった」（Ward, 1934, 52）のです。

アボッツホーム校のマニフェストは、1889年4月の『パイニア』誌に3名の署名付きで掲載されました。その3名とはレディの情熱に押されて参加を決めた社会主義者のカーペンター（土地債務保証手続きに入る前に手を引く）、スコットランド出身の数学教師のミュアヘッド（Muirhead, R.）（1889年12月、創設年の一学期終了時に辞職）、そしてレディです。そのマニフェストには「この学校の試みは、少年の全ての力を調和的に発達させること、すなわち実際に少年にいかに生きるかを訓練し、社会の理性的構成員にすることである」（Reddie, 1900, 21）と述べられています。まさに、社会改革とそのための指導者の育成が目指されていたのです。

新生活連盟の理念と活動―イギリス新教育運動の土壌―

実は、アボッツホーム校の創設者3名は、19世紀末の急激な社会と生活の

変化を憂慮して設立された組織、新生活連盟（Fellowship of New Life, 1883-1898）に関与していました。それゆえ、アボッツホーム校は、社会主義の立場から、新しい社会のなかでの生き方、すなわち「新生活」の思想を具現しようとして創設された学校であったことがわかります。つまり、新生活連盟の活動は新教育運動誕生の土壌となっていたのです。

では、新生活連盟とはどのような組織だったのでしょうか。新生活連盟は、アメリカを起点に、イギリス、ドイツ、ローマ、パリ、ベルリンらに広がった組織です。この組織はウィルダスピンも影響を受けたスウェーデンボルグの思想的系譜に位置づく共同体思想を特徴としていました。また、新生活連盟は、ロバート・オウエンがニューハーモニーで実験した共同体思想をさらに探究し、「精神的なものに物質的なものを従属させること」を前提にして、「経済においては社会主義者、理想においては共産主義者、政治においては平和的無政府主義者」であると自認していたのです。言い換えれば、「新生活連盟は……良い空気と活力を吸収することを普通のこととし、地下鉄レールの敷設や恵まれた居候状態を拒否し、労働者と工芸職人によるコロニーの設置を目的とし」、「個人と全ての人々の性格を完全性へと涵養すること」をめざして、「高度な道徳的原理に匹敵する社会の改造」を企図したのです。（Armytage, 1961, 327-341）また、参画者の思想的・社会的背景は、フェビアン主義、菜食主義、トルストイ主義、キリスト教社会主義など多様でしたが、その共通点は社会への強い問題意識と憂慮にありました。なぜなら、新生活連盟が擁していたのは、都市と農村の住環境改革をめざしたガーデン・シティ運動、トインビー・ホール（Toynbee Hall, 1884-）を中心に労働者や貧困層への福祉活動を展開したセツルメント運動、オックスフォード大学を中心に労働者への教育を提供した大学拡張運動（University Extension movement）、モリスらのアーツ・アンド・クラフツ運動に参画していた人々だったからです。（ibid., 327-341, 370-384）

この新生活連盟のイギリス支部に属していたのが、レディとカーペンターです。彼らはアボッツホーム校の創設3ヶ月前に、イギリス支部の機関誌（*Seed Time*, July 1889）でその学校を 'Fellowship School' だと述べ、社会

改革の一里塚にすることを謳っています。(ibid., 333) イギリス支部は、ロシアのトルストイの設立した生活・教育共同体、すなわちヤスヤーナポリャーナが有したキリスト教的人間愛と道徳的自己完成を求める人々や社会革命に関心を持つ人々を糾合していました。それゆえ、彼らは「コミュニスト・ユートピア主義者」と称され、彼ら自身もまたアボッツホーム校をトルストイの思想に基づく実験だと期待したのです。その後、支部は活動拠点としてロンドンのブルームズベリー・ドーティ通りに「連盟ハウス」(Fellowship House) を設立し、近くに協同住宅を作って共に住み (ibid., 335)、そして、モアやオウエンに倣ってユートピアの実現を合い言葉に新しい生活スタイルを追究していったのです。そこには後に労働党から首相となったマクドナルド (MacDonald, J. R. 1866-1937) も住んでいました。ちなみに、彼はその後、自分の子どもをかの新学校、ビデールズ校に送っています。

ガーデン・シティ運動の理念

レディやカーペンターらはまた、ガーデン・シティ運動にも関与していました。レディは晩年、イギリス第二のガーデン・シティ、ウェルウィン (Welwyn) で余生を過ごし、その地で没した程ですので、ガーデン・シティもまた彼のユートピアであったといえましょう。このガーデン・シティの構想は、イギリスの産業革命がもたらした資本家と労働者、都市と農村の対立状況を克服しようとする知識階級の関心によって始まりました。彼らはレッセ・フェールの恩恵に浴していたわけですが、しかし、労働者問題を放置することはもはや不可能だとして、経済制度のあり方と都市民の生活形態に対して次第に関心を向け始め、その改良を訴え始めたのです。その１つが都市の生活形態や生活環境の改善です。彼らはオウエンのコミュニティ論や協同組合方式の影響を受け、都市の再生は、都市が自然や農業と結合することによって可能になると考え、都市問題の克服に取り組んだのです。その主導者、ハワード (Howard, E. 1850-1925) は、ガーデン・シティを次のように定義しています。

[ガーデン・シティは] 健康な生活と産業のために設計された都市である。その規模は、満足のいく社会生活を営むにたるものであり、必要以上に大きくはなく、周辺は農村地帯で囲まれている。土地はすべて公的所有であるか、あるいはコミュニティに委託される。(ハワード, 1972, [ ]: 引用者 39)

　ハワードの提言は「都市と農村の結婚」による現代的なコミュニティ思想でした。彼はロンドン近郊のレッチワース (Letchworth)、さらにはウェルウィンといったガーデン・シティの建設に貢献し、ドイツ、アメリカ、そして日本の都市計画論にも影響を与えます。また、ガーデン・シティ運動は20世紀に入って新学校の誕生をもたらしました。神智学協会が創設したレッチワースのセント・クリストファー校はその一例です。(山﨑, 1996) しかも、ガーデン・シティ運動に参画した人々は、新生活連盟の会員、オウエン主義者、トルストイ主義者、フェビアン協会や独立労働党の会員、神智主義者などでしたので、その思想には多義的な様相があるということが特徴でした。とりわけ、「トルストイ主義者らは、『主要な試みをしている偉大な実験は実現する』として、レッチワースの潜在的可能性を実感し」(Armytage, 1961, 374) たのです。また、ガーデン・シティ市民の多くは菜食主義者でしたし、半ズボンにサンダル履きという服装で土に親しむ自然主義の生活を享受していました。部屋には、神智学の創始者ブラヴァッキーの写真を飾り、書棚には彼女の『覆いをはがれたイシスの女神』(Isis Unveiled) やウィリアム・モリス、H・G・ウェルズ、トルストイの本が並んでいるという光景が一般的でした。こうしたいわば折衷の態度は、スピリチュアルを志向して「良く生きる」ことを目指した彼らの思想の多義性と楽観性を象徴しています。が、留意すべきは、このような19世紀末の社会思想を土壌として、また生活改善を希求した時代精神と社会運動の相互連関のなかで、アボッツホーム校が誕生したということ、すなわち、この学校がいわば1つの時代精神を担った学校であった、ということです。

アボッツホーム校の教育思想と特徴
ーカリキュラムと学習スタイルー

では、アボッツホーム校の特徴はどのような点にあったのでしょうか。生徒集団はどのように組織化されていたのでしょうか。アボッツホーム校の目標や内容は、以下のように全般的訓練を受ける低学年と特別訓練を受ける高学年に分けて構造化されていました。

〈全般的訓練（低学年）〉General Training（Lower School）
個人の生活の規範（Law）が注意深く教えられ、より良い健康を作り出し維持する、身体的・精神的・道徳的な性向が必要であることが教えられる。この観点を踏まえ、日々の状況やニーズを特別に参照しながら、その後、概説理科の課程を経る。これは後に必要となる、より専門的な学習の有益な知識や密度の濃い学習の基礎として提供される。この期間は知識という道具を使うための基礎、すなわち言語と数学基礎がとくに教えられるが、言語において重視される英語の授業の後に、フランス語、ドイツ語が教えられ、その過程で必要に応じてラテン語やギリシア語にまで授業内容が拡大される。また、この段階では、少年たちには、受講を必須とする算数やマニュアル学習の選択において、熟慮あるゆとりが許される。(Sederman, 1989, 4-5)

〈特別訓練（高学年）〉Special Training（Upper School）
15歳以上の少年は、嗜好性・関心や能力が顕在化し始めるだけでなく、人生における自分の究極的な仕事が何であるかを考え始める。そのため、この段階では、勉強はより特別なものになる。それらは、当然のことながら、自分の選択した進路に応じて変わっていく。カリキュラムは主に次の3つの進路、すなわち、（1）英国かドイツの大学あるいは工業カレッジ、（2）公的試験、（3）商業ベースの生活、に分けられている。(ibid., 4-5)

以上を概観しますと、低学年では、まず生活規範が、そして順次、日常生

活を基盤に概説理科、英語、数学基礎の科目が位置づけられていることがわかります。これは従前のパブリック・スクールのように抽象的な古典語の暗記を求めるのではなく、生徒の「日常生活」から外部（社会）に向けて教育内容を広げていますので、従来の学問中心のカリキュラムとは逆のベクトルが措定されている、と捉えることができます。他方、高学年では、将来の職業選択を各人の興味や能力と関連づけながら、学問、工業・産業、公的セクター、商業など、中産階級に提供可能な新しい職業に対応した、バラエティに富んだカリキュラムが編成されていたこともわかります。その意味でアボッツホーム校は、「生きることを学ぶ」カリキュラムに挑戦した学校だったのです。

では、学校の時間割や日常生活はどのようなものだったのでしょうか。レディは（またバドレーも）、古典語を偏重する座学中心のパブリック・スクールを乗り越えようとしましたので、教科内容には戸外の作業・活動、スポー

表2：1889年代アボッツホーム校の日課

開始時刻	活動内容	開始時刻	活動内容
6.10am	起床（冬6.66-7.00）	1.00pm	昼食（Dinner）
6.30	体練（Drill, Military Drill, Musical Drill, Dumb Bells, or Run）	1.30	オルガンかピアノの演奏会
6.45	第1限（冬：7.15：体練かクロス・カントリー走）	2.00	競技、ガーデニング、ワークショップ、徒歩か自転車の自然観察など
7.30	礼拝	6.00	お茶、その後バイオリン練習
7.40	朝食、その後ベッドメーキングと歯磨き、バイオリン練習	6.30	歌唱、レシテーション、音楽など
8.30	第2限	8.30	夕食と礼拝（Supper & Chapel）
10.15	昼食の休憩（晴れなら戸外）	8.50	床に就く
10.30	第3限	9.00	消灯
12.15pm	入浴（Bathing）		

出典：Reddie, C., 1900, 49 and 63, Giesbers, J. H. G. I., 1970, 49, 118-9（筆者作成）。

ツ、科学が取り入れられました。その日課をまとめますと表2のようになります。ワークショップと称した活動（鳩小屋建築、蜂蜜収穫、田畑の活動）は学校共同体には不可欠な内容です。また、生理学、化学の実験など、現代的知識もいち早く取り入れられています（図23、図24）。さらに興味深いのは、生活時間における「勉学と遊びの均等配分」（Half work and half play）が原則とされ、活動と休息のバランスが保たれるように工夫されていることです（表3）。

このようなカリキュラムの組織化に対して、レディは「親が我々のカリキュラム、我々の方法論、そして我々の生活を確信していることを、私は疑うことができない」（Reddi, 1900, 611）と過去10年間の学校運営を振り返りなが

図23：レディの科学の授業

Cecil Reddie teaching in 1901

出典：Sederman, D., 1989, 35.

図24：野外活動（干し草作り）

出典：ibid., 37.

表3：1日の生活時間の配分

活動内容	時間（h）	活動内容	時間（h）
知的活動（Mental work）	5	睡眠（Sleep）	9
身体・手工活動（Athletics and Manual work）	4.5	食事・自由時間（Meals and Free Time）	3
社会的・芸術的作業（Social and Artistic occupations）	2.5		
	12		12

出典：Sederman, D., 1989, 6.

ら述べ、その自信の程を披瀝しています。この発言は彼のカリキュラム観が急速に変化する社会構造を視野に入れた、言い換えれば、時代のニーズに合致したものであったということを強調したものです。ただ、彼の考えには、当時のサフラジスト運動（Suffragist Movement）や女性との協同生活の視点はありません。それゆえ、このカリキュラムがジェンダー・バイアスを有していたことは明らかです。とはいえ、アボッツホーム校の思想的影響は、フランスの社会学者のドモランやドイツの教育家のリーツなどを介して国外に及び、その足跡を今日の学校教育に残しています。

ビデールズ校の教育思想と特徴
―「全生活」カリキュラムと興味の深化―

　レディの影響を強く受け、自らも他者に大きな影響を与えたのは、ケンブリッジ大学のトリニティカレッジを卒業してドイツに留学していたバドレーでした。彼はレディに会うべくドイツ留学から帰国し、1889年10月、アボッツホーム校で古典語・ドイツ語・フランス語の教師となり、また副校長として働き多大な貢献をしました。しかし、バドレー自身の結婚に対するレディの批判をきっかけに教育思想の相違を実感し、彼から離反します。そして、1892年、イングランドのイースト・ハンプシャーのリンドフォード（Lindford）村にビデールズ校（Bedales School, 1893-）を創設し、自らの理想の実現に歩を進めたのです。社会に有用な女性の存在に目を向けたバドレーは、男女共学を主張したという点でレディよりも進歩的でした。それが生活を土台にした教育観に現れています。（図25）（ただ、彼はその後もレディの思想の偉大さと彼の教育的信条や行動力に敬意を払い、レディの功績を讃えています。）

図25：ビデーズル校運動場と体操

出典：Badley, J. H., 1923, 105.

教育の概念は、ただ単に書物学習にかかわるもののではなく、また、「教科」に設定された達成課題を定められた時間内で学ぶ勉強でもない。今や、教科は、無用の長物あるいはプトレマイオスの天動説と同様に現存しないのである。……生活そのものが学習の目的であることは認められている。そして、それゆえ、その幅広さで教育は生活のあらゆる種類を含まねばならないのである。(Badley, 1923, 16)

このバドレーの主張にも「生きることを学ぶ」カリキュラム観が認められますが、レディとの相違点もはっきりしています。それは、「新生活」を掲げながらもパブリック・スクールの価値規範から抜け出ることができなかったレディとは異なった方向性、すなわち、生活の全てを包含し、細切れの時間割に拘束されずに生活のなかで学ぶ革新的なカリキュラム観です。つまり、ビデールズ校は、生活の特定部分を抽出したカリキュラムと学習時間の細分化を前提にした時間割を否定したのです。さらに、バドレーの教育上の主要な関心には、レディには希薄であった「創造的知性の発達」、「興味の形成、教育目標、理想に基づいた知的・情緒的性格形成」という視点がありました。(Badley, 1923, 16-31) それは彼が学校には以下の2つの役割がある、と説明した点とも関わっています。

(1) 能力と興味を発達させるために適切な事物と条件を提供すること
(2) 次の3つの機会を提供すること
　(a) 市民としての生活のために求められる基礎知識
　(b) 熟練した仕事に求められる特別知識
　(c) 一般人としての生活に求められる社会的訓練 (Badley, 1923, 20-24)

(1) に明らかなように、バドレーが学校の機能において重視したのは、能力だけでなく興味を形成し発達させること、すなわち興味の深化・拡大です。この教育理想は、人間が生きていくためには必須のものであり、極めて新しい教育観です。と申しますのも、子どもの興味を尊重したり、方向づけ

たりすることの重要性はしばしば強調されていましたが、能力と興味を同次元で捉えつつそれらの発達を志向する考えは、バドレー以外の教育思想家には、管見の限りでは、見られないからです。（2）は（1）を達成するために体系化された知識2種とその社会的訓練の提示です。それゆえ、学校が取り扱うべき課題には、個人的な課題と社会的な課題がある、と彼は言明するのです。(Badley, 1923, 28)

> 第1に、私たちは、子ども自身の活動と彼の目的にしたがって、1人ひとりの子どもの可能性に向けて十分に発達を促さねばならない。第2に、私たちは、過去に蓄積された智恵を可能な限り多く子どもに与え、コミュニティのメンバーとしての位置を子どもに適切に得させなければならない。(Badley, 1923, 28)

バドレーのこの提言は、大人の側の社会的なニーズだけでなく、子どものニーズをも認める立場を表わしています。ですから、教師による「子どもの観察」が不可欠になります。そこで彼は、2つの局面をバランスよく発達させるために3つの年齢段階、すなわち7歳以下の幼児段階、7歳から12歳までの基礎段階、12歳から16歳までの第2段階に分け、それらに対応させるかたちでカリキュラムを編成するのです。まず、幼児段階では、図26-27の活動のような感覚訓練と協調的諸活動（training of the senses and co-ordinated activities）、次の基礎段階では、事物と知識に関わる道具の自由な操作（command of materials and instruments of knowledge）、第2段階では系統的な訓練と抽象思考（formal training and abstract ideas）といった能力の発達が目標として掲げられています。(Badley, 1923, 92-94) そこで必要になるのが、活動スペースや屋外の運動場（図25, 129頁）、そしてそれらに加えて、精神の開放と集中現象をもたらす静粛な場所としての図書室です。図28をみれば、空間構成上、図書室の机の間をぬうそれぞれの柱が、絶妙の効果を発揮していることがわかります。

また、全生活を包摂した学習内容には、(a) どの種の市民生活にも不可欠な経験と活動についての一般的・実際的基礎、(b) より高度な特定の知

図26：緑地での作業

出典：Badley, J. H., 1923. 127.

図27：手作業における協働性（1921年春）

出典：ibid., 85.

図28：自由学習のための図書館

出典：ibid., 187.

識と技術を獲得するために必要な科学的知識の基礎、(c) 市民としての主張と義務、自己決定が最大限に広がる興味や感情、人生の価値と幸福を拡大させる共通経験の基礎、の3領域が盛り込まれました。(Badley, 1923, 32) しかも、これらの学習過程では、競争よりも選択の自由、規範の維持、健全な条件と環境の確保、協同性とある程度の自治が必要だとして、自由が強調されたのです。(Badley, 1923, 42-47)

したがって、ビデールズ校は、カリキュラムと教育方法の点で、アボッツホーム校よりも学習上の自由度が高く、生徒の具体的な生活を基盤にした新教育が目指されている、ということがわかります。このような革新性ゆえに、ビデールズ校は、その後の新教育運動への橋渡し的役割を果たすことになるのです。

キング・アルフレッド校の教育思想と特徴
―フィンドレイ考案のカリキュラム―

ビデールズ校創立後も新学校を創設する動きは続きます。その1つが新教育に関心をもっていた親のグループが、「子どもの全体性の良さ」を目指し

てロンドン北部のハムステッド・ヒースに創設した、男女共学のキング・アルフレッド校（King Alfred School, 1898-）です。この学校の創設地はガーデン・シティ運動から派生した郊外都市運動の地でしたので、学校の教育目的を実現するための自然環境の確保も容易でした。

　では、キング・アルフレッド校はどのような学校だったのでしょうか。この学校のエピソードの1つに、自由学習を取り入れた当時の教師、ニイルが校長のラッセル（Russell, J.）や保護者との関係を悪化させ、辞職したという話が残されています。（山﨑, 1996）　ニイルの方法論は余りにも過激だったことがわかりますが、では、この学校の新しさはどのような点にあったのでしょうか。実際、初代校長として招聘されたのは、ビデールズ校の主任教師ライス（Rice, C.）でしたので、ビデールズ校の教育理想の影響があったことは推察できます。が、実は、この学校が先に創設された2つの新学校と異なっていた点は、第1に創設主体が進歩的な親・教師集団であったこと、第2に宗派に左右されない「非宗派」を前面に掲げていたことだったのです。しかも、この学校の革新性は、親・教師だけでなく生徒の代表も参加するKASS（King Alfred School Society）を組織し、3者の代表による自治を実施していたことにもあります。KASSが念頭に置いたのは、一貫性あるイデオロギー、親の十分な支援の欠如及び衰退に至ることの回避、また地域性に左右されない運営、教職の専門家に導かれた学校といった点でした。（Brooks, 1998, 7）親たちは、後に「全ての者に中等教育」の提供を主張した労働党の経済史学者のトウニィからの影響を受け、また功利主義に満ちた社会への貢献を求める「子どもの国民化」からも距離を取ろうとします（ibid, 1998, 4）。端的に言うとすれば、これらは、国家的関与・介入からの自由・解放の主張です。この学校の評判は、国外の知識人にも伝わりました。たとえば、1910年代末頃には、かのラッセル（Russell, B. A. W. 1872-1970）やドイツのヘレラウの田園都市運動の協力者でもあったノイシュテッター医師の子どもも在籍していました。（ノイシュテッター医師夫人／後のニイル夫人については、山﨑、1996を参照）彼らの親の社会改革への志向性は、この学校を特徴づけています。

さて、キング・アルフレッド校のカリキュラムはどのようなものだったのでしょうか。その編成を依頼されたのは、実はアボッツホーム校を2度ほど訪問してレディに有益な助言をしてきたフィンドレイでした。(Reddi, 1900, 114) 彼はオックスフォード大学のワダム・カレッジで数学と歴史学を学び、その後、教育学のメッカであるドイツのイエナとライプチヒで学んで博士号を取得しています。帰国後、ラグビー校などに勤務しつつデューイの教育思想をイギリスに導入し、マンチェスター大学教授就任（1902年）後には、新しい教授法の調査に関わって教育改革に尽力しています。この彼が考案し、KASSの承認を経て1898年の創設年から採用されたカリキュラムが、表4です。その特徴は、「4－6歳児クラス」と「7－9歳児クラス」を持つジュニアスクールと、「10－12歳児クラス」を対象にしたシニアスクールの2つに分け、さらに学習内容をAからFの6グループに分けている点です。カリキュラムのA群は、物語・歴史・文学などの人文学、B群は地理を含む自然とその知識（図29）、C群はスピーチや音楽における表現技能（図33）、D群は描写技能とその他の手工芸（図30）、E群は抽象科学と数・形・言葉、F群はレクレーションです。このカリキュラムの特徴は3つに要約することができます。すなわち、①カリキュラム構成論は、ヘルバルト、ペスタロッチ、フレーベルの教育思想の統合であり、デューイに学びつつオキュペーション論を採用したワークショップが重視されている、②ヘルバルトの弟子ツイラーの中心統合の理論からの影響が認められ、教科ではなく領域概念が採用され、スコープとシーケンスの考え方が存在する、③運動、音楽、散歩、遊びなどのレクレーション活動をカリキュラムに位置づけている（山﨑、2007）、といった3点です。このような特徴をもつ彼のカリキュラムは、『学級教授』(1902)のなかの以下の説明とほぼ合致していますが、F群のレクレーションは、『学級教授』では「黙想」に代わっており、レクレーションに類する内容は「息抜き」と表現されています。

　1日当たりの子どもの時間の内、4時間半を学校に割り当てて考えてみよう。運動場にいる30分間を残すと、平均30分間の長さが8コマ分それ

表4：フィンドレイ作成のキング・アルフレッド校のカリキュラム
　　　（1898年～1901年）

学校種 カリキュラム領域	ジュニア・スクール子ども期前期		シニア・スクール（開始期）
	（幼稚園）：4－6歳	子ども期後期：7－9歳	少年・少女前期：10－12歳
A群：人文学（物語、歴史、文学）	寓話、つまり時間、空間や他の知覚経験に限定されない簡単な物語（1年の内の季節や月によって変わる）	神話から正当な歴史に導く物語（簡単だが古典的な文学）、例：種族長物語、ユリシーズ、ノースサーガス、ロビンソンクルーソー；最後の英国定住、聖オウグスティン・アルフレッド、カヌートとハロルド。出エジプト期物語。	1066年から1700年まで、そしてフランス史と英国史との関係と共に終わる偉大な英国の英雄と王たち（下記のB群、C群、D群と比較せよ）。ユダヤとイスラエルの王たち。
B群：自然とその知識（地理を含む）	毎週、A群の中の物語に関連する全種類の簡単な事物の収集と観察。	近隣の地理から始まる英国の地理。身近な動物や植物の研究（古代英国の森林や原野における先祖たちの生活と部分的に関係する。A群参照）自然から直接に検証され、初歩的方法で分類される全てのもの。	フランスと南西ヨーロッパの地理。基礎学校用自然地理学と簡単な物理学実験（A群と関連するコロンブス、ベーコンなどを比較する）。
C群：スピーチと音楽の表現技能	A群の物語やB群の自然の知識に主としてつながる歌とスピーチ。	読み書きと文字記譜法による歌唱の開始。主としてA群、B群から得られる教材。簡単な作文：オーラル作文と筆記作文。	英語の読み書き、作文の継続。フランス語の開始。特にフランス語の開始は最終学年が良い。A群、B群から主として得られる教科題材、歌。
D群：描写技能とその他の手工芸	幼稚園の恩物とオキュペーション：A群、B群や子どもの他の興味に基づく事物を様々な形で表すこと。	継続的かつ発展的な幼稚園の恩物とオキュペーション、自然などからの絵画。A群、B群からの教材。植物学の授業にかかわる園芸。	絵画、造形など。厚紙作業や大工仕事。基礎の幾何学的絵画、地図、図形：A群、B群に関係する全てのもの。近隣で見いだされる自然、ノルマン人と初期英国の装飾品の素描。
E群：抽象科学と数、形、言語	初歩の数－10まで。（フレーベルの教義に従って）簡単な幾何的な形の認識－全てB群から具体化。	初歩算数－100まで、あるいは100以上の数。より発展的幾何学の考え方－B群から具体化される全てのもの。音楽理論の初歩的な考え方。	100以上の数、歴史学の時間の考え方、地理学の空間の考え方、幾何学の定義、フランス語と英語における文法の初歩的考え方。音楽は左記を継続。
F群：レクリエーション	体育と音楽の練習。幼稚園のゲーム。短距離の散歩。授業の間の自由な遊び。	体育と音楽の練習。幼稚園ゲームの続き。短距離の遠足と散歩（B群参照）。授業の間の自由な遊び。	体育と音楽の練習。学校での遊び。（A群、B群と関連する）短距離の遠足と散歩。授業の間の自由な遊び。

出典：Brooks R., 1998, 15.

図29：理科学習（1914年）

出典：Brooks, R., 1998, 44.

図30：共学ワークショップ活動（1914年）

出典：ibid., 44.

ぞれの日にあることになる。これらにはおよそ6群が配分され、毎日、次の各群の授業が設定される。（1）物語と歌、（2）自然学習、（3）かず、（4）言語、例えば読みと書き、（5）芸術と表現、（6）オキュ

ペーションである。第7群は、黙想への準備が求められる。これは毎日の授業では除かれる。6群の内のいくつかは、より多くの時間が必要であり、とりわけ自然学習とオキュペーションはそうである。これらには、息抜きのための方法が求められる。時々、子どもたちは散歩をしたり博物館を訪問したりする。……生徒の頭脳の集中現象の継続（the continuity of intensive impression）のために、たとえ数分間でも、意味ある練習が毎日要求されている、という一般原則が見て取れる必要がある。……6群の授業全てが週の「時間割」に位置づけられるべきである。（Findley, 1902, 174-175）

　フィンドレイは、ドイツやアメリカの教育思想を折衷・統合するかたちで、当時としては最善のカリキュラムを編成しようとしたのです。そのカリキュラムは、当時の教育学の知見の総体あるいは完成体とも見なすことができます。しかしながら、3年後の20世紀初めには、30分間ごとの時間的区切りを前提にしたこのカリキュラムは、ビデールズ校の経験やより自由度を保証する方法論の影響を受け、変更を余儀なくされることになるのです。そして、自然環境に恵まれた条件を有効に利用した戸外での個別学習（図31-32）、表現の自由（図34）といった子どもの自由が大幅に保証されるようになるのです。また、第10章で述べますように、1920年代になるとアメリカのパーカースト（Parkhurst, H. 1886-1973）によるドルトン・プラン（Dalton Plan, 1920）の理念が導入され（表6-7，158-159頁）、やがて授業科目の選択とそれを保証するための劇場（図33）、学習室、図書室もKASSの手で作られます。こうして、第1次世界大戦後のキング・アルフレッド校では、新教育と称されるに値する思想基盤が着実に確立していくことになるのです。キング・アルフレッド校は、今日もなお「子どもの生活」を基盤に据えた「子ども中心」（child-centred）の私立学校であることを表明しています。

図31：木の根を利用した教室（Squrrel hall）

出典：ibid., 82.

図32：戸外での学習

出典：ibid., 122.

第 9 講　生活改革と「新学校」の教育思想　　*141*

図33：戸外劇場（1923年）

出典：ibid., 101.

図34：表現の自由

出典：ibid., 90.

第10講 「教育の新理想」と公立基礎学校改革
―教師の新しい職能の探究―

20世紀の初めになると、公立の基礎学校でも新教育の思想が活発に展開されます。「歴史と教育」の最終講では、勅任視学官辞任後に基礎教育を批判して「教育の新理想」運動を主導したホームズを取り上げ、彼の批判の内実、モンテッソーリ法受容の過程、「教育の新理想」の目的、「新理想」実現のために着目された新しい教育方法の特徴を解明します。そして、その後の1920年代末に俎上にのぼってきたナンの教師論を考察し、教師の専門性について考えます。

「西欧的価値基準」批判―勅任視学官ホームズの回想―

19世紀末に廃止された改正教育令への批判は、20世紀に至っても留まりません。それは勅任視学官辞任後に改正教育令の「出来高払い制」を批判したホームズの過激さに象徴的です。国教会徒のホームズは、オックスフォード大学セント・ジョーンズ・カレッジを卒業し、勅任視学官で詩人のアーノルドに憧れて勅任視学官になり、「ホームズ・モラント回状：Eメモランダム21」事件でモラント及び教育院総裁ランチマンと共に辞職する1911年までの35年間を学校査察に従事しています。しかし、彼は辞職とほぼ時を同じくして『教育の現状と可能性』(*What Is and What Might Be*, 1911) を上梓し、形式的で試験偏重のシステムを批判するのです。それは西欧的価値規準 (Western standard of values) や西欧的なものの見方 (Western way of looking at things) への忠誠を余儀なくされた彼を (Holmes, 1911, 9)、「政治的機構や機械的諸価値に従うこと」は、「高次の秩序という徳」(the virtues of a higher order) では決してない、と強く意識させたことに始まります。(Holmes, 1920, 10-12) ホームズは「出来高払い制」下の教師と子どもの様子について、次のように回想しています。

　　教師の目的は、子どもの本性に何物も残らぬように、また子どもの自発

的な生や自由な活動に何ら余地を与えないように、子どもの自然の本能のすべてを押さえつけ、エネルギーを完全に無力化し、子どもの全状態を絶えず苦痛に満ちた緊張状態に保つようにすることである。……厳格と強制が支配したとき、子どものやる気は削がれ、その活力がかろうじて残る程度のところにまで貶められる。子どもが精神的にも道徳的にも農奴のような状態に陥ったとき、子どもに適用された機械的服従を介した教育システムは、すべて苛酷なものとなる。(Holmes, 1911, 48-49)

専門家としての教師自身の福利は試験官の評定に依存するため、教師は生徒が書き進める一筆一筆やピリオドの全てに責任を持たねばならない。……そのような学校では、子どもは、教師がその子どものために何かをすることは許されない。子どもは、教師が考えなさいと言ったことを考え、感じなさいと言ったことを感じ、言いなさいと言ったことを言い、しなさいと言ったことをしなければならないのだ。(ibid., 66-67)

このような学校教育の実態を彼は鋭く告発したのです。彼の著作が刊行された時期は、既に政府による『教師の手引書』(1905) が刊行され、制度的には教師の自由裁量が謳われていましたので、彼の批判は機械的で盲目的な服従を強いる体質が現実的にはかなり残っていた、ということを物語っています。彼は、自伝『理想の探求』(*In Quest of an Ideal*, 1920) においても、「出来高払い制」が子どもの学習過程を理解するのではなく、その結果にどれほど過剰に着目したかということを述懐しています。

私は、私の求めた「結果」がどのように提供されたものであるかを理解した。そして、その点で私はわかったのだ。多くのことが、実際よりもずっと悪くなっており、機械的な方法が盲目的に続けられていた。子どもたちは、消化の悪い食事を強制的にあてがわれ、見ること、考えること、理由づけること、計画すること、目的をもって成すこと、実行することなど、彼らが自らせねばならないことからできるだけ遠ざけられていた。自主性も自発的に活動することもなく、生活についても自然な見

方をしない。子どもたちは、ただ静かに坐り、命令される言葉を待っているだけで何もできない。教師たちは、巧みにも、機械的行為者へと自らを手段化し、そして生徒を受動性と無気力へとしつけた。私はこのようなことを押し進めようとしているということが、よくわかったのだ。
(Holmes, 1920, 67-68)

観点を変えれば、ホームズは自らの実施した「試験結果が、その学校の教師のパンとバターになり、学校の安定的な運営になる」ことに苛まされていたのです（Holems, *NIQ*, April 1930, 8）。彼のこの悔恨は、サイモンを初めとして多くの人々が教育実践を省察する際の基礎データとして使用され、イギリスの基礎学校教育政策における教訓の原点になっています。

劇化学習法の称揚と「自己実現」論
―新教育運動家ホームズの提言―

ところが、実は視学官時代のホームズに大きな衝撃を与え勇気づけた出来事があったのです。それは、1907年に査察したサセックスのサンプティングにある基礎学校と、その学校で劇化学習法を編み出した女性校長のフィンレイ＝ジョンソン（Finlay-Johnson, H.）との出会いでした。この学校は地方の田舎の公立学校でしたが、劇、芸術活動、手作業、読書などを取り入れる工夫がなされ、子どもが豊かな学習活動を享受していたのです。食器棚、机、書籍がうまく配置された教室は、家庭のような雰囲気が出せるように工夫されていました（図35）。また、学習内容は子どもの日常生活を基盤に編成され、身体性を伴った算数ゲーム（お店屋さんごっこ）も採用されています（図36）。歴史や英語学習でも劇が取り入れられ、それは戸外や教室の活動スペースで実演されました（図37）。さらに、手作業と芸術性に配慮した手工芸がカリキュラムとして位置づけられ、また、教室の壁を美しく飾るそれらの学習活動の成果物が子どもの日常生活に潤いを与え、モリスやラスキンを好む中流階級の雰囲気を醸し出していることがわかります（図38）。またさらに、主体的・自主的に学ぶ習慣を養うために読書も重視され、書物は

図35： 教室図面

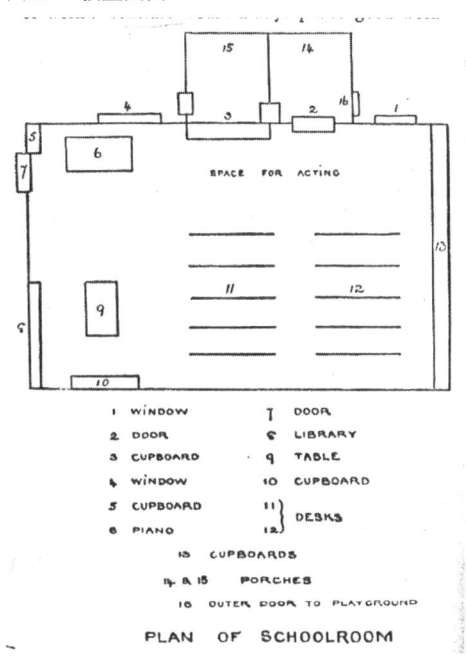

```
 1 WINDOW      7 DOOR
 2 DOOR        8 LIBRARY
 3 CUPBOARD    9 TABLE
 4 WINDOW     10 CUPBOARD
 5 CUPBOARD   11 ⎫
 6 PIANO      12 ⎬ DESKS
              13 CUPBOARDS
              14 & 15 PORCHES
              16 OUTER DOOR TO PLAYGROUND
```

PLAN OF SCHOOLROOM

出典：Finlay-Johnson, H., 1912, 56.

146　第II部　歴史と教育——教育史の世界へ——

図36：算数ゲーム（店やさんごっこと掛け算）

出典：ibid., 裏表紙.

図37：紙の茶袋を利用した騎士団の劇

出典：ibid., 23.

すぐに手にとって調べられるように教室にも配置されていました（図39）。

この学校を査察したホームズは大きな感銘を受けます。その衝撃の大きさは、女性校長のフィンレイ＝ジョンソンにローマ神話の女神エゲリア（Egeria）の名をつけて彼の著作に登場させた点に、また彼女の学校をユー

図38：女児の美術作品の掲示

出典：ibid., 8.

図39：図書館の書棚から移動させた書籍を利用した学習

出典：ibid., 30.

トピアの学校だとして称揚した点に顕著です。子どもの個性と創造性を伸ばすエゲリアの指導法は、注入や暗記とはかけ離れた劇化教授法（The dramatic method of teaching）と称され、ホームズはそれを「黙示」だと賞賛します。そして、エゲリアの学校、すなわちユートピアの学校の子どもたちを次のように描写し、新教育運動家としての主導性を発揮したのです。

> 子どもは生き生きと敏活かつ活動的で、潜在的なエネルギーに満ちており、また物事に対して、行動を起こして何かをするべく、自分の精神、自分の手、自分の欲求、自分の全存在を今まさに向けようとしている。(Holmes, 1911, 155)

> エゲリアの方針全体がより良く、より高く子どもの本質を開き やがて子どもは輝き、知的になり、幸せになり、責任感ができ、生気にあふれ、物事に興味をもち、可能性と才覚に満ちた状態になっていく。(Holmes, 1911, 157)

> 子どもが受ける訓練は、原善（original goodness）に基づいている。子どもは粘土の塊でも、タブラ・ラサでもなく、「自ら生きる魂」である。つまり、成長は子どもという存在の最大の本質であり、もし合理的に有利な条件下で自然に成長することが許されるならば、正常な子どもは幸せにかつ良い状態へと成長する。(Holmes, 1911, 162-163)

ホームズがこのように観察し叙述する背景には、彼独自の子ども観があります。それは、キリスト教の原罪観でも、ロック（Locke, J. 1632-1704）のタブラ・ラサ（tabula rāsa、何も書き込まれていない書き板）でも、陶冶観でもありません（ロックはデカルトの生得論すなわち、「思惟する私」の存在を肯定する 'cogito, ergo sum' を批判した人物）。彼は子どもの本質には「光に向かう天性」があるとし、それは「活力と知性の輝き」と「善と喜びの輝き」の要素を含む、と捉えています（ibid., 155）。言い換えれば、子どもの本質は、生きるエネルギーとそれを支える知性が発揮できる可能態であり、その可能態は、善に向かいつつそのこと自体を享受する性質をもつ、と捉えられたの

です。また、人間という一般存在には、根気、忍耐、臨機応変の才（resourcefulness）、自己確信（self-reliance）、自己統御（self-government）、自己忘却（self-forgetfulness）、優しい気質（sweetness of temper）、良き連帯感（good fellowship）、優美な物腰（charm of manner）、心の歓喜（joy of heart）が内在する、と彼は確信していたのです。(Holmes, 1913, 84)。

これに加えて興味深いのは、彼の思想の中核に「自己」(self) 概念が据えられ、その最終形態である理想としての「自己実現」(self-realisation) 概念が措定されていることです。彼の主張は、彼が「自己実現」論を展開したイギリス理想主義の創始者グリーン（Green, T. H. 1836-1882）の影響下にあったことを示しています。が、しかし、グリーンとの相違は、「自己」をめぐって、自分の固執を解き放す「自己忘却」、自らを外に開放する「自己開示」、内面世界を表現する「自己表現」、自らを成長・発達させる「自己拡張」の4つの自己生成のプロセスがあると捉え、これらを経て子どもの魂・精神・身体は漸進的かつトータルに生成していく、とホームズが解していることです。もちろん、最終的には、自己はグリーンが述べたように、神との合一を図る「自己実現」へと至ると説明されますので、その前提に神の絶対性があるという点では彼らの視座は同様です。(山﨑, 2006) ですが、彼の述べた自己の段階的変容論は斬新なものといえましょう。

さらに、注視したいのは彼の人間観です。ホームズは人間固有の本能を6つに類型化しています。すなわち 人間の本能には、①語り・聴くことを為すコミュニケーション的本能、②行動し、表現する劇的本能、③描き、色を塗り、形に表す芸術的本能、④踊り、歌う音楽的本能、⑤物事の原因を知る探求的本能、⑥分析の後の綜合を図る構成的本能の6つがあり、これらはさらに三大根本本能として類型化され、①②は共感的本能、③④は美的本能、⑤⑥は科学的本能だと説明されています。(山﨑, 2006) ホームズが共感的本能を第1に据えていることから、彼が学習の自発性や個性を重視する一方で、他者との関係性を重視していることがわかります。（ただ、この見解が、『学校と社会』（1899）でデューイが論じた4つの本能論、すなわち、①社会的本能、②探求的本能、③構成的本能、④表現・芸術的本能から影響を受けたものである

か否かは不明です。)また、これらの本能は、「多様性のなかでの秩序」を見出す機能と拡大・深化する機能を有しており、それゆえ本能を包含する自己は、動的エネルギーによる創造性を保持した「生成の機能」を有したもの、と解されているのです。こうした彼の考えは、モンテッソーリ法の理論との出会いによって深められたものでもあったのです。

連合王国モンテッソーリ協会と「教育の新理想」の活動
ーイギリス新教育運動の組織化ー

実は、ホームズは、1910年、教育院の命を受け、イタリアの女医モンテッソーリ (Montessori, M. 1870-1952) の創設した子どもの家 (Casa dei Bambini) を視察します。モンテッソーリが考案した教具は、子ども自身が自らの興味と関心に基づきながら教具を選択し使用することによって、諸感覚を研ぎ澄まし、各教具に秘められた真理を自ら探究していくことができるものです。そこには「自己活動の原理」と「感覚訓練のための原理」がある、と称揚されましたので、たちまち人々の興味を呼ぶことになります。ホームズの教育院報告書 (*The Montessori System of Education*) (Holmes, Oct. 1912) では、モンテッソーリの原理は 'self-education' や 'auto-education' にあると述べられています。ただ、彼はモンテッソーリ教育の導入への慎重さについても指摘していました。(ibid., 25)

とはいえ、これをきっかけに、1912年4月、連合王国モンテッソーリ協会が設立されました。この協会の目的は、モンテッソーリ法の受容の高揚のなかで、その方法論の明確化と定着の促進、そして必要であるならばその定着を遅らせることにありました。モンテッソーリ協会の委員長にはホームズ、また議長はメルヴィル主席勅任視学官 (Melvile, B. V. 1857-1931)、そして委員にはリーズ大学副学長のサドラー (Sadler, M.E. 1861-1943)、労働者教育協会事務局長のマンスブリッジ (Mansbridge, A. 1876-1952)、後に日本の満州侵入時の調査団団長となるリットン (Bulwer-Lytton, V. A. G. R. the second Earl of Lytton, 1876-1947) ら蒼々たるメンバーをこの協会は擁したのです。(*TES*, Nov., 1912, 127)

第10講 「教育の新理想」と公立基礎学校改革　　*151*

　そして、1912年8月、イギリス最初のモンテッソーリ・クラスが開設されました。それは、ホームズの友人のホーカー（Hawker, B.）が地方教育当局の協力の下、ノフォークのクロマー近くのイースト・ラントンにある自宅で始めた、子ども10人のクラスです。ロンドン、リヴァプール、シェフィールド、リーズ、ケンブリッジなどでホーカーらが実施したモンテッソーリ法の講演会は盛況を博しました。そして、気運の昂揚する1914年、イースト・ラントンで第一回モンテッソーリ会議を開くことが決まったのです。モンテッソーリ協会は1914年の時点で会員230人を擁し、7月のこのモンテッソーリ会議は270人にも達する参加者を得て活況を呈しました。しかも、興味深いのは下記に取り出しました会議目的です。

> 共同の精神において……自由の雰囲気のなかで、共感された指導指針の下で、モンテッソーリの自己発達の観点に基づいて、子どもの教育に関心がある人々を糾合すること……孤立した実験を結びつけること、モンテッソーリの諸原則に合わせようと試みるなかで獲得された結果を比較し、その試みにおいて生じた諸問題を論議すること、パイオニアの仕事、とりわけ子どもを解放する仕事を激励し、注意深く記録をとり続けること、彼らの自発的な活動を知的・道徳的・精神的な成長の経路へと導くことによって無益、束縛、制限、非生命的な抑圧から各地の子どもたちを解放するために運動の渦中にいる教育家たちを結集すること……全ての子どものなかにある見えない活力と善への可能性を広げること……。（Montessori Society, 1914, 1）

　これを概括すれば、モンテッソーリ会議は、モンテッソーリ法の実験結果の比較、パイオニアの教育活動結果の記録、教育運動家の結集、子どもの教育可能性の拡大、という目的に絞ることができます。が、さらに重要なのは個性を育むために「子どもの解放」を究極目的としていたという点です。教え込まずに、自ら育っていくためには、どうすればいいのか。どのような教具、どのような教師が必要なのか。参加者は議論したのです。図40は、モンテッソーリ会議の前日（1914年7月24日）に集って、参加者にモンテッソー

152 第II部 歴史と教育——教育史の世界へ——

図40：モンテッソーリ教育の実演

> Six children and Montessori Directress who, with one assistant, takes seventy infants at SWAY C. C. School, Hants, Demonstrating before Conference at East Runton, July, 1914.

出典：Report of the Montessori Conference at East Runton. July 25th -28th, 1914, 内表紙.

リ教具を使ってみせている子どもたちです。子どもが集中して教具を使っている様子が伝わってきます。「自己活動の原理」と「感覚訓練のための原理」に基づくモンテッソーリ法を間近で観察した人々は、たとえ小さな子どもであっても自発性、自己確信、集中力をもつということを実感したのです。ただ、この幼児学校では、幼児70人に対して1人の補助者だけで、自由な教育が実現できると解説されていますので、効率性と子どもの個性の伸展の双方を充足させうる点が、聴衆に強調されていることがわかります。また、子どもたちの服装から、モンテッソーリ法の恩恵を受けていた子どもが中産階級の出身であったこともわかります。これらのことから、モンテッソーリ法の称揚は、中産階級の親の理想をより安価に充足させるという社会的・経済的文脈を有していた、と解することができます。

しかも興味深いのは、モンテッソーリ法がイギリス固有のエートスのなかで受容されたという点です。モンテッソーリ・ディプロマを有したクラレモ

ントは次のように述べています。

> モンテッソーリ法は……ウィリアム・モリスの『ユートピア便り』（*News of Nowhere*）のなかで描かれたあるスキームを、極めて見事に、現実的可能性でもって保証している。(Claremont, 1920, 12)

> ホーマー・レーンのリトル・コモンウェルスの実験、またハムステッドのジョン・ラッセルの仕事を叙述したエドモンド・ホームズ氏のユートピアは……希望とインスピレーションをかき立てた。……子どもたちは、芸術、音楽、文学のすべてを包含する環境のなかで自由であるだけでなく、彼らの人生の最初期の6年間において読み・書き・計算能力を獲得する1年間が保障されている。そのため、これは「理想主義」と「効率性」とを両立させる1つの方法論である。(ibid., 13)

> モンテッソーリ法には理想よりも多いものがある。すなわち、それは実際に存在しているということである。(ibid., 14)

つまり、彼はモンテッソーリ法をユートピア思想と理想主義双方の系譜に位置づけながら教育革新の希望と捉え、この方法が理想の教育を合理的に実現する方法だと言明しているのです。これは、新教育運動家の一般的態度でした。ちなみに、ホーマー・レーン（Lane. T. H. 1876-1925）はアメリカから招聘されて、青少年矯正施設リトル・コモンウェルス（1913-1918）を任された人物ですが、彼は性善説の立場から、縦割り疑似家族制、労働と学習活動、自治を取り入れた教育改革者でした。(山﨑, 1996)

また、賛同者増加の過程において看過できない社会意識は、当時の世論が第一次世界大戦の惨敗を「画一的な指導者養成に陥った教育」への批判に転嫁していた点です。そのため、モンテッソーリ法は、旧い教育方法から抜け出ようと格闘していた教育関係者には救世主と見なされたのです。しかも、このような傾向に対して、タイムズ教育版（*Times Educational Supplement*）も同様の論調でセンセーショナルにしばしば取り上げています。20世紀のイギリスは活字文化・出版文化を背景に、様々な教育雑誌の刊行が隆盛を極め

ていましたし、タイムズ教育版は中流労働者階級をも対象にしていました。ですから、モンテッソーリ法は、機械的で注入主義的な教育に満足できない親の大きな期待を集めるものとなったのです。

ところで、クラレモントが「理想」に言及したことは、新教育運動がイギリス理想主義の系譜にあったことを如実に示しています。実は、このモンテッソーリ会議の開催準備のために1914年6月に形成されたグループがあります。それが「教育の新理想」グループです。この組織は、インフォーマルであることを堅持しながら、初等段階の教育における個別の萌芽的・実験的な教育要求を運動へと至らしめる先駆的役割を果たし、翌年からは「教育の新理想」年次会議と名称変更し、1939年までの計25回も研究大会を開催し続けたイギリス新教育運動固有の組織です。それゆえ、彼らはその活動を自ら「教育の新理想運動」(New Ideals Educational Movement)（*NIQ*, June 1925, 2）と呼んだのです。年次会議のプログラムに例年掲載されたその声明文は、主要メンバーであった後のロンドン大学教授ナン（Nunn, P. 1870-1944）が起草したものでした。(Holmes, *NIQ*, April 1931, 6)

> カンファレンス委員会は、教育に関与する同胞らのインフォーマルな協会として、同じ見方や共感をもって始まったものであったので、委員会は今も永久に存在する組織としての性格をもとうとはしていない。カンファレンス委員会が存在するのは、いかなる特定の教育学派の見解を表明するためでも、またいかなる派閥的プロパガンダを占有的に支持するためでもない。この組織のメンバーは、世界に対する希望に満ちた新しい精神が、教育において胎動しているという共通の信念に基づき、共に活動している。すなわち、メンバーの活動目的は、どこでいかなる形で活動していようとも、それ自身が表明しているその精神を支えることなのである。唯一の宣言で活気ある運動を特徴づけようとすることは、効果的ではないのと同様に誤解を与えやすい。が、しかし、新しい世界への希望に満ちた、新たな精神の本質は、本委員会が確信しているように、生徒の個性に対する畏敬の念や真の個性──利己主義の弊害に対す

る確実な解毒剤——は、自由の雰囲気のなかで最もよく育つという信念である。この会議の目的は、共同の精神において、また快適な休暇の条件下で、彼らの仕事の中でこの精神を実現しようと努めている全ての人々を結集すること、諸問題の議論や経験あるいは省察の結果を伝えるための場を提供すること、孤立した教育実験者が意見交換できるようにすること、そしてパイオニアの仕事に対して批評と承認を与えて激励することである。(Conference Programme, *NIQ*, January 1928, 150-151.)

この文言には、彼らの組織形成上のスタンスが明確に現れています。それは、連帯の精神、学閥・派閥からの解放、インフォーマルの３点を特徴としています。また、その目的は、議論や意見交換の場の提供、孤立した新教育運動家の糾合、そして彼らへの激励にあったということも明確に述べられています。

この組織の総裁はかのリットン、カンファレンス委員会の理事にはカンファレンス目的を起草したナン、大学拡張運動に寄与したリーズ大学副学長のサドラー、心理学者でロンドン学務委員会のバート（Burt, C. 1883-1976)、労働者教育協会事務局長であったマンスブリッジらがいました。参画者の様々な顔ぶれから、この組織が、体制側に属さないかたちをとりながら政治的力学を用いようとしていたことも推察できます。また、興味深いことに、国教会広教会派や博愛主義のキリスト教を背景にしていた者もいましたが、他方で、非国教会徒（nonconformists）も多く参加し、キリスト教だけではなく、神智学協会のメンバーやサイキズムに興味をもった人々もこの組織を主導していたのです。このことから、「教育の自由」、「教育における自由の精神」、「協同的自由」といったテーマが、精神の自由を第一義とした多角的な視点からのアプローチを目的としたものであった、ということがわかります。

新しい教育方法の開発―遊び・自由学習・学習記録・個別時間割―

では、学校現場では、自由、個性、創造性を求める新しい教育はどのよう

なかたちで伸展していったのでしょうか。ここで軽視し難いのは「遊び」への着目です。この思想は H. スペンサーの理論「余剰エネルギー」論（1855年）、19世紀末から20世紀初めの G. S. ホールの「反復発生」説、C. グロースの「予行」論（1901年）の流れを汲んでいますが、遊びをカリキュラムに入れることに先鞭をつけたのは新教育運動でした。たとえば、ナンの献辞を付して刊行されたクックの『遊技法』（*The play way*, 1917）や、これまたナンの献辞を付して再版されたマックマン『自由への道』（*The Child's Path to Freedom*, 1914, 再版：1926）をあげることができます。後者は遊びを「自動教育」だと捉え、生徒がパートナーを組んで学び合う方法を採用したものです。ナンはこの方法が人間の進歩への基本的信頼に依拠していると賞讃しています。学習を遊びと同じ文脈で捉える思考は、自律して生きる個人を育むとして新教育運動家の間で反響を呼びました。それはナンが指摘したように「遊ぶ機会が豊かに与えられていることは、子どもの健全でしあわせな発達にとって疑いもなく本質的なことがらである。」（ナン, 1985, 165）からです。こうした「遊び」を教育思想の文脈で捉える考えは、やがて国際遊び場協会が国際連合の国際児童年（1977年）にまとめた「子どもの遊ぶ権利マルタ宣言」に結実することになります。

　次に着目したいのは、多くの教師や視学官が驚きと共に賞讃を与えた実践例、すなわち公立基礎学校の校長、オニール（O'Neill, E. F. 1890-1975）の「創造的教育—なすことによって学ぶ」事例です。次頁の表5は、子どもの様子を観察しながら創造性を発達させることを目的に類型化された17の学習内容です。その方法は、活動が楽しければ子どもは無我夢中で学びを享受する、という信念に基づいています。この信念において教師に必要になるのが、子どもの学習進度の把握です。図41の「学習記録」は、学習課題にいつ取り組んだかを書き留めるシートです。氏名の右の欄の1行目の数字は表5の学習課題の番号、その下の1から5の数字は学習曜日（月曜日を1）を示しています。例えば、アルバートは、1の算数を水曜日に3の「本の制作と出版」で共に学んでいる、ということを示しています。

　子どもの活動を尊重するためのこうした教師の工夫は、学習の多様さをも

表5：オニール編成のカリキュラム

課題番号	教科名（Subjects）	教育内容（Contents）
1	算数（Arithmetic）	1週間ごとに計算問題を与える（Give number of sums done in the week）
2	作文（English-written）	物語、手紙、劇、詩の制作、歴史・地理・理科の叙述（Stories, letters, plays, original poems, written history, written geography, written science）
3	本の制作と出版（Making and publishing of original books）	付記：これらの本は詩のコレクション、歴史、地理、お話活動の収録を含む（note：These books include collections of poetry, corrected history, geography, or story work.）
4	良書の読書（Reading a good book）	付記：良書のリストは与えられるが、限られてはいない（note：A list of good books is given but is not exclusive.）
5	詩（Poetry）	書き、読み、聴く、また声に出して読む（-written, read, listened to, or read aloud）
6	音楽（Music）	歌い、聴き、あるいは学習する（-sung, listened to, or studied）
7	歴史（History）	できれば、自分で決めたコースで学んだ歴史の読み、書き、あるいは記録（-read, written or acted preferably from the course you have decided on）
8	地理（Geography）	コースで学んだ地理の読み、書き、あるいは実地（-read, written, or practical, from course）
9	芸術活動（Art-work）	パステルか絵の具を使用（-pastel or painting）
10	裁縫（Needlework）	
11	ものづくり（Making things）	材木、紙、カーボード、ガラスなどを利用（-in wood, paper, cardboard, glass, etc）
12	修理・片付け（Repairs and tidying）	付記：自分たちで運営している学校では極めて必要（note：Very necessary in a self-active school）
13	戸外の活動（Out-door work）	
14	書店ごっこ（Book-club money paid）	

15	雑誌・新聞読み（Read magazines and newspapers）	
16	理科（Science）	
17	ダンス（Dancing）	音楽や詩の表現（-expression of music or of poetry）グ

出典：O'Neill, E. F., 1919, 95-96.

図41：学習記録とその記載方法

```
                    RECORD OF WORK.
   "I desire so to live, that after my death, I may leave to others,
a record of work well-done."

Name            1 2 3 4 5 6 7 8 9 10 11 12 13 14 15 16 17
Albert Beckett  33 4 5 4 1 4 1 1 3  1  2  5  4  5  4  3  4
Ned Ingham      29 3 5 4 1 4 3 2 4  5  1  3  4  5  2  3  4
Norman Ingham   28 3 4 5 1 4 2 4 3  4  2  1  5  1  5  5  4

    Key. Work under col. 7, 8, etc. refers to 7, 8, etc. of the
"Work to be done" list. Work is signed by 1 if done on
Monday, 2 if done Tuesday, 3 Wednesday, 4 Thursday, and 5 if
done on Friday. Teacher thus sees not only what is done but
when it is done, e.g., it is bad to see that by Thursday a boy read
papers on 1,—Monday, and had done no English.
```

出典：ibid, 95.

たらすことを可能にするだけでなく、時間割を個別に作成する方法を必要とします。この時期に着目されたのが、第9講の最後で触れたパーカースト考案のドルトン・プランです。

　パーカーストはもともとモンテッソーリの弟子でしたが、彼女はモンテッソーリから離反し、デューイとモンテッソーリの思想を取り入れながら、生徒が時間割を自ら組んで学ぶ方法を考案した人物です。実は、モンテッソーリは、イギリスでは一般的であった妖精物語を読むことを拒否したのです。それゆえ、モンテッソーリには芸術的・文学的側面を無視している、想像性を軽視しているという批判が突きつけられ、1918年頃になると教具中心主義だ、という批判すら出てきたのです。1921年には連合王国モンテッソーリ協会は分裂に至ります。そのため、子どもの興味関心を重視したパーカースト

の方法論は、当時のイギリスで起きていたモンテッソーリ批判のなかで、時宜を得るかたちで着目されたのです。たとえば、キング・アルフレッド校が当初予定していたモンテッソーリ法の導入を取り止め、ダルクローズ考案のリトミック（1923年10月）（Brooks, 1998, 92）や、パーカーストの考案した個別時間割を導入したこと、そしてやがて実験室や活動室を設置したことも、学校現場でのその影響の大きさを示しています。（Brooks, 1998, 93-97）

キング・アルフレッド校の時間割は、たとえば、午前中の1限では生徒の興味に合わせた教科内容を各教科実験室に移動して学び、次の2限では必修の英語、数学、理科の学習を小集団で学び、午後はダルトン・プランのような活動的学習を組み込むというものでした（表6）。ドルトン・プランは、その後の1923年頃から急速にイギリスの学校に浸透し始めました。キング・アルフレッド校では、各生徒が午後の自由選択の時間に何をしたかが記録できる個人学習シートが開発されました（表7）。教師は生徒の学習の進捗状況について話し合い、各教科に費やされている個人学習シートを点検しながら生徒を理解したのです。ところが、選択の自由と教科学習の深化の追求は、教師と生徒の関係の捉え方の難しさを顕在化させ、自由を保証しようと

表6：ドルトン・プランを導入したキング・アルフレッド校の「時間割」（1920-1932）

時間帯	活動内容
9.30-11.05	個別の学習活動（individual work）をするため、生徒の希望する何らかの教科の部屋（subject room, パーカーストのいう実験室 laboratories）で実施。
11.30-12.40	グループごとの学習活動のため、2つの授業時間枠になっている。英語科を1週間1レッスンと数学と理科を2週間ごとに3回受けるグループに分けられた。（競争の排除。学習は、評点や罰がもたらすストレス、恐怖、不安から解放された雰囲気でなされた。）
午後 2.00-4.00	ダルトン路線で運営。個人の勉強や各生徒が参加選択できるクラブに参加。ダンス、リトミック、工場見学、ゲーム、写真、工芸のクラブが準備された。生徒は、パーカーストがドルトンやニューヨークで導入していたゲーム、教育的な旅行、社会的集会、討論を希望した。
金曜日	午前中は、来訪試問者によって書取りテストがあり、午後にはラテン語か地理の授業があった。

出典：Ron Brooks, 1998, 94-5.（筆者作成）

表7：キング・アルフレッド校の午後の選択学習とその記録用紙

Name:	
Term:	
Put '1' (or '2' if a second period is possible) after the subjects you want to take.	
Country Dancing	Leather
Crieket of Hochey	Neadlework
Drawing	Netball
English Dramatic	Photography
Eurhythmies	Printing
Football	singing
Forge	Swimming
French Conversation	Tennis
German	Weaving
Cym	Workshop
Industrial Club	Private Work

＊Choices Approved, [Signature of Parent or Guardiam]
＊The Time Table will be made, as far as possible to give scope for these choices. A change at half term can only be made on a wrinen request from the parent.

出典：ibid., 96.

する教師に対して、当然のことながら、これまでとは異なった教師の新しい役割を要求することになるのです。これがイギリス新教育運動の1つの到達点です。

教師の新しい職能―「自由と規範」への奉仕―

「新理想」を求めた新教育運動家は、それを実現するために日々格闘しました。彼らの奮闘ぶりは1920年代に頂点に達します。1920年代、イギリス新教育運動は、「教育の新理想」の活動成果に依拠しつつ、国際的糾合を目的に新教育連盟（New Education Felloship, 1921）を創設し、教育革新の様相を強めていきます。（山﨑, 1996, 277-299）そうしたなかで1920年代末に論争テーマとなったのが、「自由と規範」、「学習と試験」など、二項対立図式で捉えられた教育にかかわる概念でした。このことは教育の自由を標榜した末の不可避の課題でした。そのためにはもちろん教師の自律性の内実検討が必要でした。教師の新しい職能に最初に言及したのはナンです。それは彼の講演

「自由と規範」の結語に示されています。

> 教師の職能は、(言葉の本来的な意味において) 偉大な世界と学校の小さな世界の間の——それは、今日の世界と明日の世界の間の——1人の「解釈者」という性質に属す。解釈者としての教師は、2つの世界の構成員でなければならないが、しかしある意味では、2つの世界から離れていなければならない。また教師は学校世界からも離れていなければならない。なぜなら、教師の仕事は学校世界を作り上げることではなく、ただそれ自身の最善さを作り出すことをサポートすることだからである。教師は……最も利用可能なカリキュラム・スタンダード[Ⅰ-Ⅵ]を用いて、知的・実践的学業が進んでいく推進力を検討し、それらの学業の動きの意義の把握と評価を判断すべきである。教師は、忍耐と情熱の双方、すなわち、一方で、我々の時代とそれ以前の古い時代の良き影響に教師自身を応答させるように維持するために奮起すること、他方で、新しい世代に影響を与える最も良いコミュニケーション手段を人間の科学的な自己抑制と客観性によって探求することである。そして、これら双方が理想をもたらすように彼の役割を訓練せねばならない。……そのように行動するならば、そのとき、教師は自由と規範という2つの理想に奉仕できるだろう。(Nunn, *NIQ*, Jan. 1929, [　] : 引用者 290-291)

2つの世界から適度な距離をとった世界の解釈者というナンの教師論は、換言すれば、双方の世界の結節点・中間点に教師が立っているということを明言したものですし、同時に教師が中庸の支援者に徹することを確認したものでもあります。このナンの指摘は自由だけを称揚する教師への警告であり、教師の新しい職能の重要性の認識を促したものといえましょう。しかし、この視点がいかに難しいかは容易に想像できます。なぜなら、その教師もまた苦悩と葛藤を抱えて生きている実存的な存在としての人間だからです。このことは、キング・アルフレッド校辞職直後のニイルの次の述懐からも窺い知ることができます (ちなみに、彼はその後、『新時代』(*Education for the New Era*) の編集者になり、やがてレーンの教育思想に共鳴して、ドイツのガ

ーデン・シティ、ヘレラウで学校を創設します。これがサマーヒル校の前身です)。

> 命令に従って生きることはたやすい。しかし、自己という重荷を担いつつ、自分で道を踏み分け、自分自身の生を生きるということ、これこそが理想である。勇気を持って自己を発見し、自己の十全な実現に努め、たとえ人が石を投げようとも真実に従うということ、それが生きるということであろう。(Neill, 1920, 30)

新教育運動は教育という公的サーヴィスに対して、革新的な見解と共に特別な理論的知識や哲学を形成しましたが、その一方で、新しい教職意識を生み出した時期でもあったのです。新教育運動は、ニイルのように苦悩を抱えた教師によって、さらに強力に展開されることになります。その結実は、新教育運動の思想が、中央政府の刊行したハドゥ (Hadow, W. H. 1859-1937) 委員会報告書『初等学校』(*The Primary School*, 1931) に現れたことに明証されています。

> 初等学校のエートスは……受動的な服従ではなく、子どもたちの共感や社会性、想像力に訴えかけるものであり、一斉教授よりも個別指導やグループ学習に依拠するものである。……知識は必要不可欠であり、知識そのものを身につけるための応用練習も必要であるが、最低限の知識を伝達するためにカリキュラムを作成することが第一の課題なのではない。……従来、特定の伝統的「教科」の存在を自明のこととし、それらを生徒たちが履修すべき学業とする一般的傾向があった。……必要とされているのは、少なくともカリキュラムに関する限り、子どもたち自身の経験や好奇心、発見能力や興味を初等学校の学習の出発点とする教育方法に従来のカリキュラムを置き換えることである。……こうした考え方を眼前の問題に適用すれば、カリキュラムというものは身につけるべき知識、記憶すべき事実というよりもむしろ、活動や経験の観点から捉えられるべきものであることがわかる。(Maclure, 1969, 189-192)

上述の指摘は大人の経験に従って組織された知識の注入の制限、自明視された教科の制限、つまり子ども自身の直接体験に基づく学習への転換の要請です。イギリスでは、このような関心は第6講の進歩主義教育の節で述べましたように、その後、半世紀以上にわたって続いたのです。(Aldrich, 1996, 33) そして、「インフォーマル」、「オープン」、「家庭的」という言葉は、その後のイギリスの学校教育を象徴する進歩主義教育のフレーズとなったのです。

しかしながら、その後、新教育運動に参画した心理学者によって科学的学習 (scientific learning) という考えが生まれます。抽象的な教育思想や教育哲学ではなく、「いかに子どもは学ぶか」という説得力ある知識 (convinced knowledge) が重宝され、これを教師の専門職性 (professionalism) と見なす時代がやってくるのです。さらに時代は下って、第二次世界大戦後にはトウニィの主張が受け入れられ、「全ての者に中等教育」を保証する政策が法制化されたのですが、他方で、バートら心理学者によってイレブンプラス試験が開発され、能力別の三種の学校に生徒を振り分ける三分岐システムの導入に至ります。

さらに1960年代になりますと、この問題を批判し、三種の学校を統合しようとした総合制中等学校 (comprihensive school) 運動が生起します。その結果、ほとんどの学校は1970年代には総合制中等学校となるのですが、その主導者はかのサイモンら労働党を支援していた教育学者でした。ところがまた、イギリス経済の疲弊は学問中心による「資格社会」を生み、やがて新教育の思想潮流は形骸化し始め、子ども理解と子どもの活動を洞察する教師の専門性は、試験結果によって判断されるヴィクトリア時代の思考スタイルに回帰するのです。その直接的なきっかけとなったのが、実は、労働党のキャラハン首相 (Callaghan, J. 1912-2005) によるラスキン・カレッジでのインフォーマル教育批判のスピーチ (1976年) と、それを契機に生じた「教育大論争」(The Great Debate) でした。(Lowe, 2007)

こうして学校教育は再び政治の文脈で語られて統制強化され、その結果、教師の専門性の働く余地は狭められてしまうのです。自由と進歩を標榜する

進歩主義教育は次第に変更を余儀なくされます。そして、ついに保守党サッチャー政権下、中央政府の手によるナショナル・カリキュラム（1988年）が誕生するのです。ナショナル・カリキュラムは、20世紀末には新教育運動期に設立された新学校にも課され、国家統制を強化した教育システムは「教師の専門性」を強調する教師らの批判を浴びながら今も進行しています。

そこで最後に触れておきたいのは、教師が関与し、また教師の専門性の意味内容を左右するカリキュラムについてです。ハドゥ報告書、つまり『初等学校』では、「カリキュラムは身につけるべき知識、記憶すべき事実というよりもむしろ、活動や経験の観点から捉えられるべきである」、と述べられていました。果たして、カリキュラムはどのような意味内容をもっているのでしょうか。この点について示唆を与えてくれるのは、「組織立てられた知識」としてのカリキュラムには社会的権力がある、と論じたヤング（Young, M. 1915-2002）です。彼は、「未来のカリキュラム」の構成要素を次のようにまとめています。

（ⅰ）未来の社会観との関係において未来と教育の概念を持つこと
（ⅱ）多様な教育関連の学問領域によって発展させられた概念やアプローチを切り離すのではなく、それらを関連させること
（ⅲ）学びと新しい知識の生産という課題を最優先させること
（ⅳ）一生の間を通じ、全ての人々にとって学びがもつ解放の潜在的可能性を認識するということを伴った教育目的を持つこと
（ⅴ）一般的に、職場や共同体における学びに境界があるのと同様に、大衆のための学校教育やフォーマルな教育の拡大に関して批判的であること（Young, 1998, 180-181）

実は、ヤングは、新教育運動期の新学校の1つ、ダーティントン・ホール校（Dartington Hall School, 1926-1987）の卒業生でしたので、彼の理論は新教育運動の歴史的遺産を念頭に置ききつつ見通されたカリキュラム論であった、と推察することができます。彼が抽出した5つの観点をさらに概念化しますと、カリキュラムは、未来志向性、統合性、知的生産性、解放性、批判

的視点、禁欲性を視野に入れて構想せねばならない、ということになります。言い換えれば、教師はナショナル・カリキュラムを絶対視することなく、教師の専門的知見と洞察力を発揮して、教育内容を取り扱う必要がある、ということなのです。その意味で、社会的権力が付与されたカリキュラムを取り扱う教師もまた、その営みの専門性を根底で支える人間観や道徳性が問われることになります。それは教育という営為が、子どもの道徳性や人格の涵養に寄与し、人が幸せに生きる社会の建設を目指すものだからです。

　では、教育はこの点にどのように関わることができるのでしょうか。このテーマに接近するため、第Ⅲ部「道徳と教育」の著者に講義のバトンを渡したいと思います。

第III部　道徳と教育——道徳教育の世界へ——

第11講　変容する近代社会と道徳

　この講義では、近代(モダン)の社会変容とともに、わたしたち人間の道徳(モラル)が、どのような変化にさらされているのか、見ていきたいと思います。それには、まずわたしたちがいま生きているこの社会とは、いったいどのような特徴をもっているのか、そもそもの成り立ちから確認していきましょう。これからも、人間が世の中で生きる上で、道徳とは果たして何であり、どういう意味をもちうるのでしょうか。

はるか近代社会以前

　第I部、そして第II部を通じて、わたしたちは、単に生物としての「ヒト」から、人らしい「人」へと、さらに人と人との間に生きる「人間」へと、教育されなければならない動物であり、それにはさまざまな歴史があることを見てきました。

　他の生物のように、自然のなかに埋没して、自然の営みに任せていれば、自然にすべてうまくいく、というのならどれだけ楽であったでしょう。わたしたちは、とりたてて何を企てることもなく、何も心配することもないのですから。「教育原論」の講義も必要ありません。

　しかし、わたしたちはキリスト教のアダムとイヴの神話が象徴的に物語るように、楽園(パラダイス)から追放されてしまいました。以後、わたしたちは善・悪を知るものとなってしまいました。つまり、目覚めてしまった。

聖書の『創世記』には、「善悪の知識の木からは、決して食べてはならない。食べると必ず死んでしまう」という神の禁止命令に背いた結果、わたしたちに死と苦しみと労働とがもたらされた、と記されています。「禁止」を破るということ、善と悪という「分裂」した世界へと投げ出されてしまったこと、このことを「自覚」してしまったこと、自覚そのものを可能にする「言語」を獲得してしまったことなど。「人間」としての数々の苦悩の歴史が、ここに始まることになるわけですが、これは道徳の起源と歴史に関する話ですので、次講で改めて詳しく取り上げます。

ともかく、人間は生物の一種として、たとえばゴミをあさる（人間にとっては）迷惑なカラスと同様に、自然の一部としてこの世に誕生しながらも、あるときこの自然から抜け出して、まったく不自然な（カラス以上にはるかに迷惑な）動物となってしまった、ということを最初に確認しておきましょう。古来もの心ついたときから、とくにギリシャやローマで、人間が人間らしさとか、「人間性」(paideia, humanitas) とかいってやまないのは、人間が自然のままでは、人間性からほど遠いアニマルだからなのです。よって、人間になるための教育が必要だ、というわけです。（ちなみに、カラスは自然のままカラスらしさ、「カラス性」を追求し、カアカアと今朝も必死にゴミを漁ります。）

ただし、ここには反転して、じつは次のような陰険なものの見方も無意識的に隠されています。人間性を身につけてすでに人間らしいと自分では思っている人間たちが、逆にいまだ教育されていないヒトを見て、これは人間ではない、と区別し差別する感性です。すると、この自称人間たちは、ときに自らの動物性すらも獣性として（イヌやネコなど他の動物には失礼な話ですが）卑下し否定したがるようになり、挙句の果てには、自然を超えた「神」のような存在に自分もなりたがったのでした。結果として、魂の不死であるとか、永遠のイデア界であるとか、さまざまな思想や哲学や宗教など、「大きな物語」（メタ物語）がここに誕生することになります。それは現代でも、一部の人々のなかに生き続けています。

これらの自称人間たちにとって、人間性の価値は絶対的に素晴らしいも

の、すなわち「人間の尊厳」(dignitas hominis) であると同時に「神の像」(imago Dei) でもあり、これを形成するための教育も絶対的な善である、と信じられています（こうした教育思想に基づいた歴史については、菱刈、2005、今井、2009）。というのも、彼らは、こうした「信仰」を抜きにしては自らの「人間性」を、つまり実存（その人の存在根拠）を維持できない性質に、すでに教育されてしまったからです。

　モダニストの権化ともいえるカント（Kant, I. 1724-1804）が代表する人間性の完成と、それへ向けた進歩という観念は、おおむね近代に生きる人間にとって不可欠な寄る辺を提供してきましたが、近代の人間社会を特徴づける、このような無限へと繋がる人間性への信仰が、すでに近代社会成立のはるか以前より準備されていたことを、ここで再確認しておきましょう。ただし、楽園を追放された哀れなわたしたち（キリスト教では「迷える子羊」とたとえられます）が、救いの物語を欲しがるのは、無理もありません。それほど人間は強くなれませんから。

　しかるに、ポストモダン、つまり後近代と呼ばれて久しい現代においては、こうした信仰の基盤そのものが価値相対化されてしまいます。その急先鋒が、ニーチェ（Nietzsche, F. 1844-1900）でした。

　　あるべき人間、これは、「あるべき樹木」ということと同じく、わたしたちの耳にいとわしく響く（ニーチェ、1993a、322）。

この感覚に、現代のみなさんは、とくに違和感を感じないのではないでしょうか。

　ただ問題は、これからです。すべての「べき」を取り払ったわたしたちは、あるいは道徳をなくした人間は、果たして「自由」で「幸福」なのか、という問題です。すべての価値を相対化して、つまり何でもありにしてしまって、ある種の「信仰」や「物語」をまったく必要とせずに生きられるほど、わたしたちは強いのか、あるいは強くなれるのか、という問いです。

現代のわたしたちとグローバル化

いまの時代を代表するイギリスの社会学者・ギデンズ（Giddens, A. 1938-）は、現代を「暴走する世界」(runaway world) と名づけました（ギデンズ, 2001）。その特質として、主にグローバル化、多様化するリスク、伝統をめぐる戦い、変容を迫られる家族、そして民主主義の限界があげられていますが、そのどれもが現代に生きるわたしたちの道徳の在り方と密接にかかわっています。まずは、グローバル化の問題から簡単に見ていきましょう。

グローバル化とは、端的に「みなが同じ世界に住むようになった」という現状認識を指します（ギデンズ, 2001, 22）。

> グローバル化とは、私たちがすべて、ますます「ひとつの世界」を生きるようになり、その結果、個人や集団、国が《相互依存》の度合を高めるという事実を指称している（ギデンズ, 2009, 63）。

これは、もっぱら経済現象についていわれることですが、それに止まらず、要するに地球全体が1つのグローバル・ヴィレッジ（地球村）になった、というような事態です。

たとえば人口ひとつとってみても、100万年前アフリカ大陸に住んでいたとされる人間の祖先は12万5千人くらいとされています。その後、「道具」と「言語」とを獲得した動物としての人類はここを抜け出し、6つの大陸へと拡がり増え続けました。1万年前の旧石器時代の終わりには、500万人。狩猟・採集から農耕・牧畜へ、交易と都市、国家と貨幣経済、文明時代へと人間は突入し、500年前には5億人にまで増殖。さらに、1650年には6億、1750年には7億、1800年には9億、1900年には16億、そして2000年には何と60億、そしていまや「人口爆発」という具合です（見田, 2006, 146）。この間の世界のエネルギー消費量も桁違いに増えました。

同じく社会学者の見田は、現代に生きる人間を5層構造でとらえています（見田, 2006, 158-162）。ただし、これは「継起的」ではなく、あくまでも「重層的」であることに注意しなければなりません。最下位に第0ステージとしての生命性の段階。その上に第1ステージとしての人間性の段階。ここ

に道具と言語とともに人間社会が出現します。その上に第2ステージとしての文明性の段階。ここに農耕と牧畜とともに文字も発明され、文明社会が出現します。その上に第3ステージとしての近代性の段階。いよいよ工業化と情報化が進み、近代社会が出現します。その上に第4ステージとしての現代性の段階。消費も情報もグローバル化した現代社会の出現です。これらの段階(ステージ)は、1人の人間の生を常に貫いています。ただし、これは今後どうなるのか、誰にもわからない状態になってきています。未知の未来社会です。

　ともかく、楽園を追放された人間が、自然から外れた人間が、果たして今後もこの有限な地球という自然の内部で増殖できるのかどうかは、はなはだ疑わしい時代となってきました。人間が自らの手で作り出したリスク社会の到来です。が、現代社会に生きるわたしたちの道徳は、生命性・人間性・文明性・近代性・現代性のいずれのステージに対しても対応を迫られるという、とても難しい局面にあることだけは確かです。

リスク社会

　リスク（危険）は、今日ではほとんど日常語になっています。たとえば、地球温暖化といった環境に関するリスクは、その最たるものでしょう。その結果がどうなるのか、誰にもはっきりとした予測はつきません。遺伝子組み換え食品もあります。その他いろいろ。

　やはり人間はもの心ついたころから、常にリスクにさらされてきました。が、現代のわたしたちが直面するリスクは、以前のものと根本的に異なっています。ギデンズは、こう述べます。

> 今日のリスクは、前の時代に生じたリスクとは質的に異なる。ごく近年まで、人間社会は、**外在的リスク**―自然界に源があり、人間の行為とは無関係な、旱魃や地震、飢饉、暴風雨などの危険原因―によって脅かされてきた。とはいえ、今日、私たちは、私たち自身の知識とテクノロジーが自然界に及ぼす重大な影響作用によって創りだした、さまざまな種類の**造り出されたリスク**にますます直面している（ギデンズ，2009, 935）。

天変地異とか自然災害ではなく、人間自身が自然を作り変えてきたことによる、いわば自業自得のリスクによって、わたしたちはグローバルな規模で脅かされるようになったのです。同じくドイツの社会学者・ベック（Beck, U. 1944-）が『危険社会』で、このことを詳しく論じています（ベック，1998）。テクノロジーの目まぐるしい変化にともなうリスクに、わたしたちは常に反応し適応することを、嫌でも迫られます。

　たとえば、毎日コンピュータを使う人なら、世界中から発信されるウイルスや迷惑メールの対策に、どれほどくだらない時間が割かれることか。みんな迷惑しているはずです。でも、便利なコンピュータを生み出したのも人間なら、ウイルスを蔓延させるのも人間であり、さらにこのウイルスのおかげでアンチ・ウイルスソフトの会社は儲かる。コンピュータのセキュリティは、日々刻々と更新されなければなりません。さらに、1人の人間が記憶していられないほど多くのパスワード。いったい誰が何をわたしたちにしようとしているのでしょう。わたしたちを苦しめ、疲れさせるのは、果たして誰なのでしょう（ノディングズ，2008，69以下）。これは、ほんの一例に過ぎません。インフルエンザウイルスにしても同様。アッという間に世界中に広まります。

　さて、リスク社会の帰結は、これだけに止まりません。伝統や慣習や自己アイデンティティの変化、家族様式や対人関係の変化など、要するにこれまでの人間の在り方や生き方、つまりモラルの変容がここに始まります。

変化する伝統

　グローバル化にリスク社会とめまぐるしく変化する現代世界ですが、それにともなっていわゆる伝統も変化しています。しかし、ギデンズも引用していますが『創られた伝統』（ホブズボウムほか，1992）によると、伝統的といわれるものの多くは、実際には過去2世紀の内に作られたものだそうです。そもそも中世には、伝統や慣習にふさわしいモノやコトがいたるところに存在していたので、「伝統」という言葉そのものも必要とされませんでした。これは、先に見た現代的リスクについても同様です。人々は常に外在的リス

クにさらされていましたから。これは、わたしたちがここで語るリスクには当たりません。

> 伝統という観念が人知に備わったことが、近代のはじまりの証にほかならない（ギデンズ，2001，84）。

伝統は必然的に権力と結びつきやすいので、国王、皇帝、司祭のような高い地位にある人々が、自分たちにとって都合がいいように、また自らの統治を正当化するために、伝統をねつ造し続けてきました（ギデンズ，2001，86）。これは、日本でも同様です。たとえば、やみくもに「保守」とか「本流」とかいう人々。わたしたちは、ねつ造された伝統と正真正銘の伝統とを区別しなければなりません。

その上でギデンズは、やはり伝統は必要である、といいます。

> 伝統に関して特筆すべきは、それが真理の響きをもつという点である。伝統につきしたがう人に、なぜそうしてばかりいるのかと尋ねてはならない。その姿かたちがいかに変わろうとも、伝統は、疑う余地のない行動規範を私たちに提供してくれる（ギデンズ，2001，88）。

先に信仰や物語なくして生きられるほど人間は強くはないと述べましたが、ここでも同じことの繰り返しになります。わたしたちは伝統をなくして生きられるほど強くはなれないのです。わたしたちが社会を存続し生存していくためには、「説得力のある正当化」が必要です。

> 「伝統の存在は社会を存続させるための必要条件である」との命題は掛け値なしに真である。世界はこぞって伝統からの脱却をはかるべきだとする啓蒙主義者の言い伝えを、わたしたちは認めるべきではない。
> なぜ伝統は必要なのか、なぜ伝統はなくならないのか。その答えは、人間生活に連続性を与え、その様式を定めるのが伝統だからである（ギデンズ，2001，93-94）。

ちょっと想像してみてください。もし、かりに伝統がすべてなくなってし

まったら。世の中は、わたしたちの日常は、いったいどうなってしまうでしょう。いまもそうなりつつありますが、わたしたちは何から何まで、1からすべてを自分で考えて判断を迫られるという、やたら選択肢の多い、結局は自己責任として転嫁されるような、ストレスと疲労だらけの完全リスク社会になってしまいます。横道に少し逸れますが、わたしはレストランなどに行くと、やたら品数が多い場合、どれにしようかと考えて判断するのもわずらわしく、たいていはコース料理にするか、お店の人に「お勧め」は、と訊いてそれに従うことにします。飲み物についても同様。ただし、店にもよりますが、アルバイト店員の多くは、注文を受けるだけの単なる機械のようで、こうした気のきいた人間的会話がそもそも成り立ちません。結果として、「いつもの」と注文すれば「いつもの」ものが「いつもの」ように出てくる「いつもの」お店だけに通うことになります。ときどき浮気もしますが。

　問題なのは、誰も責任をとろうとしないことです。それを選択したのは「あなた」でしょう、というように。インフォームド・コンセントなどもその一例かもしれません。果たして、わたしたちは全員、ありとあらゆる可能性や選択肢を的確に考慮して、それに最適な判断を下せるほどの知的主体だ、とでもいうのでしょうか。これではまるで神さまです。ありえない話です。こんな面倒な時代はありません。これが現代社会における自由の正体かもしれません。

　　自由の獲得は、別の問題の引き金となる。自然と伝統が終焉した社会——ほとんどの欧米諸国がいまやそうである——では、日々の生活においてすら個人に意思決定が求められるようになる（ギデンズ，2001，97）。

つまり、「自由」が強制される、という根本的に矛盾した事態が現在進行中なのです。

　そこで、わたしたち人間の多くは、ふつう自分で自己のすべてを支えきれるほどの全知全能の主体（サブジェクト）ではありませんから、自由が強制された場合、内心かなり不安な状態に追い込まれることは間違いありません。こうした「個人」としての実存的不安を我一身に引き受けて超克するほどの強度を、一般

の（とくに日本）人はもちあわせていないといっても過言ではないでしょう。つまり、ある種の欧米人のように、それでも「神」という、わたしたちを上からか下からかどこからかは知りませんが、とにかくすべてをお見通しの第3者的審級（真理の主）を心の内奥で希求しながら、それに委ねられるような信仰の物語によって（「神」が下支えする）主体的個人を形成するような伝統的教育を、わたしたちは受けてきているわけではありませんから。（いわば「神の見えざる手」。これが欧米における教育の根幹ですので、このキリスト教の理解を抜きにしては、西洋教育思想の本質はわからないことになります。）ちなみに、キリスト教文化圏においては、この究極の責任─罪─を、イエスの十字架がすべての我に代わる「我一身」に担うことになります。それで、救われるのです。いわば究極の安心保障システム、あるいはセーフティーネットです。

　しかし、欧米でも、こうしたメタ物語が終焉しつつある、というのが現代でした。そこで、「神が死んだ」後には、伝統が衰退した後には、やはり「超人」育成のための教育が必要だ、とニーチェならいうかもしれません。そのためにはありとあらゆる「やさしさ」や「愛」こそが「悪」であり、不要ということになります。つまり、教育など一切しないことが教育。何と、ハードでしんどい教育でしょう。多くのヒトは人や人間に成長するはるか以前に、疲れ果てて死んでしまいそうです。これではやはり、人間は生きていけません（ノディングズ、2008、57以下）。

　ひるがえって不安な多くの人々は、かえって原理主義的で狂信的な宗教に走るとか、不安を一時的に紛らわせるためによりいっそう仕事や運動や食事やセックスやアルコールやドラッグにのめり込むとか、挙句の果ては心の病に陥るとか、現代社会ではさほど珍しくもないことが蔓延することになります。

　すべては、自由との引き換えかもしれません。つまり、「神」という真理の第3者的審級、わたしたちの実存を最終的に支えてくれるような、安心させてくれるような、レクイエムのような大きな物語への信仰が、ほとんど衰退してしまった時代に生きるわたしたちの苦悩です。ここで、わたしたち人

間は楽園から2度も追放された、といえるでしょう。しかも、今度の追放は最初の追放よりも、もっと残酷です。なぜなら、苦しみの後に何かが救われるという証そのものが、完全に消滅したのですから。究極の安心保障システムが、セーフティーネットが破綻したのです。本格的リスク社会化の到来です。この点を、社会学者・大澤がうまく表現しています。

> リスク社会化とは、「本質に関しては不確実だが、実存に関しては確実である」と言えるような第三者の審級を喪失することなのである（大澤, 2008, 139）。

そうなると「人間」は、ただ無意味に苦しむためにだけ生きているかのようです。なら、いっそのこと、すべてを放り出して快楽のみに生きることを選ぶ人々の気持ちもわからないでもありません。が、これもまた苦しみです。ちなみに、こうした残酷な神を冒瀆し、快楽という情念の法則のみに従って生きよ、という有名なサド侯爵（Marquis de Sade, 1740-1814）も、どこかで救いを求めていました。でないと、あそこまで執拗に神を冒瀆しません。彼も生粋の啓蒙主義者でした。ともかく仏教がいう通り、この世は一切皆苦です。

暗い気分になってきました。ギデンズの希望あふれる言葉で締めくくりましょう。彼は「聖なるものが存在しない世界に、私たちは住まうことができるのか」と問い、きっぱり「できない」と断言します。

> 日常茶飯事を超越する道徳律（モラル・コミットメント）を、私たちのだれしもが渇望している。そうした道徳律が十分に根づいていないところでは、またその存在が脅かされているところでは、それらの価値を守るべく行動する覚悟が私たちに求められている（ギデンズ, 2001, 104-105）。

この覚悟を抱いて行動する人々を、ギデンズはコスモポリタン主義者とも呼んでいます。

コスモポリタンの道徳律の原動力は情熱にほかならない。命がけで手に入れたいものがなければ、私たちは生きがいを見いだせないはずである（ギデンズ，2001，105）。

つまるところ、道徳教育のハートは、こうした熱い情熱、あるいはパッションによって突き動かされているのです。わたしたちもコスモポリタン主義者の一員でありたいものです。

変容する家族

こうした動きにともない、わたしたち人間のホームともいうべき家族の在り方も、変容を迫られています。まさにモラルが生い茂るはずの土台が変容を迫られているのです。

ギデンズは、結婚や家族すら現代ではすでに風化した「貝殻制度」と化しつつあるといいます。つまり、かつて結婚や家族は生殖あるいは出産と切っても切り離せなかった。結婚は当然のことながら出産をともない、セックスと生殖は一体であった。ところが、現代では生殖からセックスが原則として切り離されてしまった。要するに、男女2人の世帯（カップル）が家族の中心になったわけで、それなら同居するだけでも十分であり、わざわざ結婚して家族と称することもない、というわけです。ちなみに、セックスが生殖から切り離されたこと―性の解放―により、セックスは男女の営みに限定する必要性もなくなります。なので、同性愛も次第に公認され合法化されていくといいます。2人で生活するのに、わざわざ結婚する必要はないのです。「カップリング」（2人が一緒になる）と「ディカップリング」（2人が別れる）。これでこと足りる。さらに、もし子どもができれば、それはそれで大きな経済的負担にもなります。先々のことを思案して、ここでも意思決定しなければなりません。リスクです。

ともかく、性的または恋愛関係、親子関係、親友関係など、いずれもわたしたち人間にとってまず身近な3つの関係が「純粋な関係」に近づきつつある、とギデンズはいいます。かつての伝統的かつ制度的な拘束からの自由な

関係。これは、互いの情念の純粋さだけが頼りの、信頼をベースとした関係です。ここでわたしたちは「よい関係」、つまりわたしたちがこれから考えていこうとする道徳を築いていかなければならないのです。そして、情念の民主主義社会の構築へと。

　もはや昔には戻れません。「純粋な関係」は情念を基本としているので、もちろん傷つきやすく壊れやすいものです。が、かつての不自由な関係には、もう戻りたくない。ちなみにわたしは端的に、人間の情念はもともと不純だしそれで当然、というスタンスからモラルにアプローチするほうが現実的だ、といつも考えています。否、情念には純粋も不純も本来ないのかもしれません。ただし、これにもいろいろな見方があります（菱刈，2011）。次講で、道徳の起源と歴史について、少し振り返ってみましょう。

　以上、グローバル化、リスク社会化、変化する伝統、変容を迫られる家族および人間関係など。現代社会はめまぐるしく流動化しています。しかし、わたしたち人間は人と人との間にあって、ここでしか生きることのできない「人間」として、2度の楽園追放後も生き続けなければなりません。この苦悩という「罪」を背負いながら、これからの道徳をどう構築していったらいいのでしょうか。そのヒントをえるには、道徳の起源と歴史から学ぶ必要があります。

第12講　道徳の起源と系譜

この講義では、人間存在（human being）にとって道徳とは、そもそも何なのか。その起源と系譜について、簡単に振り返ってみたいと思います。楽園追放前に道徳は不要であり、必要ともされませんでした。なぜなら、わたしたちは「神」の自然のなかに埋没していたからです。追放後に道徳が求められました。なぜでしょうか。それは、どのような形で。

道徳の語義

道徳の歴史的起源および哲学的意味の深淵を探検する前に、道徳の語義について確認しておきましょう。現代に生きるわたしたち「普通」の人々にとっての共通認識の確認です。ただし、フツーが不通というのがいまの時代です。だからこそ一応のコンセンサスが必要です。

まずは、道徳と訳される英語 moral の語源から。これはもともとラテン語の mos に由来します。主な意味としては、世間（社会・一定の地域）に支配的な慣習、風俗、慣例、規則、しきたり、といったものです。つまり、モラルとは、人々が長年ともに生活してきたなかで歴史的かつ伝統的に形成されてきた慣習であり、社会的習慣、さらに社会規範などを指します。ただ前講でも見たように、ことさら「伝統」といわれる場合には、モラルの母体としての世間の在り様が、すでに揺らぎはじめていることに注意しなければなりません。近代社会およびポストモダンの現代社会は、もはや確たるモラルが存立しえない流動する時代でした。

次に、モラルと似た言葉で倫理 ethic というのもよく耳にします。これはもともとギリシャ語の ethos に由来します。主な意味としては、習慣や習慣づけ。ラテン語では habitus と訳されます。エトスという言葉が登場する有名な行が、アリストテレス（Aristoteles, 前384-322）の『ニコマコス倫理学』にあります。

かくして卓越性(徳)には二通りが区別され、「知性的卓越性」「知性的徳」(ディアノエーティケー・アレテー)と、「倫理的卓越性」「倫理的徳」(エーティケー・アレテー)とがすなわちそれであるが、知性的卓越性はその発生をも成長をも大部分教示に負うものであり、まさしくこのゆえに経験と歳月とを要するのである。これに対して、倫理的卓越性は習慣づけに基づいて生ずる。「習慣」「習慣づけ」(エトス)という言葉から少しく転化した倫理的(エーティケー=エートス的)という名称を得ている所以である(アリストテレス,2009,69)。

アリストテレスは人間のもつ優れた点(アレテー)、つまり徳には大きく2種類あって、1つは知性的徳、もう1つは倫理的徳があり、知性的なものは教授によって伸ばすことができ、倫理的なものは習慣によって伸ばすことができる、というわけです。本講での道徳とは、もちろん後者を指します。つまり、倫理的卓越性・徳=道徳です。これは、毎日の習慣づけによって形成されていきます。それが、その人のおトクな点になって、身体にhaveされた第2の本性としてのハビトゥスとなるのです。(ちなみに、このアレテー(arete)は、ラテン語ではウィルトゥス(virtus)、英語ではヴァーチュー(virtue)となります。)アリストテレスは、よって「行いが人を作る」といいます。

> もろもろの「状態」は、それに類似的な「活動」から生ずる。…「活動」の性質いかんによって、われわれの「状態」はこれに応じたものとなるのだからである。つとに年少のときから或る仕方に習慣づけられるか、あるいは他の仕方に習慣づけられるかということの差異は、僅少ではなくして絶大であり、むしろそれがすべてである(アリストテレス,2009,72-73)。

幼少期からの習慣づけがいかに大切であるかを説いたこの箇所は、西洋教育史における躾思想の源泉ともいえるでしょう。たとえば、上手いピアニストになるか、下手なピアニストになるかの分岐点は、どこにあるのでしょ

うか。トレーニングの有無です。もちろん才能(タレント)という種子(可能態)は前提されていなければなりませんが、それとても種子は反復練習という習慣(セミナ)によって芽を出し、成長し、やがて立派な果実(現実態)を実らせるまでに開花することになるのです。これは人間一般についても同様で、毎日不摂生な生活をしていると、だらしない人となり、毎日節制した生活をしていると、節度ある人となる、といわれます。これはいかにも常識的で合理的な考え方として、多くの人々に今日まで共通認識されてきました。(ただし、宗教改革者・ルター(Luther, M. 1483-1546)は、彼のキリスト教信仰の立場からこれを別の意味で激しく批判しましたが、これについては道徳教育の歴史に関する次講で取り上げましょう。)わたしたちは日々の習慣によっておトクな徳を身につける場合もあれば、逆に世間からはあまりおトクではないと見なされる悪徳をも身につけるようになるのです。すべてはじまりは躾にあり。納得ですが、分かっちゃいるけど、やめられない。これもまた人間の現実態でして、アリストテレスにいわせれば、これは躾に失敗したからなのでしょうか。しかし、いわゆる悪しき習慣ほど、逆に人生をいきいきとさせるものはありません。この逆説を、どうとらえたらいいのでしょう。

　ポイントは、次です。おトクな徳、すなわちあえて「美」徳とされるのは、いったいどのような観点から見た場合なのでしょう。逆に、「悪」徳とは。美徳＝善(グッド)、悪徳＝悪(バッド)。この価値の図式は、何に由来するのでしょう。せいぜい、ある特定の時代の世間(社会とか共同体とか)にだけ当てはまる可変的な常識(コモン・センス)、多元化するジョーシキが基準なのでしょうか。それとも、時と場所を超えた普遍性といったものがあり、これに由来するのでしょうか。換言しましょう。習慣づけによっておトク(美徳)と評価する価値基準とは、果たして何なのでしょう。さらに、美・醜の分かれ目は、どこにあるのでしょう。先にも、人は人と人との間に生きざるをえない人間として、ここに道徳および社会規範が必要不可欠だといいました。しかし、よくよく掘り下げてみると、これらを下支えする価値がどのように設定されているのかは、よく分からないということが分かります。いわば、わたしたちがいまここで立っている足元をどんどん掘り下げていくと、ついには地球の裏面に達

して、再び無限の宇宙に放り出されてしまうかのようです。すると、やはり人間は地球上の楽園から1度追放されましたが、今度は地球の外へと2度追放されることになります。しかし、いまのところわたしたちは、よく分からない宇宙のなかにポカンと浮かんだ地球カプセルのなかで、あくせく思考し生活するしかない重い「罪」を背負ったアニマルなのです。

さらに、もう1つ。「悪」とされるものが逆に人生をいきいきとさせ、しばしば創造と変化の源泉ともなるのは、なぜなのでしょう。ぬるま湯の美徳（楽園）のなかに止まっていては、善いことも悪いことも何も起こりません。退屈な日々が永久に続きます。もう、我慢できません。わたしたち人間は、あえて「禁止」を破り、この美徳の世界から悪徳の世界へと足を踏み出さざるをえなかった。いろいろな出来事に満ちたフロンティアへと。結果として楽園は追放となりましたが、もしかするとわたしたちは自由意志で、もはや楽園とは思えない楽園を後にした、というのが真実かもしれません。その方が、スリリングで面白そうだから。禁止を破ってこそ快楽が味わえるし、罪を犯すから楽しい（バタイユ，2004）。思想家・バタイユ（Bataille, G. 1897-1962）は、こう記しています。

> 快感は、動物においては、エネルギーの—あるいは暴力の—過剰な消費に結びついている。人間においては、快感は掟の侵犯に結びついている—掟は暴力に対立し、これに障壁を設置する（バタイユ，2009，363-364）。

よって、人間の「純然たる幸福は瞬間のなかに存在する」（バタイユ，2009，353）ことになります。その代償がいかに高くつくことになろうとも、このいいしれぬ快楽の魅力にはとうてい打ち勝てなかった。永遠の倦怠（死んだように生きている状態）よりは、むしろ思い切り楽しんで死ぬことができる方が、はるかに充実している、というのも納得できます。永遠に生かし続けられる生とは、想像するだけでも恐ろしいほどつまらないものでしょう。比するに、いまわたしたちが生きるここには、常に生成し続けるドラマがあります。ここでは「善」と拮抗する「悪」こそが、人生というドラマに快楽

というリアルな充実感を与える最高のスパイスです。なので、子どもは悪戯(いたずら)が大好きです（河合，1997）。ただし、悪戯が行き過ぎると取り返しがつきません。スパイスは効き過ぎると劇薬になりますし、「快楽」にもさまざまな種類がありますので、要注意です。子どもの悪戯には、もしかしたら楽園追放物語のエッセンスが含まれているのかもしれません。

道徳の起源

　道徳の語義についての説明も終わらない内に、すでに道徳の起源への問いに突入してしまいました。少し補足して、進みたいと思います。
　まず、漢字で道徳と記す場合の「道」とは、まさに通りみち、道路であり、そこから転じてわたしたちが日常生活のなかで刻々と判断を迫られる場合に参照する道理、筋道、さらに規範を意味します。規範は英語ではnormで、もともとはギリシャ語のnomosです。ノモスとは、法や法則でして、ここから逸脱するとアブ・ノーマル、つまりnormやnomosからab外れるということになります。
　さらに、「道」には、目的に向かって歩くところ、現在と理想とを結びつけるもの、といった意味もあります。将来はどんな道に進みたいのですか、と問われるような場合、それは単に希望する職業を問われているのみならず、その道の行き着く先に、どういう理想を実現したいのか、目的（end）が同時に問われていることになります。ちなみに、ルターは「職業」をBerufと名づけました（菱刈，2001）。rufenとは「呼ぶ」という意味です。ラテン語でもやはりvocatioつまり、呼ぶvocareになります。では、いったい誰が「わたし」に向かって呼びかけるのでしょう。「神」です。神の声です。目には見えませんが、「音」としてリアルな声です。なので英語ではvocation, callingということになります。ルターにおいて職業は、もはや単に現世で生活していくためのパンを稼ぐ手段のみを意味しませんでした。それは、神の声によって呼ばれた結果の「天職」であって、これに専心することが「救い」という究極の目的（キリスト教では「終末論」）につながる、と説かれました。結果として、こうした倫理が図らずも資本主義を準備するこ

とにつながるのを、社会学者・ヴェーバー（Weber, M. 1864-1920）が『プロテスタンティズムの倫理と資本主義の精神』のなかで、見事に解明しています。ここでの倫理（Ethik）とは、もうすでに見ました ethos や habitus 習慣のこと、つまり道徳です。

　ちょっと余談ですが、幸いにもルターは救いの希望を抱いて、つまり「信仰のみ」（sola fide）に生きることができました。が、同じく宗教改革者とされるカルヴァン（Calvin, J. 1509-1564）の場合は、似ているようでかなり違います。職業が最終的に救いという目的につながる道かどうかは、わたしたち人間には本当はよく分から・ない・、といって突き放しました。それどころか、救われるかどうかは、わたしたちが生まれる前からすでに神によって予め決定されている、とまでいいました（予定説）。すると、人々はどう・な・る・でしょうか。とくに、こうしたプロテスタントのキリスト教を真面目に信じる人ほど、どう・す・るでしょうか（ヴェーバー，1989）。これについては、第15講でまた取り上げましょう。

　他にも、道を究めるなかには、茶道に花道、柔道に剣道、さらにはラーメン道にコーヒー道などいろいろあるようです。道教のタオもありますが、話は尽きませんので「道」についてはこれくらいにしましょう。

　次に、漢字で倫理と記す場合の「倫」とは、人のまとまりや仲間を意味します。「理」は、筋目、筋道。さらに「ことわり」、つまり体験そのものとして句切れのない「事」、出来事を割ること、分けること、そして理解することです。要するに「事ごと・割わり」。では、何によって割ったり分けたりするのでしょう。もちろん、「言語」（logos）です。なので、はじめに言葉ありき（In principio erat verbum.）ではありませんが、すでに前講でも見たように、言語を獲得してやっとわたしたちは目覚めたのでした。

　ともかく、わたしたちが世間のなかで生きていくために、道徳は必要不可欠です。この点を生物学者のドゥ・ヴァールは『利己的なサル、他人を思いやるサル—モラルはなぜ生まれたのか—』で、端的に表現します。アニマルとしての人間にとっては、ごく当たり前のこと。まさに、道徳の起源あるいは原点といえるでしょう。

人間の道徳性は、突きつめれば社会に受け入れられることが目的である。社会の一員として認められるためにすべきこと、してはいけないことにも、道徳性は色濃く影を落としている。道徳に反することをすると社会からつまはじきにされるし、信仰によっては天国の門をくぐれないことになる。人間のコミュニティは、おしなべて道徳的なコミュニティである。完全に孤独な状態がないのと同じで、道徳的にどっちつかずの状態などは存在しない。哲学者のメアリー・ミジレーが指摘したように「道徳の外に出ることは、大気圏外に出るようなもの」なのだ。人間の道徳性は、霊長類に広く見られる社会統合のパターン、個体が群れになじむために必要な適合行動の延長かもしれない（ドゥ・ヴァール，1998，18-19）。

換言すれば、道徳の外に出ることは「人間圏」外に出るようなものです（松井，2007）。いままでここで問題にしてきたことからすると、あまりにあっけない記述で、少し物足りないと感じる人もいるかもしれませんが、明快にこしたことはありません。

　　高尚な概念を好む社会科学者や哲学者が表玄関から入るとすれば、同じ建物でも裏口から入ろうとするのが生物学者である（ドゥ・ヴァール，1998，19-20）。

いちばんいいのは、表玄関も裏口も開け放って新鮮な空気を同時に送り込むこと。これまで難しい話が続きましたので、これで少しは気分がすっきりしたかもしれません。

生物学者の視点は一貫して「適応」の意義にあります。これに優劣という価値判断は含まれません。つまり、道徳性というある性質が、ヒトという生物が生存し繁殖していく上で、いったいどのように役立つのか。このある環境への適応という目的の観点から道徳をとらえるのです。とくに社会生物学といわれる分野では、生物としての本能である利己主義のほかに、なぜ利他主義が、人間のみならず他の生物にも見出されるのか。その理由を探究して

きました。ウィルソン（Wilson, E.O. 1929-）がその代表です。障害のために歩行困難であったと見られるもの（障害者）を扶養していたと思われる痕跡が、旧石器時代の化石から発見されています。弱肉強食とイメージされる自然淘汰の進化論の世界で、こうしたことが起こるのはなぜなのでしょうか。

> しかし自分の生命を危険にさらしてまで他者を助ける性向など、自然淘汰でとっくに消え去ってもよかったのではないか？（ドゥ・ヴァール, 1998, 22）

ところが、なぜそうならなかったのでしょう。

> 私たちの祖先は進化のどこかで、自分の都合ばかり追求するよりも、信頼性を前面に押しだすほうが得になることを学んだのだろう（ドゥ・ヴァール, 1998, 195）。

「利己的な遺伝子」(the selfish gene) で有名な生物学者・ドーキンス（Dawkins, R. 1941-）も同様のことを述べています。結局、利己主義に徹底していたのでは、たとえ個（人）としては生存しえたとしても、わたしたちの遺伝子を次世代へと運んでくれる種が途絶えてしまう、という危機的な状況については、容易に想像できるでしょう。わたしたちの子孫が困窮する場面において、今度は逆に彼らが援助をえられない、というようなシチュエーションです。よって、わたしたちは「思いやりのある」(humane)「生き物」(being)、ヒューマン・ビーイングにならざるをえなかったのです。しかも、わたしたちはいまもなりつつある途上にいます。進行形（ing）です。

　古来日本人はことの本質を見事に喝破してこういいました。間違って理解している人が多いので、よく注意してください。『広辞苑（第6版）』から、そのまま引用しておきましょう。

> **情けは人の為ならず**　情けを人のためにかけておけば、めぐりめぐって自分によい報いが来る。人に親切にしておけば、必ずよい報いがある。
> 　人に情けをかけるのは自立の妨げになりその人のためにならない、の

意に解するのは誤り。

　これは、協力と信頼とを基盤として成立してきた人類祖先の社会より、現在のわたしたちにまで受け継がれてきた必要不可欠の能力ともいえます。しかも、わたしたちの脳という身体のなかにも、充分な根拠をもつ脳力でもあることが、近年いよいよ明らかにされつつあります（菱刈，2011，タンクレディ，2008）。ドーキンスも、同様のことを別のいい方で表現しています。

　　純粋で、私欲のない利他主義は、自然界には安住の地のない、そして世界の全史を通じてかつて存在したためしのないものである。しかし私たちは、それを計画的に育成し、教育する方法を論じることさえできるのだ（ドーキンス，2006，311）。

　生物学の立場からすれば、人間という生物の一種に特別の目的があるわけではありません。わたしたちはあくまでもイキモノとして、生存し繁殖し続けることだけが、あえて目的であるともいえる。こうした生物学のみへの還元主義には批判もありますが、こうした見方も確かにありうることを、わたしたちは認めなければなりません。

　　人間の心というものも、生存と繁殖のための一つの装置なのであり、理性とは、そのような装置が行使する各種の技術のうちの一つにすぎないのである（ウィルソン，1997，17）。

「過ぎない」としてすべてが物質に還元されてしまういい方には、確かに問題も含まれますが、こうした一面があることも、わたしたちは知っておく必要があるでしょう。

　ともかく、利己主義とか利他主義とか、そもそも行動のための意図や動機など、そんなことは人間生活にとってはどうでもいい、ともいえるでしょう。ある行いが道徳的といえるのは、それが「お互い様」として、世間のなかで生きていく上で、ただ互いに有益であるからであって、それ以上でも以下でもない。いわゆる「善い行い」の元となる意志とは、生物として元来生

きるための意志であり、それには純粋も不純もない。善も悪もない。なのに、そこに行いの意図や動機を詮索し始める人がいるとすれば、そういう暴露趣味的な人ほど、逆に不純だし悪趣味だし、世間ではほとんど役に立たない愚か者ともいえるでしょう。難しいことを考える必要はありません。わたしたちは、ドーキンスがいうように、道徳的といいうる「利他的利己主義」を、ひたすら「計画的に育成し、教育する方法を論じ」さえすればよいのです。これについては、これから後の講義で考えることにしましょう。

　でも、その前に道徳の系譜についても、もう少し補足しておきましょう。悪趣味を悪趣味として暴露した、やはり悪趣味な哲学者・ニーチェの再登場です。こういうことにこだわるわたしも、もちろん悪趣味な1人です。教職を目指す「純粋」な方々には、少しうんざりかもしれませんが、これも大事な教養(ビルドゥング)ですので、もうしばらくお付き合いを。

道徳の系譜

　生物としてのわたしたちの自然本性のなかに、すでに道徳性が深く根ざしていることを確認しました。

> 人間の道徳心をたどると、進化の歴史をずっと前までさかのぼることができる。そしてどちらかというと邪悪な性質の中心近くに、しっかりと道徳性が根をおろしていることを、ほかの動物たちが教えてくれるのである。道徳性は私たちが最近進歩して身につけたものでもなければ、利己的な野獣の顔をごまかす薄いメーキャップでもない（ドゥ・ヴァール, 1998, 363）。

　人間における道徳性とは、生物学の視座からすれば、もはやわたしたちの本能的能力ともいえるでしょう。

　ところで、ここに価値の問題をからませてくると、話が少しややこしくなります。利他的利己主義に徹して、これですべてよし、とするだけならよいのですが。そこで、ニーチェが問いかけます。

人間はいかなる条件のもとに善悪というあの価値判断を考えだしたか？しかしてこれら価値判断それ自体はいかなる価値を有するか？　それらはこれまで人間の成長を妨げたか、それとも促進したか？　それらは生の危機、貧化、退化の徴候であるか？　それとも逆に、それらのうちには生の充実・生の力・生の意志が、またその勇気、確信、未来があらわれているのか？（ニーチェ，1993b，363）

　もっともな問いです。そして、ニーチェの答えは明快です。とくにキリスト教道徳を支える神を基準とする善悪の価値判断は、人間の成長を妨げ、生を退化させた。ここに生の危機がある、というものです。というのも、ここでの善と悪の起源は、弱者・敗者が強者・勝者に対して抱くルサンチマン（怨念・妬み・恨み）にある、とされるからです。「神」という第3の審級もまた、こうした弱者がねつ造したものです。とくにキリスト教は、非利己的なもの、つまり利他的なもの、他者への同情、自己否定、自己犠牲に善なる価値を見出そうとしますが、これこそが本来的な価値転倒だとニーチェはいいます。根本的に自然に反している、と。そして、それはユダヤ人から始まる。奴隷として生まれた民族であるユダヤ人は、自らを選民と誇りますが、このプライドを支えているのは、迫害される自分たち弱者・敗者こそが、逆に天においては強者・勝者になる、というルサンチマンの感情です。ニーチェにいわせると、このような天とか神とかいうものそのものが、これらルサンチマンの人々がねつ造したフィクションそのものなのです。あるのはただこの世だけなので、世界の背後から価値を説くことそれ自体が無意味なのです。すべては、弱者・敗者が強者・勝者に対して現実に反逆できないために抱く妄想。これが道徳における奴隷の反乱、つまり「畜群本能」に根ざす「奴隷道徳」のはじまりである、とニーチェはいうわけです。しかも、これが世界中を覆いつつある、と。

　再確認しておきましょう。ニーチェにおいて「神は死んだ」のです。神とか善のイデアとか、とにかくそういうフィクションの価値を基準として善と悪がねつ造されました。これは、根本的に本末転倒したものです。いまで

は、そうしたフィクションにすがること自体がニヒリズムである、ともいえるかもしれません。神は死んだのに、その虚無を信じるニヒリズム。虚無信仰です。あるいは、神は元から不在でした。つまり、「神はいなかった」。なのに、不在の空虚な神を信じるキリスト教こそがニヒリズムである、といいたいのがニーチェですが、やはり彼は人間の弱さを見抜いていました。超人にはなりきれなかった。人間は、そう強くはなれないのです。

　人間の意志の原事実が、この意志における〈空虚への恐怖〉が、はっきりとあらわれている。人間の意志は一つの目標を必要とする、――この意志は、何も欲しないよりは、いっそむしろ虚無を欲する（ニーチェ，1993b，485）。

　ニーチェの『道徳の系譜』は、この最後のフレーズを繰り返して終わっています。善とか悪とか、善意とか悪意とか、とにかく世界の背後から道徳的行いを評価してはならない。ただ「よかれ」と思うことを高貴かつ高潔に行いさえすればよい。その行動の意図や動機をあれこれ詮索するところに、行為そのものの価値を引き下げる劣悪なルサンチマンがすでに作動している。ルサンチマンが先立つ時点で、純粋に高貴な道徳的行いも悪に汚されてしまう。引き下げられてしまう。こうニーチェはいいたかったのかもしれません。

　道徳的行いを、ニーチェは否定しているのではありません。むしろ、より高潔な「利他的利己主義」に基づく自然な道徳的行為を、彼は希求していたのです。キリスト教的道徳に対する彼の激しい批判の真意は、ここにあるといえるでしょう。ニーチェこそ、純粋過ぎたのです。

　ちなみに先日、朝日新聞（2010年8月21日・東京本社朝刊）の「若い世代」というコーナーに中学生からの興味深い投稿記事がありましたので、ご紹介しておきましょう。題して、「偽善」の行為も「善」のうち（傍点は引用者）。

　塾の夏季講習の帰り、僕が駅で電車から降りようとすると、先に降りたおばあさんが座席に日傘を忘れていった。僕はとっさに日傘を持って追

いかけ、手渡した。おばあさんはとてもうれしそうに礼を言ってくれた。僕はとても良い気持ちになれた。

　ところで僕がおばあさんに日傘を渡したのは、何となく格好いいと感じたからだった。それは人から良く見られたいという偽善だと思ったし、この猛暑で日傘がなくてはおばあさんは大変だっただろうことには後で気づいた。しかし、おばあさんにとっては僕の内心は関係ないことだ。また、人が親切にする行為は、幼少時に親や周囲に褒められるとうれしいから始めるのだろう。それを何度も経験するうちに自然に心と体が動くようになるのではないか。

　結局、僕は、どんな気持ちでも、何が目的でも、とりあえず行動してみることに価値があるのだと考えた。

何とも、とても中学生とは思えぬ「利他的利己主義」の見事な心理分析に、感心してしまいました。「偽善」の行為も「善」のうち、とは素晴らしいですね。

　以上、これからの道徳教育はヒューマン・ビーイングとしての利他的利己主義に徹して、このための方法だけを講ずればよい。これは、ドーキンスを代表とする生物学からの示唆です。ニーチェは、これを哲学的に表現したといえるでしょう。しかるに、キリスト教的道徳は、もはやグローバルなものになりつつある、というのも現実です。欧米人の道徳観とわたしたち日本人の道徳観は、それほど大きく違わないような気もします。が、果たしてどうでしょうか。このことも含めて、次講では道徳教育の歴史を振り返ってみましょう。今後の道徳と人間のゆくえについては、最後の第15講でのテーマとなります。

第13講　道徳教育の歴史

　この講義では、道徳教育の歴史を簡単に振り返ってみたいと思います。「道徳」をあえて「教育」すべきものとしてとらえるようになるのは、いつ頃からなのでしょうか。さらに西洋教育史では、道徳と宗教（とくにキリスト教）が深く結びついてきました。西洋的個人（individual）と社会（society）が成立してくるなかで、道徳教育はどう位置づけられ、実践されてきたのでしょうか。

教育すべきものとしての道徳の誕生

　すでに第11講で見ましたように、「人間性」の誕生とともに道徳も誕生します。パイデイアとフマニタスの根幹には、「人間の尊厳」と「神の像」としての人間という「大きな物語」がありました。ここに「あるべき人間」が求められるようになりました。これに対するさまざま批判的見解をわたしたちは先に確認しましたが、あらためて「求められるべき人間性」が誕生した古代ギリシャ・ローマにおける道徳教育から、振り返ることにしましょう。

　もちろんこの時代に、今日のわたしたちが学校・教育と聞いてイメージするような「道徳の時間」における道徳教育（次講で取り上げるかつての「修身科」のような教科）はありませんでした。第Ⅱ部で見たように、ある国のすべての子どもたちが平等に通うべきとされる学校の誕生そのものが、ずっと後のことでした。義務教育制度が整備されるのは、ようやく19世紀以降です。

　では、古代ギリシャの都市国家（ポリス）・アテナイでは、どのような道徳が、どのように教育されていたのでしょうか。プラトン（Platon, 前427?-347?）とイソクラテス（Isoklates, 前436-338）を手がかりに探ってみましょう。

リベラル・アーツの源流へ

　近代国家の成立とともに近代学校教育制度がスタートしますが、古代ギリ

シャではポリスと呼ばれる都市国家がしのぎを削っていました。代表的なのは、アテナイとスパルタでしょう。とくに、スパルタは「スパルタ教育」として『広辞苑（第6版）』にも、こうあるくらいです。

> 厳しい規律・鍛錬を重視する厳格な教育。古代スパルタの勤倹・尚武を目指した教育法から採った呼称。

西洋古代の教育については、マルーの『古代教育文化史』にとても詳しいので参照してください（マルー，1985）。各ポリスはひとまとまりの軍事共同体でもありました。奴隷や貴族などの身分制によって支えられていましたが、絶えず迫りくる敵から自分たちの国を守るのも、やはりその国に生まれた市民権をもった男子たちでした。よって、あのソクラテス（Sokrates, 前469?-399）でさえ、戦争に兵士として参加しています。が、それは当然のことでした。後に、ソクラテスはアテナイでの裁判で死刑の判決を受けますが、それでも彼は、逃亡を促す友人たちの説得を拒否し、自国の法に従って、そこで人生を終えました（プラトン，1975）。それほど当時のギリシャ人にとっては自国に属することが、同時に「人間」として生きることと同義でした。軍事国家スパルタの教育も興味深いのですが、これについてはマルーに譲り、やはり後の西洋教育史に重大な影響を及ぼすことになるアテナイでの道徳教育に焦点を合わせてみましょう（今井，2009）。

ここではリベラル・アーツ、すなわち「自由学芸」（artes liberales）として、古代・中世の学校教育におけるカリキュラムを総称する基本科目が誕生しました。道徳教育史上、自由学芸に触れる人が少ないのはとても不思議なのですが、じつは自由学芸と道徳教育とのあいだには密接な関連があります。否、むしろ自由学芸は道徳教育の根本を形作るとさえいえるでしょう。なぜでしょうか。

それは、この時代に自由学芸を段階的に学ぶことを通じて「あるべき人間」が教育できる、という人類史上最初の教育課程（カリキュラム）が誕生したことに由来します。自由学芸をきちんと学びさえすれば「人間」に近づけるという発想が誕生したことは、画期的（エポック・メーキング）です。ちなみに、カリキュラム（curriculum）の

語源はラテン語の「走る」(currere)。教育のために決められた一定の走路をちゃんと走りさえすれば自ずと教育目標としての人間に近づける、ということです。このように「あるべき人間」を、「尊厳」とか「神の像」とかいう絶対的基点から規定し、これに近づけようと努力するような教育思想を指して、「基礎づけ主義」(foundationalism) と呼ぶこともあります。西洋教育史は、とくにプラトン以来、こうした基礎づけ主義によって展開していきます（菱刈, 2005）。

ところで、なぜこの走路が「自由」「学芸」と呼ばれたのでしょうか。まずは、その説明が必要です（菱刈, 2011）。

リベラル・アーツの本質

プラトンとイソクラテスを取り上げる前に、古代ギリシャから文化と教養を引き継いだ古代ローマに、やはり西洋教育史上看過しえない人物があらわれます。ここからひも解いていきましょう。キケロー (Cicero, M. T. 前106-43) です。彼は、自由学芸の一部として重要な位置を占める弁論術あるいは修辞学の教育的意義を説き、自らも「学識ある弁論家」(doctus orator) として活躍した、政治家・哲学者でした。彼は、次のような言葉を残しています。

> 紫を染め込もうとする人が、その前にある種の薬剤に羊毛を浸すように、精神も書物 litterae と自由学芸によって予め陶冶され、そして知恵を受け入れる手ほどきと準備をされることが望ましい（上智大学中世思想研究所編, 1983, 294）。

これは、今日では専門課程に進む前に、一般教養としてのリベラル・アーツを学ぶべきだと理解されていますが、その本来的意味や深みについては、（わたしの学生時代はパンキョウなどと呼ばれて）ますます軽視されるばかりです（猪木, 2009）。ちなみに、カッシオドルス (Cassiodorus, F.M. 477/490?-570/583?) という、古代ギリシャ・ローマ以来の自由学芸をキリスト教的にアレンジして体系化した修道士は、自由学芸の「自由な」(liberalis) の語源

が、「書物」(liber) にあるとしています（岩村，2007，菱刈，2011）。「学芸」(artes) の元はギリシャ語の techne つまり技術。ある目標に向けて系統化された活動を指します。カッシオドルスは、このアルテースを、すでに第12講で見ましたギリシャ語の arete 卓越性とも関連させています。要するに、書物を通じてわたしたちは「あるべき人間」へと系統的・体系的に教育されうるということです。そこで、問題は常に「あるべき人間」の内容・中身でした。キケローによれば、「あるべき人間」とは次のような人々です。

> ほかの人々は人間と呼ばれているが、ほんとうに人間であるのは人間性に固有の学術によって磨かれた人々だけである（キケロー選集 8，1999，28）。

　humanitas に固有の学術、すなわち学芸や学問や学科とは、すなわちリベラル・アーツです。すでに第11講のはじめで見ましたように、このように教育されていない人々は「本当の人間」ではない、とキケローは明言するわけです。では、とくにキケローが人間性にふさわしい特性、つまり徳性（virtus）ととらえたのは、どのような卓越性でしょうか。第12講を思い出してください。倫理的卓越性・徳＝道徳でした。キケローは、こう記しています。

> 私的な閑暇にあっていかなる点でも粗雑さのない聡明な談話ほど、心地よいもの、いや、真の人間性に固有なものが他にあるだろうか。というのも、互いに言葉を交わし、感じたこと、思ったことを言論によって表現できるという、まさにその一点こそ、われわれ人間が獣にまさる最大の点だからである（キケロー選集 7，1999，18-19）。

　端的にいえば、フマニタスの真髄は聡明なコミュニケーションにある、ということになります。これを可能にするのが言語です。確かに、わたしたち人間という動物を他の動物と決定的に隔てる違いは、言論の有無にあります。これも第11講の冒頭で確認した通り、「言語」と「人間」の立ち上がりは同時でした。『ヨハネによる福音書』の通り。「はじめに言葉ありき」(In principio erat verbum.）です。

　わたしたちは、言語・言葉・言論によるコミュニケーションを通じて暴力を回避することもできれば、逆に暴力に至ることもできます。言葉には優しいものもあれば、優しくないものもあります。肉体的暴力以上に、言葉による暴力は人の心を大きく傷つけたり、場合によっては死に至らせたりするものです。そうではない、心地よい「真の人間性に固有な」言葉を常に用いて、わたしたちは日々生活していきたいものです。ここに道徳の根幹があるのです。

　簡単にいえば、こうしたことをキケローはごく当たり前のこと（常識）として指摘しているに過ぎません。よって、フマニタスの意味には、教養、学術・学芸・学問・学科の知識、節度、親切、思いやり、礼儀正しさ、といった内容も当然ながら含まれてくるわけです（キケロー選集8, 29）。

　ところが、常識はやはり絶えず教育されなければ当たり前にならないのが人間でした。なので、陶冶される必要があるのです。そして、このように教育された人間のみが、はじめて「自由」になれるのです。つまり、自らの確かな徳性（おトクな点）に由って、道徳的に生きていくことができるのです。自由人にふさわしく、しかも上品かつ個性的に生きられるわけです。

　繰り返しますが、人間はヒトでも人でもなく、人と人とのあいだにある人間として生きざるをえない。このなかで真に自由自在に生きる「自由人」となるには、学芸を通じた教育が欠かせない。そのための学芸がリベラル・アーツだ。こういうことです。なので、個性は放任しておけば自然に開花するものでは決してありません。学芸を通じて予め陶冶された後に、つまり土台がしっかり耕されてここに深く根を張り、はじめて開花しうる花なのです。生徒指導の「夜回り先生」ではありませんが、確かにわたしたち1人ひとりには各自個性的な花の種が受け継がれています。しかし、これは教育を通じてはじめて美しく開花し、さまざまな実りある果実をもたらすことができるようになるのです。

　よって、教育という基礎（ファンデーション）が欠落した個性は、「人間」にとっては「没個性」以外の何ものでもありません。それは、単純にアニマルそのものです。

そうした個性の花はまず美しくもなく、そして果実が実る前に枯れていることでしょう。個性尊重（子ども中心）を声高に叫ぶ現代の教育こそ、皮肉にも個性が開花するはずの土台を耕すこと（cultura）もなく、むしろ個性を歪なものにし、その価値を下落させている元凶かもしれません（苅谷，2002）。個性そのものは決して教育できないのです。教育できる個性など本物の個性ではありません（菱刈，2006）。真の自由と本来の個性は、唯一きちんとした「人間としての教養」という大地の上にたくましく根を張り、自ずと育つだけなのです。こうしたシンプルな真実を、キケローは語ったのでした。個性尊重を軽々しく口にする教育関係者は、教育史からもっと学ぶ必要があります（山﨑・木村，2009）。

プラトンとイソクラテス
―道徳の基礎としての哲学的教養と修辞的教養―

　道徳とは、すなわち人間性の本質です。その基礎は大きく2つ、哲学的教養と修辞的教養によって培われます（Kimball, 1995）。前者を代表するのがプラトン。後者を代表するのがイソクラテス。キケローは主にイソクラテスの伝統に位置します。まずはプラトンから見ていきましょう。

　プラトンがいう教育とは、一言で「魂の向け変え」です（菱刈、2005）。「魂」（anima）とは、人間を含めて、あらゆる生命（いのち）ある生き物の本質と考えられてきた「何か」であり、現実に生きるわたしたちの「生」（vita）そのものです。なので「魂の向け変え」は、わたしたちの生活態度それ自体の方向転換です。簡単にいえば、日々の生の姿勢（生きる態度）をある理想（idea）に向け変える、ということです。プラトンにとっては、イデア界こそがリアリティでした。これは、キリスト教において神と交替します。（すでにお分かりのように、こうした「神」の死と、そもそもの不在を説いたのが、ニーチェでした。）

　アニマを中心とするプラトンの人間観として有名な魂の3部分説を覚えておきましょう。人間は3つの部分から成り立つ。そうプラトンはいいます。

理性的部分…魂がそれによって理を知るところのもの、ものを学ぶことを司る。
気概的部分…怒りや覇気など、わたしたちがそれによって憤慨するところのもの。
欲望的部分…食欲や性欲など、魂がそれによって恋し、飢え、渇き、その他もろもろの欲望を感じて興奮するところのもの。

『パイドロス』では、2頭立ての馬車に1人の人間がたとえられていて、それがそのまま国家や社会のしくみとオーバーラップさせられています。つまり、国家の理性的部分は、理性的統治階級としての哲学者たち。気概的部分は、勇気にあふれた気概的な防衛階級としての軍人兵士たち。欲望的部分は、節制を必要とする欲望的な生産階級としての庶民や奴隷たち。こう整理できるでしょう。

理性＝頭＝徳としての知恵＝哲学者＝御者。
気概＝胸＝徳としての勇気＝軍人兵士＝血筋のよい馬。
欲望＝手足・下半身＝徳としての節制＝庶民奴隷＝血筋の悪い馬。

この3者は、わたしたち自身の日常生活を少し振り返るだけでも分かることですが、いつも争い合っています。しかし、これら3者が調和するところに、徳としての正義がはじめて実現します。知恵と勇気と節制と正義の4つをあわせて、四元徳ともいいます。要するに、四元徳をそなえた教養ある人間（善美なる人間〈カロカガティア〉）への準備が、プラトンにおける教育なのです。

さてプラトンは、わたしたちが最終的に死を迎え、魂の理性的部分はイデア界に還る、といいます。プラトンの発想は、ほとんどの現代人からすれば順序が真逆です。わたしたちの元〈アルケー〉となる故郷はまずイデア界でして、そこにあった魂（まだ完全ではない理性的部分）なのです。これがより完全になるための修行を目的として、あえてこの現実界に生まれてきた、という物語がプラトン思想の根底にあります。まさしく「大きな物語」。なので、正義の

徳を実現すべく、この現世の生活でありとあらゆる努力をすること、つまり修行という自己教育に励むことには大きな意味があるのでして、これに成功すれば、わたしたちはもはやこの苦悩の現実界に生まれる必要はなくなる、というわけです。よって、今ここで苦悩しつつ生きることにも「大きな物語」に究極的に支えられた「意味」が見出せることになります。苦悩を意味づけるメタ物語の支えです。ちなみに、現代ではこうしたメタ物語の成立があやしいなかで、なおかつ苦悩に意味を見出そうとする懸命な努力がなされています（フランクル、1957）。

　話を戻します。この修行の結果、完全なる魂となるのは至難のわざでして、このためにこそますます哲学的教養を積まないといけない、とプラトンは主張します。さもなければ、苦しい生まれ変わりが何度も必要になる、と。すなわち、哲学的教養を積むことによる「魂の向け変え」の必要性、教育の必要性を説くのです。では、どうやって。

　教育には、2段階あります。

　①欲望的部分（血筋の悪い馬）によって魂全体が引きずり回され堕落することのないように、全体を調和（ハルモニア）のとれたものに調律する段階＝準備教育としての倫理的段階。
　②いよいよ魂の翼をより強力にしてイデア界へと飛翔する訓練の段階＝本格的教育としての知性的段階。

『国家』では、このためのカリキュラム論が展開されます。もちろん、②の段階に至ることができるのは、少数のエリートのみです。
　①は魂の下地作り（基礎的調律）です。このための学芸としてプラトンは、音楽と文芸と体育（舞踏も含む）が有効である、といいます。これらは、美しい言葉と学習によって魂の理性的部分を引き締め育み、調和とリズムをもって気概の部分を穏和にし宥め鎮める、と。現代の小学校の基本教科が、すでにプラトンの時代から用意され、それに独自の教育的価値が見出されていたことを、よく覚えておきましょう。

②は理性(ヌース)を鍛えるための本格的教育の段階で、その全体が哲学です。プラトンによれば、算術、幾何学、天文学、音楽理論といった学科(マテーマ)、そして哲学の中核としての哲学的問答法（弁証法）をマスターした者のみが、真の哲学者（教養ある人間）の名にふさわしいとされます。プラトンは、こういいます。

> 算術や幾何をはじめとして、哲学的問答法を学ぶために前もって履修されなければならないところの、すべての予備教育に属する事柄は、彼らの少年時代にこれを課するようにしなければならない。ただし、それらを教えるにあたっては、けっして学習を強制するようなやり方をしてはいけないけれども（菱刈, 2005, 26）。

すべての人間が哲学者になる必要はありません。準備教育(プロパイデイア)としての倫理的段階を経るだけでも大きな価値があります。プラトンは、アカデメイアという学園を開いて自らも教育に携わりました（廣川, 1999）。

プラトンはとくに数学を、理性のみを必要とし、これを駆使するがゆえに、哲学をするにふさわしい精神そのものをトレーニングする学芸として高く評価しますが、感情をコントロールできないキレる子どもが増加しつつある現代では、むしろその下地となるところの魂の調和こそが、まず必要とされているのではないでしょうか。倫理的段階としての教育です。つまり、道徳教育です。

そこで、音楽・文芸・体育が、生物としての人間の基本的リズムと調和を育む、つまり道徳の基礎を育むとしたところに、わたしたちは注意しなければなりません。道徳の基礎のさらに基礎は、現代の幼稚園や小学校などでも基本とされているこうした科目にある、というシンプルな事実を再確認しておきましょう。これについては、また第15講で取り上げます。話は尽きません。プラトンについてはこれくらいにし、次にイソクラテスについて見てみましょう。

いわば数学的トレーニングを経た哲学による知恵を重視したプラトン。比するに、イソクラテスは言葉による弁論を通じて「人間」を形成しようとし

ました。イソクラテスもまた、そのための修辞学校を開きました（廣川, 2005）。両者とも、中世に至ると7自由学芸（septem artes liberales）、すなわち3学（trivium）と呼ばれる学芸（文法学・修辞学・弁証学あるいは論理学）と、4学（quadrivium）と呼ばれる学芸（算術・音楽・幾何学・天文学）に受け継がれていきます（菱刈, 2011）。プラトンは数学的哲学的教養のルーツであり、イソクラテスは文学的修辞的教養のルーツです。そして、後者を主に継承したのが古代ローマのキケローでした。ともかく、paideia＝humanitas＝cultura として、これらのトレーニングを総括したのがキケローでした。

さて、その師ともいえるイソクラテスもまた、「人間の全文化が弁舌と説得の力から生じた」（廣川, 2005, 15）として、きわめて常識的なことを述べています。

> 大事なことは、理念の天上に昇ることでも、逆説を使って曲芸をすることでもない。生活上の行動が必要とするのは、なにも意外な新しい考えではなくて、確かめられた良識、伝統のもつ良識なのである（マルー, 1985, 112）。

このために必要なのが、人と人とを結びつける言葉のトレーニング、つまり弁論術なのです。しかも、これら修辞学的教養の系譜に属する人々の基本には、「適切なことばは、まともな思考の最も確かなしるしである」（マルー, 1985, 113）という確信があります。「よく語ること」と「まともな思考」、すなわち言葉という形式と人間という内容とが不可分である、ということがいいたいわけです。その人間の内実は、すべて言葉という形にあらわれる、という考えです。ただし、あくまでも教養という中身をともなった言葉が求められています。

キケローは、こうしたイソクラテスの考えを引き継いで、わざわざ「学識ある弁論家」といったのでした。これは言葉と教養が統合された人物です。「弁論なき叡智」は政治的に、つまり人を具体的に動かす、という点で無力です。逆に、「叡智なき弁論」ではまるで詐欺であり、結果としてあらゆる

意味で、自他ともにとって無益です。

　これは、今日の学校教師や教育において、とりわけ重要な指摘だといえるでしょう。きちんとした言葉を用いることができること。端的に、国語教育こそ道徳教育の基盤なのです。この伝統は、ヨーロッパではそれ以後も現代に至るまで脈々と流れ続けています。しかるに、まともに漢字も読めない、文章も書けない、言葉づかいもあやしい現代の日本の状況は、こうした「あるべき人間」の視点からすれば、まさに情けない（ケダモノ的＝ヒューメインでない）としかいいようがありません。道徳教育の基礎が崩壊していることの証といっても過言ではないでしょう。学校での「道徳の時間」についてつべこべいうはるか以前に、道徳教育の第一歩は国語教育（あるいは日本語教育）にある、ということを教育関係者は、肝に銘じるべきです（山﨑，2007）。

道徳と宗教

　さて、西洋教育史を縦糸と横糸のようにして織りなしているのは、いうまでもなく、こうした古代ギリシャ・ローマの教養とキリスト教です。キリスト教やその神については、これまでも触れてきました。この宗教が、欧米人の道徳観や道徳教育にどのような影響を及ぼし続けているかについては、やはり欧米生まれの道徳性の発達理論と関連させて、次講で扱います。ここでは、西洋中世12世紀以降に神が内面化されて、ようやくきわめて西洋的な個人が多く誕生し始め、同時に新たな教養への欲求も高まったことを確認するに止めましょう。

　阿部が、この点をつとに強調しています。これが、西洋教育史における道徳教育のもう1つの源流ともいえるでしょう。

> 　私は、ヨーロッパ史の中で一番大事な事件は何だったかと言われれば、やはり、1215年のラテラノ公会議だと思うのです。それはどういうことかと言うと、この会議で「成人男女は全てカトリック教会で告白をしなければいけない」ということが決まったのです。以前からあったのです

が、正式に決まった。どういうことかと言うと、「罪」というものの自覚が生まれてくる。「これが罪です」とはっきり書かれた書物がある。「自分がした行為が、何が罪であったか」ということをきちんと覚えておいて、ある日、司祭の所に行ってそれを全部告白する。そうすると司祭が、「〇〇」という判決を下して「こういうふうにすれば許されます」という道を示してくれるので、その通りにするとか…これがヨーロッパ史の原点です（阿部, 1999, 49）。

　ここに「自分の内面」をもった個人が誕生することになります。これは、キリスト教会を介した制度的な第3の審級によって可能になります。つまり、わたしとあなた、わたしたちとあなたたちという水平的な次元での認識だけではなく、こうして生きるわたしたち世の中全体を、上からか下からかどこからかは分かりませんが、とにかくすべてをお見通しの「神」という座が、ここに設置されたのでした。わたしは第1の、他者は第2の、そして超越した神は第3の審級です。いわば垂直的次元からの自己認識が、わたしたちのなかに生まれたわけです。神は、司祭という制度を介して、各自の内面に取りつけられることになります。これが、次講で見る「良心」や「超自我」にもなるわけで、欧米人の道徳を、さらに道徳教育を現代でも内的に駆動させる1つの重要な原理ともなるのです。

　ともかく、他者とは異なる「わたし」という西洋的な絶対的「個人」は、第3の審級によって支えられた独自の「内面」をもたなければ成立してきません。もちろん、この中核には「人間の尊厳」と「神の像」に基づく、滅ぼすことのできない「人格」があります（阿部, 1992, 47）。

　神は全知全能の、現代風にいえばまるでスーパーコンピュータのようで、すべての人々の「罪」を完全に誤りなく計算し尽くしています。そして、わたしたちは死に際して、この勘定を例外なくきちんと払わされるのです（最後の審判）。プロテスタント教会では、カテキズム（教理問答書）を用いて、ますます「罪」の認識を深めさえしました。キリスト教的良心覚醒の教育です（菱刈, 2001）。

さて、12世紀以降ヨーロッパでは都市ができて職業選択の可能性も広がり、世の中は新たな局面を迎えます。12世紀ルネサンスともいわれるこの時代、いよいよ大学（ウニヴェルシタス）も誕生します（ハスキンズ，2009）。こうした個人が「いかに生きるべきか」ということを真剣に問い始めた結果、古代の教養に、そのヒントを真剣に探し求めようとして集まったのでした。教師と学生の集まり（組合）が、大学の原点です。ただし、古代の教養はラテン語によって記された書物のなかに包蔵されていましたから、まずは古典語を学ぶことが「生きるヒント」としての教養にアクセスできる唯一の通路でした（菱刈，2011）。

やはり、言語を媒介として「いかに生きるべきか」という人間としての道徳は、探究されたのです。

以上、道徳教育の歴史を、ふだんあまり取り上げられることのないアングルから振り返ってみました。西洋において、まずその基本は1にも2にもロゴスにあります。次に単純化していえば、キリスト教という第3の審級が徐々に浸透して個人が生まれ、個人が集まって社会が形成されていきます。その本体はかけがえのない人格です。では、こうした欧米的な社会における道徳は、現代どのようにとらえられ、教育されると考えられているのか。比するに、日本ではどうなのか。次講では、道徳教育の方法について見ることにしましょう。

第14講　道徳教育の方法

　この講義では、先の人格を中核とした個人的道徳が、どのように教育されるのか、その方法について簡単に見ることにします。これは、きわめて西洋的な道徳性の発達理論に基づくもので、とくにキリスト教という宗教が背後にあることは、もうすぐにお分かりでしょう。比べて、日本人は欧米人と少し異なる心性(メンタリティ)をもっているようです。この点にも言及しておきましょう。

道徳性の発達とは

　現代では、道徳性心理学（moral psychology）と呼ばれる研究分野が、脳科学の発展と手を組んで、目覚ましい成果を世に送り出しています（Sinnott-Armstrong, 2008）。その数は増え続けており、キリがないほどです。第11講でも見ましたように、現在は世界中で、人間の道徳性が問題となっています。つまり、わたしたちはいまもこれからもどのように生きていったらよいのか、途方に暮れている状態といっても過言ではないでしょう。楽園を2度も離れてしまったわたしたちとは、何と哀れな存在なのでしょう。この深い自己認識に還るとき、はじめてここに宗教があらわれるといえるでしょう（菱刈, 2005）。しかし、ここでの問題は、あくまでも道徳です。悩んでいる暇はなく、わたしたちは毎日現実に生活していかなければならないのですから。

　古代ギリシャ・ローマ以来、そしてキリスト教の浸透とともに、西洋世界では人間の道徳性、すなわちヒューメインな徳性は、果たして少しずつでも発達してきたといえるでしょうか。リベラル・アーツは、有効に作動したのでしょうか。その後、わたしたちはますます情け深い生き物として進化し続けてきたでしょうか。

　残念ながら、答えはノーです。道徳性発達理論の開始点ともなっているフロイト（Freud, S. 1856-1939）の見解も、そうでした。まずは、フロイトの

人間観と、彼のいう良心について確認しておきましょう。

フロイトにおける人間の本質と道徳観

　フロイトは精神分析の創始者として有名です。彼の特徴は、人間を含む世界をきわめてリアリスティックにとらえる点にあります。決して美化しない。むしろ、ペシミスティックともいえるような見方ですが、本人は別に悲観しているわけでもない、と開き直っています。彼は、宗教すらも人間の果たしえぬ願望が生み出した幻想・妄想であるといいます。ドーキンスらと同様（ドーキンス，2007，ボイヤー，2008）、フロイトは世界をメカニカルにとらえようとします。ある種の還元主義として批判もされますが、一理あることも確かであり、わたしたちはこれを看過するわけにはいきません（菱刈，2011）。

　フロイトによれば、わたしたち人間を含めてすべての生き物は、欲動のかたまりです。スピノザ（Spinoza, B. 1632-1677）やショーペンハウアー（Schopenhauer, A. 1788-1860）を想起するかもしれませんが、わたしたちは生き物として、その根源に「生きよう」とする意志を本性上、宿しているといえるでしょう。なので、最近の教育関係者が口にする「生きる力」の育成というのは、生き物としてのこの自然本性をもともと否定するか、あるいは教育できる何かだ、とぼんやり思っているのかもしれませんが、それは大間違いです（菱刈，2011）。フロイトは、この「生きよう」とする力を「欲動」（Trieb）と呼びました。すでにプラトンの人間観を見たわたしたちからすれば、これが欲望である、とすぐに分かるはずです。フロイトは、動物としての人間ならば、これが「もっとも深いところで同じように働いている基本的な本性」（フロイト，2008，55）であり、常に欲求の充足を目標としている、といいます。ただし、フロイトがプラトンと少し違っておもしろいところは、この欲求の充足にも2種類あって、エロス（生の欲動）とタナトス（死の欲動）がある、という点です。すると、わたしたちは内心、死にたがっているのでしょうか。図式化してみましょう。

エロス…生を統一し、保存しようとする欲動、性的欲動＝愛。
タナトス…破壊し、殺害しようとする欲動、攻撃欲動、破壊欲動＝憎悪。

　古代ギリシャ・ローマ時代以降、欧米世界は輝かしい文明を築き上げてきたかのように見受けられましたが、しかし、とくにアウシュビッツ以後、この第2次世界大戦を経て、そして現在でも、人間は相変わらず「野蛮」なままなのではないか。むしろ、ますます野蛮化しつつあるのではないか。否、この「野蛮」こそが人間の正体である。ここに、家族を強制収容所で殺されたユダヤ人・フロイトの立場が据えられています。人間は人間としてヒューメインでありたいが、しかし、その情け深さは集団あるいは全体主義のなかで、いとも簡単に消失してしまう。いままで「人間となる」ために大切だと強調されてきた、きわめて高度な「教養」を身につけたはずの多くの人々が、戦争に積極的に加担しさえしました。人間は、決して自由にはなれなかったし、「自由人」としてもふさわしくなかった。むしろ、神なき時代に自らの欲動に従う奴隷意志（不自由）だけが、ここに露出したのでした。この恐ろしい「現実」をフロイトは嫌というほど味わったのです。アインシュタインとの書簡『人はなぜ戦争をするのか』は、この事実を赤裸々にしています。モラルなどというものも、よって幻想かもしれません（ヴケティツ，2002）。

　ただ、フロイトはこれも人間のリアリティである、として悲観も楽観もしません。エロスとタナトスという2つの欲動は善悪の価値判断を抜きにした以前のもので、どちらも生物としてのわたしたち人間が生存していくために不可欠な力動（ダイナミクス）であり、これらがときに協力したり、ときに対抗したりするなかで、生命のさまざまな現象が生起する、ということなのです。つまり、あらゆる生命現象は、愛と憎悪の葛藤の成果であり、わたしというひとつの人生も、そのドラマの1舞台なのです。そして、人間は元来無機物であったので、本性上、再び無機物（故郷）に還りたがるのだ、と。これがタナトスです。

　ただし、皆が皆、欲動に忠実に生き続けることは不可能です。それでは、

生物としての基本である子孫繁栄もおぼつきません。欲望の全的展開とは、幼児のみが抱ける幻想です。フロイトは、こういいます。

> 幼児は周知のように道徳というものを知りません。欲望によってかき立てられた衝動を満たすことを内的に阻むものは、存在していないのです（フロイト，2008, 149）。

わたしたちの身体の内奥には欲動があり、これは常に充足を求めており、満たされることで快感をえます。いわゆる快感原則に従ってわたしたちは生きたいのですが、しかし、現実にはこれに立ちはだかるさまざまな現実原則がある。わたしたちの内にあってひたすら快感を求めようとするマグマのような何かを、フロイトはまさしく「それ」(es) と名づけました。「それ」とか「あれ」とか、いいあらわしようのない「何か」です。が、これをそのまま表出していたのでは、快感をえるどころか生存すら危うくなるので、ここにエスを現実原則に支配させるように「自我」(ego) が形成された、とフロイトはいいます。自我はわたしたちの心のなかの理性や分別を代表するものとなり、エスは無制御な情熱を代表します。その本源には、性的欲動（リビドー）があります。

そこで、自我形成とともに道徳性も身につけられていくわけですが、これを行う最初のエージェントとは、いうまでもなく両親です。そして、両親らによる働きかけを通じて良心もまた形成されていきます（規範の内面化）。ただし、フロイトは「大多数の人々は、良心をあまりもち合わせていないか、語る価値のないほどごくわずかしかもち合わせていない」（フロイト，2008, 148）として、覚めた見方もしていますが、むしろ彼が精神科医として日常接していた患者の多くは、かえって「良心的」であるがゆえに、わたしという精神、すなわち自我を病んでしまった人々でした。

フロイトは、自我が絶えず3人の暴君、外界・良心（超自我）・エスからの危機にさらされている、といいます。わたしたちの外界、自然やリスクなどが自我を脅かします。「かくあるべし」などという命令を下す良心（かつては両親）が自我を脅かします。さらに、もっとやっかいなことには、わけ

の分からない「何か」が、エスが自我をその足元から脅かします。フロイトは、人間の自我がこうした危機にさらされると、やはり道徳性という「仮面」はすぐに捨て去られて、結局は欲動の奴隷になってしまう、と述べます。が、これはわたしたちが日常生活でだれもが実行していることであり、むしろこれができない場合にこそ、人は精神を病んで苦しむことになります。

　人間は眠りに入ると、それまで苦労して獲得してきた道徳性を、あたかも仮面を外すかのように捨て去ってしまう…そして朝になって目覚めると、この道徳性という仮面をふたたびかぶるのである（フロイト, 2008, 66）。

　道徳教育に求められる道徳性とはこの程度のものでいい、とわたしはつくづく思います。自我を脅かすような良心を両親によって植えつけられ、これによってかえって生きづらくなり、挙句には心を病むことになるなど、本末転倒です。こんなざったい両親ならいりません。愛と善意という美名の下での暴力です。実際には、現実に親殺しをしてしまう痛ましいケースもままあるわけですが、これをとくに思春期の子どもたちは内的・象徴的に行わなければならないので、大変です（河合, 1996）。教育が効き過ぎるのも、問題なのです。かといって、全く壁にもならない両親も、また問題です。道徳性はある程度の苦労をしないと身につかないことだけは、確かです。このあたりの適度な働きかけ（道徳教育）を、どうしたらいいのかが、一番の問題です（河合, 1992）。人間とは、本当にやっかいな生き物です。

　ともかく、究極のところ、わたしたちは日常生活では道徳性という偽善の仮面を身につけ、文明人であるかのように振舞っているに過ぎません。フロイトがいうように、「社会にとっては、ある人が文化的な規範に基づいたふるまいと行動を示せば十分なのであり、その動機などはほとんど気にかけない」（フロイト, 2008, 60）のです。が、それでいいのです。「偽善」の行為も「善」のうち、でしたね。

　道徳教育の課題とは、あくまでも利他的利己主義（第12講）のバランスのとれた育成ほどのものでよいのであって、むしろこれをきちんとやることだ

けに禁欲すべきだ、とわたしは思います（菱刈、2011）。この平凡なことが、じつは大したことなのですから。なのに、教育は人間を過大評価して美化し過ぎです。そもそも、できもしないことを語り過ぎているのではないでしょうか（広田、2003）。教育ほど美化されがちなファンタジーはありません。

エリクソンのライフサイクル論

フロイトの精神分析論をベースに、独自のライフサイクル論を展開したのが、エリクソン（Erikson, E. H. 1902-1994）です。ライフサイクル論とは、人生をひとつの過程と見なし、自然の季節に変化があるように人生においても、全体的に見渡せば特徴的な節目があるとするものです（河合、1989、5）。

ところで、欧米人の自我は、背後に超自我、さらにその背後には神といった第3の審級に支えられたきわめて強力なもので、その中核には人格があるという経緯を、わたしたちはすでに確認してきました。やはりエリクソンにおいても、この自我の確立や自律という観点は強力に作動しています。それは、次に見るコールバーグ（Kohlberg, L. 1927-1987）でも同様です。言語や文化が違うように、こうした見方が、わたしたち日本人の自我形成と異なるのは、当然です。カントに代表されるように、理性による自己を含めた自然の制御、すなわち自律（Autonomie）が西洋近代文明の所産であることは、もはやいうまでもありません。ただ、エリクソンはvirtueにも、それぞれの段階があることを指摘しました。第12講でヴァーチューについて見ましたが、これはエリクソンにおいては、人格的強さや活力、人をいきいきさせる特質を指します（日本道徳性心理学研究会、1992、17）。それには8つの段階があります。わたしたちは、人生の各時期において、さまざまな心理・社会的な課題や危機を乗り越えることを通じて、そこでそれぞれの基本的徳（活力）を獲得する、と彼はいいます。活力とは、ようやく本来の意味における「生きる力」と換言できるでしょう。ごく簡単にまとめると、こうなります（詳しくは、河合、1989、6、エリクソンほか、1990、35の図表参照）。これは重要な過程です。しかも、重層的なプロセスです。ポイントのみ、抜き出しておきましょう。

Ⅰ. 幼児期…基本的信頼-不信…母親的人物…える・返す⇒**希望**
Ⅱ. 児童初期…自律-恥・疑惑…親…保持・放出⇒**意志**
Ⅲ. 遊戯期…自発性-罪悪感…基本的家族…まねる・作る⇒**決意**
Ⅳ. 学童期…勤勉性-劣等感…近隣・学校…ものを作る・まとめる⇒**才能**
Ⅴ. 思春期…アイデンティティ-混乱…仲間集団・外集団・リーダーシップモデル…自分であること・そのことの共有⇒**忠誠**
Ⅵ. 成年前期…親密-孤独…友情・性・競争・協力の相手…自分を他者のなかに失い発見する⇒**愛**
Ⅶ. 成年期…生殖性-自己没入…分業・家事の相手…存在を作り世話する⇒**世話**
Ⅷ. 老年期…統合性-絶望…人類・わが種族…あるがままに存在する・死に直面する⇒**英知**

　エリクソンによるとわたしたちは、太字で示した、この8つの活力によって生きていることになります。ここで、活力＝徳＝生きる力。ただし、なかなかわたしたちは、そう順調にこれらの活力を、人と人とのかかわりのなかで、あるいは世代間の交流を通して、獲得できるわけではありません。この身体化には、常に多かれ少なかれ「危機」を伴いますから。ある時期においては、命がけです。否、人生そのものが危機の連続といってもいいかもしれません（レビンソン, 1992）。
　とりわけ、人生のスタート地点において「希望」が徳として掲げられているのは、大きな意味をもつでしょう。わたしたちは「絶望」しては生きていけないのです。第11講で見ましたように、わたしたちは絶えず希望という意味を求め続ける存在です。そこで多大な役割を果たすのが「母」です。母からの愛情の下、わたしたちは生き物として、この世に生を享け、そして生きていてよい、つまり「生まれてきてよかった」と言語以前に感じ取ることができるのです。母性の加護の下、自己存在も含めた世界全体に対する基本的信頼こそ、とくに意味を求める人間にあっては、その後の人生の危機克服を可能にする土台といえるでしょう。ここで虐待などの悲惨な状況に直面した

場合、その子どもの人生の根本は深く傷つけられることになります。道徳性の根本が、ここに大きく損なわれてしまいます。道徳性は根づかず、第一に根づくはずの大地もないのです。残念ながら、「夜回り先生」が嘆くように、現代ではこうしたケースが増え続けています。小手先の道徳教育や生徒指導では、全く歯が立たない深刻な現実の一端です。

しかし、これらのステージは必ずしも段階を漸次的に踏むべきものではありませんし、またそのような順調なケースこそ、実際には少ないのではないでしょうか。たとえば、幼児期に母の愛情に恵まれなかった者が、後に成年期において母性的な人物と出会うことで、ここにあらためて基本的信頼の一部を取り戻す、ということも十分ありえるでしょう。どこかで1度躓いたら終わりというわけではありません。人生、七転び八起きです。

さらに、道徳教育に携わるわたしたちに関していえば、とくにⅦが重要です。この時期こそ、教育の段階です。教育とは、とりわけ道徳教育とは、広い意味でのケアなのかもしれません（林，2000）。

コールバーグによる道徳性の発達段階

コールバーグは認知的発達理論の嚆矢とされるピアジェ（Piaget, J. 1896-1980）を批判的に継承し、道徳性発達段階理論を提唱しました。ですので、まずピアジェについて簡単に触れておきましょう。

ピアジェは道徳が規則の体系から成り立っていると考えました。つまり、道徳とはルールであり、ある人が道徳的であるかどうかは、その人が規則やルールに、どれほど敬意を表しているかにかかっている、というわけです。規則を認識し、それを実践していく段階にもいろいろあることを、ピアジェは実証したとされます。もちろん、きわめて自己中心的な段階から、自律の段階へと、規則を中心として道徳的生活が営まれる状態へとわたしたちは段階的に高まっていくはずであり、またそうあるべき。こうした人間観がピアジェにもあるといえるでしょう（ピアジェ，1957）。ここでの規則とは、究極的には、西洋史に通底して流れる法（ノモス）の伝統です。この流れに、コールバーグも位置しています。ただし、コールバーグは、人がある道徳的判断をする場

合、つまり道徳的な認知的判断の背後には、さまざまな理由があると考え、この理由づけに着目しました。たとえ同じ行為であっても、その行為を選択した理由(わけ)には質的に異なる段階がある、としたのです。彼は、3レベル6段階の道徳性発達段階を提唱しました。ごく簡単にまとめると、こうなります(コールバーグ, 1985, 日本道徳性心理学研究会編, 1992, 56-57, 小寺・藤永編, 2009, 94-96)。

I. **慣習以前のレベル**…規則に反応はするが、それは罰を受けるからとか、褒められるからとか、報酬をえられるからとかいった肉体的・快楽主義的結果によるものである。規則やルールを強制する肉体的力によって、これらは実現される。

第1段階…罰と服従への志向…行為の判断基準は、罰せられるか否か。処罰されれば悪い行為。されなければ悪くない行為。単に罰を受けないこと、権威者への無条件服従がよいこと。

第2段階…手段的相対主義者への志向…人間関係はドライなギブ・アンド・テイクとして考えられる。自分自身や他者の欲求を満足させる手段として正しい行為がとらえられる。僕の背中をかいてくれれば、君の背中もかいてあげる、といった感じ。

II. **慣習的レベル**…このレベルにおいて、人は自分の属する家族・集団・国家に従うようになる。単に受動的ではなく、積極的に秩序を維持し、これを保とうとする。自分と秩序に含まれる人々とを、同一視するようになる。

第3段階…対人的同調あるいは「よい子」志向…よい行為とは、他者を喜ばせたり助けたりすることであり、他者に受け入れられること。「よい子」でいるためには、普通の型にはまることが求められ、身近な人の目が気になる。

第4段階…法と秩序への志向…権威や固定した規則、社会秩序の維持を重要とする。正しいとは、義務を果たすこと、権威への尊敬を示すこと、既存の秩序を維持すること。

III. **脱慣習的レベル**…道徳的価値や原理が、これらを支える集団や人々の権威から独立に定義されるようになる。

第5段階…社会契約的な遵法主義への志向…一般的に功利主義的な色調をもつ段階。最大多数のための最大幸福。正しい行為とは、個人の権利と社会的コンセンサスに基づいて決められる。個人的な価値や意見の相違を自覚した上で、コンセンサスに至るまでの手続き上の規則が強調される。手続きさえ整えば、法の改正は可能。コンセンサス以外の正邪については、個人的な問題となる。「アメリカ的」な道徳性。

第6段階…普遍的な倫理的原理への志向…正しさは、論理的包括性・普遍性・一貫性をもち、自分で選んだ倫理的原理に従う良心の決定によって決められる。この原理は抽象的で倫理的。「黄金律」や「定言命法」が、これに当たる。

日本に生活するわたしたちからすると、ほとんどの人々が慣習以前のレベルで止まっているような気がしないでもありません。というのも、わたしたちは、かねてから知・情・意から成り立つといわれる人間観によると、知よりもむしろ情、感じる情、感情のほうに、情緒とか風情とかいって慣れ親しんできた文化的伝統があるからでしょう。すると、全人類が、何もここでいう第1段階から第6段階へと段階的に高まる、あるいは進歩する必要もないのかもしれません。最終的に「良心」に帰着する道徳性の発達段階論とは、何とも西洋的でキリスト教的だともいえそうです。ちなみに黄金律とは、キリスト教では「人からしてもらいたいことを人にもしなさい」というものであり、定言命法とは、カントのいう「あなたの意志の格率が常に同時に普遍的な立法の原理として妥当しうるように行為せよ」というものです。「もし〇〇したいのなら、△△しなさい」と、目的に対する手段としてよい行為を命じるのが仮言命法であるのに対して、絶対的無条件的に「普遍的な法」を命じてくるのが、これしかありえない、という意味での定言命法です。いわば絶対普遍の「神の法」のようなものです。ここにはまだ第3の審級が生きています。

アメリカにおける2つの道徳教育の潮流

　現代においてもキリスト教的宗教色の強いアメリカ。そこには道徳教育においても大きく2つの潮流があります。インカルケーション（inculcation）あるいは品性（人格）教育（character education）と、いま見ましたコールバーグ理論を基とする認知発達的アプローチです。アメリカの教育学には、もともと本質主義（essentialism）と進歩主義（progressivism）という2つの大きな勢力がありまして、前者は文化遺産や価値の伝達を強調し、後者は子どもの関心・意欲・態度などの自発性・主体性を重視します。本来はこの2つが協働しなければ、「教えること」も「育つこと」もありえず「教育」は成立しえないのですが、ときにこのどちらかだけにバランスを崩しがちです。現代の日本が、ゆとりのない「ゆとり教育」という後者の路線から、再び前者の路線へと揺り戻しに躍起になるように。

　ともかく、インカルケーション、すなわち「望ましい価値」を教え込み、内面化させる方法として、品格教育が工夫されてきました。これまでの講義を振り返れば、カテキズムを連想するかもしれません。CEC（Character Education Curriculum）では、「勇気と信念」「寛容・親切・援助」「正直・誠実」「名誉」「正義・寛大」「時間と能力の活用」「選択の自由」「言論の自由と市民権」「個人としての権利」「機会均等・経済的安全に対する権利」という10の価値単元が設定されていて、これらの価値を植えつけるための授業が工夫されます（リコーナ，1997，2005）。問題は、価値の注入（indoctrination）に陥る危険性ですが、わたしは個人的に、とくに道徳教育において「偏見」が全くない「無色透明」な「教育」などありえないと思っています。むしろ、教育者は常にこれは「偏見」かもしれないと自覚的でありながら教育を行うことが大事なのです（無知の知）。偏見をもたない人間は、この世に存在しないのですから。このようにリベラル・アーツを重視するわたしの立場からすれば、これが自ずと本質主義に傾きがちであるのを自覚しておく必要があるわけです。ただし、これだけは繰り返します。ある程度のインカルケーションの土台があってはじめて、関心・意欲・態度などの自発性・主体性もまた、ここに自由に開花しうるのです。最初から放任しておいて、これら

が勝手に育つはずはない。本質があって、その先に進歩がある。わたしたちは、先人たちの文化遺産の上に立って、ようやくさらに進歩が可能となるのです。伝統に対する敬意を失ってはなりません。

ところで、認知発達的アプローチでは、いわゆるジレンマ教材が用いられます。たとえば、小学校低学年・中学年用としての「ホーリーのジレンマ」。要約すると、8歳のホーリーは木登りが得意ですが、落ちて危険な目に逢いました。幸いにも怪我はなかったのですが、父親から今後の木登りを堅く禁止されます。本人も、もう木登りはしない、と約束します。とある日、仲間のショーンの子猫が木に登ったきり降りられなくて、ショーンは困っていました。助けられるのはホーリーだけです。しかし、ホーリーは父との約束を思い出しました。そこで、内容を十分に理解させた上で、教師はたずねます。ホーリーは木登りして子猫を助けてあげるべきか、否か。では、それはなぜですか、と。最初にこうした発問をした後、ディスカッションを経て、再び各自の判断を問います。そして、その理由について考えさせる。これが、認知発達的アプローチによる道徳教育の授業の一例です。いわゆる、モラル・ディスカッションを中心とする授業です（荒木, 1988, 1997）。ただし、これだけではオープン・エンドで、何となく終わってしまうかもしれません。やはり、インカルケーションとの協働は欠かせないのです。

日本人のメンタリティ

先にも少し触れましたが、日本人は欧米人とは異なる文化的伝統にあります。そのなかで、道徳的判断の根拠（理由）についても、当然のことながら相違があらわれます。心理学者・東は、欧米人が律法主義に、日本人が気持ち主義に基づいて躾を行っている点を明らかにしました（東, 1994）。つまり、子どもの躾方を調査すると、子どもがよくないことをしているのを止めさせるときに、日本の母親は、しばしば気持ちや感情を引き合いに出すというのです。「こんなことしたら、○○ちゃん、どう感じるかな〜」というように。必ずしも規則やルール、それに約束ではない。よって、コールバーグのような発想の背景には、善悪について普遍妥当的な自然法があることを指

摘しています（東，1994，140）。近頃では「空気を読め」などと、とくに若者のあいだでは死活問題ともなっていますが（土井，2008）、気持ち主義の躾の下で暗黙のうちに育った結果なのかもしれません。欧米人はやはり律法的で原理原則を第一に掲げますが、わたしたちはどちらかというと人間関係や感情的なものを優先させてしまい、悪くいえば情に流される傾向（主情主義）を有しているといえるでしょう。こうした違いを自覚しておくことは、とても大切です。では、わたしたちにはどのような道徳教育が望ましいのでしょうか。次の最終講で考えてみましょう。

　以上、道徳教育の方法について、詳しく具体的に見ることはできませんでしたが、その前提となる道徳性のとらえ方については、大雑把ではありますが、一応の見通しはえられたのではないかと思います。問題は、日本に生きるわたしたちが、これからどのような道徳教育を行っていったらいいのか。いよいよ、この問いと向き合う段階に到達しました。ここで、道徳教育の方法についても補足したいと思います。

第15講　道徳のゆくえ・人間のゆくえ

　この講義では、現代日本に生活するわたしたちが、親として、教師として、そして大人として、どのような道徳教育を行っていったらよいのか、考えてみたいと思います。果たして、これからの道徳はどうなるのか。人間の未来は、どうなるのか。教育にできること、できないことを明確にしながら、今後の課題について見ておきましょう。

学習指導要領「道徳」の背後

　振り返ります。人間らしい在り方・生き方としてのパイデイアやフマニタス。これを形成するためのリベラル・アーツ。この教育によって、欧米的道徳観の基礎が構築されました。もちろんリベラル・アーツの系譜は、今日ではすべての人々に求められるべきものではなく、その源流からしても、市民権をもつ男子という、きわめて限られたエリートにのみ課された教育でした。「人間性」の誕生とともに「教育」も誕生するわけですが、それはやはり、ある特定の文化や社会や時代のなかで、人々が生活していく上で必要不可欠な力（生きる力）を育成しようとする、意図的な営みです。その背後には、このエリートたちによる政治的な意図（ねらい）がないはずはありませんし、またそれでいいのです。教育とは、あくまでもある特定の人間社会や国家における教育であって、これとは無縁の自由な教育などあるはずもありません。「国民はそれぞれの国制に応じて教育されねばならない」（アリストテレス，1969，326）のです。これは現代日本においても同じです。

　リベラル・アーツもまた西洋中世では、神学は聖職者になるための、法学は法律家や官吏になるための、医学は医者になるためのというように、ある特定の職業のための準備段階でした。いわば就職するために、その資格をえるために、そして生活するために人々は大学へ行ったのです。資格社会や学歴社会は、何もいまはじまったことではありません。わたしたちは、この世

のシステムのなかで生きるしかないのです。

　こうした制度のなかでスイスイと生きる人は、世渡り上手といわれたりします。が、そうして成功をえるためには、このシステムに精通しなければなりません。これは、ヒトとして生まれて放任しておけば勝手に身につく能力ではありません。やはり教育を通じて意図的に学習させられた結果として、はじめて身につくハビトゥスです。このための努力を、彼らは人一倍しているかもしれません。それなりに大変なのです。余談ですが、この世のシステムは何も上にあげたもののみならず、数多くあります。たとえば子どもには子どもの世界なりのシステムがあり、やはりそれなりに苦労しているようです。ある特定のハビトゥスが暗々裏に作動する「世間」は無限にあります（阿部, 1995）。

　ところで、第II部での講義で詳しく学びましたように、「教育」がエリートだけに求められる特別のものではなく、全員就学とか義務教育とかいって、すべての人々に求められるものとして大衆化していくのが近代という時代でした。これは一方では人間社会の進歩ですが、他方では不幸のはじまりだったともいえるでしょう。なぜなら、すべての人々がエリートに求められるリベラル・アーツや、およそ学問（いわゆる学校でのお勉強）に向いているとは到底いえないからです。これがはじまった頃、日本では明治時代ですが、学校の打ち壊しまであったくらいです。

　すでに見ましたように、「人間性」の誕生と同時に「教育」は人々を差異化する機能を根本において果たしますから、教育が普及すればするほど、教育されていない人々との差異が（とくに資格や学歴において）ハッキリしてしまいます。教育は、およそ学校教育という制度は、「教育されていない（いまだ人間性に値しないとされる）人」との差異を、果てしなく再生産し続けてしまうのです。教育を拡大しようとすればするほど、逆に教育不十分な人々との「格差」を生み出してしまう。何ともいえない皮肉です。さらに、まじめな教育者ほど、教育の根本にある差異化（まさに差別化）という、「教育されていない人」からすれば「暴力」としか見えない機能を感じないまでに教育され（飼い慣らされ）ていますから、彼らとまじめにかかわろうとすれば

するほど、ますます嫌われてしまう。当人には、嫌われる理由が分からない。二重の皮肉というか、悲劇的喜劇です。

なぜ、そうなるのか。じつは「教育されていない人」のほうが、「教育」のもつ差異化という根本機能が目論む意図に、いまだ野生として無意識的に敏感だからです。(ただし、先のニーチェは最高度の「教育」の結果、翻って意識的な過敏性となってしまいました。)逆に、まじめな教育者とは、すでに上手く「教育されてしまった人」、つまり野生ではなく人工物だからです。しかも、彼らにとって教育は、絶対的な「善」として信じられています。本人は、常に「よい」ことをしている、と信じて疑わないのです。

換言しておきましょう。教育とは、わたしたちのなかの動物性(野生)を無理やり「人間」化しようとする、ある意味で暴力的な意図的同化作業です。しかし、いまだ同化されていない野生のヒト(とくに子ども)は、これを嫌がる、あるいは怖がる。当然です。なんせ得体が知れませんから。すると、子どもは、すでに教育されてしまったわたしたちからすれば、本当は「他者」なのです。逆に、子どもからすればこのわたしたちこそが「他者」なのです。すでに先行世代によって同化されてしまった、恐ろしい「他者」です。もしかすると、この同化を無理強いしようと迫ってくるモンスターかもしれません。この点を忘れないようにしましょう。じつは、こうした他者同士の対決の場こそが、教育の現場(臨床)なのです。この他者と他者とのあいだで、はじめて教育関係が成立するのです(宮野, 1996)。とりわけ職業として教育に携わろうとする人は、自分が子どもにとって本来「他者」であり、ときには「怪物」としてさえ見られていることを忘れてはなりません。ただし、モンスター・ペアレントには注意しなければなりませんが。

こうした教育の機能を明確に定義した社会学者として、デュルケーム(Durkheim, E. 1858-1917)が有名です。

> 教育とは、社会においてまだ成熟していない世代に対して成人世代によって行使される作用である。教育の目的は子どもに対して全体としての政治社会が、また子どもがとくに予定されている特殊的環境が要求する

一定の肉体的、知的および道徳的状態を子どもの中に発現させ、発達させることである（デュルケーム，1982, 58-59）。

あるいは教育の課題について、こうもいっています。

もっとも迅速な方法によって社会は誕生したばかりの利己的、非社会的存在に道徳的かつ社会的生活を営みうるような他の存在を添加しなければならないのである。ここにこそ教育の課題が存するのである（デュルケーム，1982, 60）。

よって、政治社会を代表する教育官庁・文部科学省が定めたのが「学習指導要領」。学校教育者は、これを子どもにある意味で強制教育する義務を負っているのです。この仕事によって、メシが食えるわけです。子どもたちの動物性を「飼い慣らす」のが、第一の仕事なのです。

ここに政治的意図があるのは、当然です。教育そのものが差異化や格差を再生産することも、わたしたちは学びました。こうした「教育」の背後を自覚しながら、しかし、わたしたちはこれをときに「押しつける」必要があるのです（義務教育）。学校教育者ならば、野生の子どもを調教しながら、とくにある特定の文化や社会や時代が要求する「道徳的状態」を、そのなかに発現させ発達させる必要が。これこそ現代日本における道徳教育です。

ただし、「教育」の背後に自覚的な教育者ならば、道徳教育が教育勅語に基づくかつての修身科のごとき全体主義的徳育へと、単純に傾斜することもないはずです。繰り返します。ここでまともな教育者とは、「教育」にともなう善悪両面の作用（表と裏）について常に自覚的かつ意識的である人を指します。ここが重要です。今回の「教育原論」とは、その全体が、それぞれの角度から、まさに教育のプロとしての根源的自覚意識を覚醒させようとする講義である、といっても過言ではありません。これを欠いたナイーヴな教育者が多数を占めるとき、わたしたちは再び危険な状態に陥るといえるでしょう。もし、そうした盲目で寝ぼけた教員を養成することが政治社会の本当のねらいだとしたら、教員養成に携わるわたしたちは、これに断固抵抗しな

ければなりません。もしかしたら、この「講義」も、ささやかな抵抗運動なのかもしれません。

ともかく、わたしたちは絶えず目覚めていなければならないのです。深く目覚めた教育者として、学校教育を実践しましょう。学習指導要領「道徳」の内容を、次に一瞥します。

小学校学習指導要領道徳編

小学校を中心に見てみましょう。平成20（2008）年改訂の指導要領では、道徳教育の目標が、「学校の教育活動全体を通じて、道徳的な心情、判断力、実践意欲と態度などの道徳性を養うこと」とあります。「道徳性」という一言のなかに、道徳的な感情や判断や意志や態度など、これまでの講義で述べてきた、人間のもつさまざまな力としての「徳」がうまくまとめられています。学習指導要領とは、それなりに優れた教育の手引きです。そこで、さらにこう続きます。

> 道徳の時間においては、以上の道徳教育の目標に基づき、各教科、外国語活動、総合的な学習の時間及び特別活動における道徳教育と密接な関連を図りながら、計画的、発展的な指導によってこれを補充、深化、統合し、道徳的価値の自覚及び自己の生き方についての考えを深め、道徳的実践力を育成するものとする。

つまり、学校の教育活動全体が、すなわち道徳教育—道徳性の涵養—につながることを明記しています。これは、「道徳の時間を要として学校の教育活動全体を通じて行う道徳教育の内容は、次のとおりとする」（傍点引用者）として繰り返されます。

内容は、4つの観点からなり、低学年・中学年・高学年によって、それぞれ具体的に記されています。

1. 主として自分自身に関すること。
2. 主として他の人とのかかわりに関すること。

3．主として自然や崇高なものとのかかわりに関すること。
4．主として集団や社会とのかかわりに関すること。

4つの各観点が、いずれも「かかわり」として表現されていることに注目しましょう。すでに前講まででわたしたちは、さまざまな道徳観や、それを成り立たせている人間の心の構造について垣間見てきました。基本的な信頼をベースにして、自分が自己といかにかかわるのか。それは常に他者とのかかわり方になって表出してきます。また自然環境とのかかわり方にも、社会とのかかわり方にも。

わたしという、じつは「わたし」にとっても正体の知れない身体が、こうした2重3重のかかわり（関係）をうまくこなしていくのは、本当は至難のわざであって、フロイトもいったように、道徳などというものは所詮「仮面」であることは確かです（バタイユ，2004，316-317）。次にその内容について見ることにしますが、これを心底から24時間いつも実践している人間は、この世に1人もいません。寝ているときまで道徳的であるのは不可能です。わたしたちは、あくまでも動物の一種としての「人間」であって、ときに本来の動物性に、野生に還ることを必要とします。昼があり、夜があるのが1日です。それが繰り返されます。どんなに文明化された人間でも、自己の内なる自然という、非合理的な生命のマグマを枯らしては、いきいきと生きることが困難なのです。それは瞬間的なエネルギーの燃焼です（バタイユ，2009，353）。これを合法的に行う1つの手段がアートです。感動体験です（菱刈，2006，191）。

ともかく、地球が暗黒の宇宙に浮かんでいるように、わたしたちの合理性、理性、そして道徳性は、じつのところ非合理性、野生、動物性によって取り囲まれています。わたしたち「人間」とは、どんなにイデアに憧れたとしても、この世に生きることにおいて常に「生臭い」動物であることを忘れてはなりません。ちなみに、キリスト教ではこうした人間の在り方・生き方を「肉的」と表現しました。だからこそ、逆にイデアに憧れるのです。キリスト教では、このときの人間は「霊的」です。要するに、理性の光が際立て

ば際立つほど、非合理性の暗闇もますます深まる（ホルクハイマー・アドルノ，2007）。よって、この世のシステムのなかで生きていくには、道徳という仮面が、どうしても必要となります。人間とは、道徳という仮面を身につけることで、はじめて社会生活を営むことができる。そして、生命の根源である暗闇に根ざす野生を、恐れ隠れつつ生きるのです。

しかし、今日ではこの仮面すら身につけてくれない人々が増加することで、逆に自己の本体が宿る生命の根源としての暗闇もぼやけ気味です。結果として「生きる力」が脆弱になりつつあります。人間社会においては、自己の内なる野生が隠され恐れられてこそ、はじめて真の喜びの源泉となる。すでに第12講で、禁止を破るところに快楽があることを確認しました。なのに、現代ではそれがあまりにも「あけっぴろげ」なのです。すると、快楽の密度も希薄になる。さらにすると、より濃密な快楽を求めてドラッグなどに安易に走る。こうした悪循環が問題になっています。わたしたちは、小学生に求められる道徳から、強力に教育したいものです。禁止や命令は必要不可欠です。「人間」としての基本的モラルが、第1学年および第2学年の内容に凝縮されていますので、これだけ全文引用しておきます。

 1．主として自分自身に関すること。
  （1）健康や安全に気を付け、物や金銭を大切にし、身の回りを整え、わがままをしないで、規則正しい生活をする。
  （2）自分がやらなければならない勉強や仕事は、しっかりと行う。
  （3）よいことと悪いことの区別をし、よいと思うことを進んで行う。
  （4）うそをついたりごまかしをしたりしないで、素直に伸び伸びと生活する。
 2．主として他の人とのかかわりに関すること。
  （1）気持ちのよいあいさつ、言葉遣い、動作などに心掛けて、明るく接する。
  （2）幼い人や高齢者など身近にいる人に温かい心で接し、親切にする。

（3）友達と仲よくし、助け合う。
　　（4）日ごろ世話になっている人々に感謝する。
　3．主として自然や崇高なものとのかかわりに関すること。
　　（1）生きることを喜び、生命を大切にする心をもつ。
　　（2）身近な自然に親しみ、動植物に優しい心で接する。
　　（3）美しいものに触れ、すがすがしい心をもつ。
　4．主として集団や社会とのかかわりに関すること。
　　（1）約束やきまりを守り、みんなが使う物を大切にする。
　　（2）働くことのよさを感じて、みんなのために働く。
　　（3）父母、祖父母を敬愛し、進んで家の手伝いなどをして、家族の役に立つ喜びを知る。
　　（4）先生を敬愛し、学校の人々に親しんで、学級や学校の生活を楽しくする。
　　（5）郷土の文化や生活に親しみ、愛着をもつ。

　小学生低学年の段階で、これだけ本当に教育できていたら、この世の中は（たとえ表面的であれ）どれほど素晴らしいものになっていたことでしょう。先ほど、これらの内容をインカルケーションしたいといいましたが、実際にはこれだけ情報化が進んだ現代の教育環境において、あえてインカルケーションとまで強調しなければ、こうした道徳の仮面を、たとえ表層だけでも身につけさせることなど、もうとう不可能です。そもそもいくらインドクトリネーションしようとしても、心は教育できないところに人間の野生があります。教育の限界です。「心の教育」などと軽々しく口にする教育関係者も多いのですが、心の教育はできません。だからこそ、一定の仮面としての道徳を押しつける必要があるのです。心は勝手に育つもの。各自の心の扉は、外側からは決して開けられません。心の扉は内側からしか外側に開かれない。いま見た内容にも「心」という言葉が何回も出てきますが、これらの心は、究極的に涵養されるしかないものなのです。
　しかし、です。学校教師はこれを強制しなければなりません。つまり、心

の扉を外側からノックするのが道徳教育です。この意味で心の教育というのであれば肯けますが、心そのものは教育できないことをよく覚えておく必要があります。だからこそ、学校教師はどうどうと、子どもたちの心の扉をモラル・ライフに向けてノックし続けることができるし、またしなければならないのです。道徳とは仮面であることの意味を深く自覚するがゆえに、あえてわたしたちは道徳を教育しよう、と試み続けなければならないのです。

最新の学習指導要領では、道徳教育の推進を主に担当する教師を「道徳教育推進教師」と呼び、これを中心にして、全教師が協力して道徳教育を展開すべし、と定めています。さらに、集団宿泊活動や自然体験など特別活動との連携、授業公開の促進、家庭や地域との協力なども特記されています。ただし、数値による評価は行わない、とされている点も忘れてはなりません。わたしたちのモラリティは点数化できません。もしできればとても便利なのですが、これができるのは「神」のみです。次に、中学生に求められる道徳の内容についても見ておきましょう。

中学校学習指導要領道徳編

中学生に求められる道徳教育の目標には、「道徳的価値及びそれに基づいた人間としての生き方についての自覚を深め、道徳的実践力を育成する」とあります。やはり、道徳の時間を要として、学校の教育活動全体を通じて行うことになっています。内容1です。

1　主として自分自身に関すること。
　（1）望ましい生活習慣を身に付け、心身の健康の増進を図り、節度を守り節制に心掛け調和のある生活をする。
　（2）より高い目標を目指し、希望と勇気をもって着実にやり抜く強い意志をもつ。
　（3）自律の精神を重んじ、自主的に考え、誠実に実行してその結果に責任をもつ。
　（4）真理を愛し、真実を求め、理想の実現を目指して自己の人生を

切り拓いていく。
（5）自己を見つめ、自己の向上を図るとともに、個性を伸ばして充実した生き方を追求する。

アリストテレスやカントの倫理学を彷彿とさせるものです。いずれも、これらを実現するには人生全体にわたるトレーニングが必要です。しかも、第3の審級が存在しない限り、あるいはこれが望まれていない限り、真理や理想の追求も困難です。どうしたらいいでしょう。内容2です。

2　主として他の人とのかかわりに関すること。
（1）礼儀の意義を理解し、時と場に応じた適切な言動をとる。
（2）温かい人間愛の精神を深め、他の人々に対し思いやりの心をもつ。
（3）友情の尊さを理解して心から信頼できる友達をもち、互いに励まし合い、高め合う。
（4）男女は、互いに異性についての正しい理解を深め、相手の人格を尊重する。
（5）それぞれの個性や立場を尊重し、いろいろなものの見方や考え方があることを理解して、寛容の心をもち謙虚に他に学ぶ。
（6）多くの人々の善意や支えにより、日々の生活や現在の自分があることに感謝し、それにこたえる。

粗悪な情報に取り囲まれて騒がしい世の中。わたしたちもまたさつばつとした毎日を送っていると、自分たち自身が日々の生活のなかでかろうじて実践する姿を子どもたちに少しでも示し続けるしか、有効な教育はないように思えます。教師ができないことを生徒に要求するのは、本当はおかしいのですが。内容3です。

3　主として自然や崇高なものとのかかわりに関すること。
（1）生命の尊さを理解し、かけがえのない自他の生命を尊重する。
（2）自然を愛護し、美しいものに感動する豊かな心をもち、人間の

力を超えたものに対する畏敬の念を深める。
（3）人間には弱さや醜さを克服する強さや気高さがあることを信じて、人間として生きることに喜びを見いだすように努める。

19世紀ドイツで美学が誕生しますが、その背景には、今日と同様に荒涼としはじめた世の中がありました。端的にいって、美が世界を救うのです。わたしたちは醜いからこそ美を求める。美を求める醜いわたしたちのうちには、いまだ美に共鳴する何かがあるのです。このことだけは、確かです。たとえば、ベートーヴェンの音楽もそれを証明しています。ぜひ感動体験してみてください。ロゴスは無用です。ただし、これを心から感受できるようになるのにも、それなりの苦悩と準備そして、教育が必要ですが。内容4です。これは抄録にします。

　4　主として集団や社会とのかかわりに関すること。
　（1）法やきまりの意義を理解し、遵守するとともに、自他の権利を重んじ義務を確実に果たして、社会の秩序と規律を高めるように努める。
　（2）公徳心及び社会連帯の自覚を高め、よりよい社会の実現に努める。
　（3）正義を重んじ、だれに対しても公正、公平にし、差別や偏見のない社会の実現に努める。
　（4）自己が属する様々な集団の意義についての理解を深め、役割と責任を自覚し集団生活の向上に努める。
　　　　　　　　　　　　（中略）
　（9）日本人としての自覚をもって国を愛し、国家の発展に努めるとともに、優れた伝統の継承と新しい文化の創造に貢献する。
　(10)　世界の中の日本人としての自覚をもち、国際的視野に立って、世界の平和と人類の幸福に貢献する。

内容4は、全部で10項目もあり、ここに相当の力点が置かれています。気

第15講　道徳のゆくえ・人間のゆくえ　　*229*

持ちは分かりますが、すでにわたしたちは、こうした秩序や規律が崩壊する過程や原因を見てきました。それを踏まえた上で、何ができるのかを考えなければなりません。

道徳教育をいかに行うか

　道徳の時間は教科ではありませんから、学校では大抵の場合、読み物資料と呼ばれる副読本を用いて、道徳の授業が行われます。道徳教育の方法については、書店のコーナーをのぞいてみても、じつにさまざまな試みがありまして、道徳教育に熱心な教師もたくさんいます。しかし、道徳教育の第一歩は国語教育にあることを、すでに第13講で強調しておきました。主情主義に傾斜しがちな日本人のメンタリティを踏まえるがゆえに、あえてロゴスにきちんと訴えかける、欧米的なリベラル・アーツの系譜を、パイデイアとフマニタスの理念を、何とか再生できないものかと思います。リテラシーは、モラル・リテラシーにつながるのです（Herman, 2007）。

　幼い頃から書物というテキストをしっかり読むことを通じて人格を形成する、という教養主義の伝統を、せめて学校では、その一部でも復権させたいものです。否、これこそをメインに据えるべきでしょう（山﨑, 2007）。

　残念ながら、教員養成の大学そのものが、もはやこれとはかけ離れつつあり、土台を欠いた、上っ面だけの実践だけがもてはやされつつあります。漢字はろくに読めない、文章は書けない、計算も分数もできない学生に実践力をつけるとか、不思議なことをいっている。すぐに役立つものは、結局すぐに役立たなくなるものです。そもそも教師になる基礎学力が欠けているのにいったい何を実践するのでしょう。教養に基づく人格形成という根本があって、はじめて実のある実践が可能になるのです。

　わたしたちは、いまこそルターの言葉を思い起こす必要があるでしょう。善い樹に善い実がなるのであって、決してその逆ではない。存在は行為に先立つのです。

　存在そのものを大事に育もうとしない浅はかな教育政策が、ますます空回りで皮相な実践の多忙性へとわたしたちを駆り立て、これによっていよいよ

肝心要の教師自身が疲弊していくとしたら、わたしたちはどこかでこれに抵抗しなければなりません。

教育は百年の計。「文部行政に携わる者はこれに死する覚悟で」と唱えた、初代文部大臣・森有礼（1847-1889）の自警は、もはやはるか昔のことのようです。残念です。

道徳のゆくえ・人間のゆくえ

身も蓋もない話で終わってしまいそうですが、人類が遅かれ早かれ滅び去ることは間違いありません。このいまの地球という、オール・イン・ワンの水槽で生きるわたしたちが、自らの手で、自らの寿命を着実に縮めているのです。利他的利己主義に徹する道徳、仮面としての道徳も、究極的に見れば一時しのぎにしか過ぎません。が、それでいいのです。人類が滅亡する以前に、いまここでこういうことを考えるわたしたちのほうが先に死にますから、心配無用です。死はあくまでも想像のなかで語りえるものであって、死んだときわたしたちはもう「死んでいる」わけで、これを後で語ったりできません。語る存在が存在していないのですから。こわがることもできません。なので、生きている限りやれることをやりましょう、ということに尽きてしまう。人間圏外のその後のことは、「神」にすべて任せましょう。『マタイによる福音書』第6章34節に、「明日のことまで思い悩むな。明日のことは明日自らが思い悩む。その日の苦労は、その日だけで十分である」とある通りです。

わたしたちは死ぬからこそ、生きることが貴重だし、生が有難い。この深い自覚に、道徳教育の原点があります。道徳教育のすべては、ここに起源している。指導要領の内容3-（1）が源泉なのです。

学校教育は、道徳教育は、どうしようもない「罪人」としての人間が、なんとかこの世の中で、それなりに安全に生活できるようにするために、その野生（動物性）を灰汁抜きする作業ともいえるでしょう。ただし灰汁、すなわち「悪」がなければ、いまのわたしたちもありえません。灰汁は完全に除去しえませんし、そもそも生をおいしくさせるのも、「悪」ですから。一連

の講義の最初に確認しました。楽園は、楽園でなかったのです。

　ただ、その代償として、これからのわたしたち人間が、ますます人間自身の内なる手ごわい「悪」との、リスクとの非常に困難な葛藤に迫られていくことだけは、確実です。

　以上、わたしたち人間は、もの心ついたときから「死に向かって」生きる、という根本的な矛盾に気づいてしまいました。つまり、生きることは絶えざる矛盾であり、最終的にはごまかしでもあります。そのために、さまざまな哲学や宗教が語られてきました。あるいは、逃避のための気晴らしやドラッグなど。これが人間という生き物なのです。しかし、ごまかして生活するために差し当たり重要なツールとは、道徳です。たかが道徳、されど道徳。この自覚を十分に嚙みしめながら、地道な実践を日々行い続けるのが道徳教育なのです。

　最後に、『武士道』で有名な新渡戸稲造の『修養』（新渡戸, 2002a）は、今日わたしたちが（道徳的つまり人間的に）生きていく上でも、とても多くのヒントと指針を与えてくれる古典（初版1911年）ですので、お勧めします。ちょうど100年後のわたしの拙い講義が、この足元にも及ばず恥じ入らざるをえません。新渡戸の他の多くの著作も、ぜひ参考にしてください（新渡戸, 2002b, 2007a, 2007b）。すぐに役立ちそうな実践に安易に向かうよりも前に、まずはきちんと古典を読む習慣を身につけたいものです。そうした習慣こそ、他ならぬ自己に向かっての道徳教育となるのです。

おわりに──探究はつづく──

　これで合計15回の講義・教育原論が終わりました。
　はじめに述べられたように、人間という生物は、まさに複雑怪奇であり謎にみちています。よって、教育という営みについてもまた、これをよく掘り下げて考えてみようとなると、当然のことながら混沌としてきます。教育原論の講義の後、みなさんのなかには、教育についての疑問がますます深まってしまったという方がいるかもしれません。が、それでいいのです。
　これからの時代、人間とこれを取り巻く世界は、混迷の度をより色濃くしていくことでしょう。もはや確たる何かを信じることのできない時代、すべてがクエスチョナブルな時代、不安な時代。それでも、わたしたちは自ら考え、悩み、そして生きていかなければなりません。教育は更新され続けなければならないのです。
　もう考えるのも面倒だし、悩むのもいやだし、生きるのにも疲れたという人々が多い現代。にもかかわらず、人間がよりよく生き続けられるために、古くて新しい教育について原理的に考え直してみようとするみなさんにとって、この講義が、ある種のヒントや刺激ともなれば幸いです。これからも、ともに探究していきましょう。
　ところで、わたしたち3人もまた、教育について考え続け、悩み続け、それでもよりよい未来に希望を託する探究者です。宮野安治先生を中心とした、シュンポシオンさながらの気さくで楽しい触れ合いのなかで、このような企画もまた生まれました。どんなに苦しくとも、われわれ人間の生を根底で支えてくれるもの。それは生きて楽しむことの喜びと、このことへの感謝の念にほかなりません。本書は、その貴重なメモリーのひとつでもあります。また機会があれば、「補講」でお目にかかりましょう。探究に終わりはありません。
　最後に、この講義の出版を快諾していただいた成文堂編集部の相馬隆夫さんに、お礼申し上げます。

引用・参考文献

［本文中（著者名，出版年，頁）として表示］

第Ⅰ部

ヴィゴツキー，L. S.『思考と言語　上』柴田義松訳、明治図書、1962年。
氏家重信『教育学的人間学の諸相』風間書房、1999年。
ウシンスキー，K. D.『新訳版　教育的人間学』柴田義松訳、学文社、2010年。
ヴルフ，Ch.（編）『教育人間学入門』高橋勝監訳、玉川大学出版部、2001年。
ヴルフ，Ch.「歴史的教育人間学への転回」（今井康雄訳）東京大学大学院教育学研究科教育学研究室『研究室紀要』第30号、2004年6月。
ヴルフ，Ch.（編）『歴史的人間学事典（1）（2）（3）』藤川信夫監訳、勉誠出版、2005／2008年。
エルヴェシウス，C. A.『人間論』根岸国孝訳、明治図書、1966年。
岡本英明『ボルノウの教育人間学』サイマル出版会、1972年。
奥谷浩一『哲学的人間学の系譜』梓出版社、2004年。
金子晴勇『マックス・シェーラーの人間学』創文社、1995a年。
金子晴勇編『人間学』創文社、1995b年。
金子晴勇『現代ヨーロッパの人間学』知泉書館、2010年。
勝田守一『能力と発達と学習』国土社、1964年。
茅野良男『哲学的人間学』塙新書、1969年。
カント，I.『教育学講義他』勝田守一・伊勢田耀子訳、明治図書、1971年。
ゲルナー，B.『教育人間学入門』岡本英明訳、理想社、1975年。
ゲーレン，A.『人間』池井望訳、世界思想社、2008年。
コメニュウス，J. A.『大教授学1』鈴木秀勇訳、明治図書、1962年。
シェーラー，M.『同情の本質と諸形式』（シェーラー著作集8）青木茂・小林茂訳、白水社、1977a年。
シェーラー，M.『哲学的世界観』（シェーラー著作集13）亀井裕・安西和博訳、白水社、1977b年。
下程勇吉・教育人間学研究会『教育人間学の根本問題』燈影社、2000年。
柴田義松・小原秀雄・岩城正夫『人間・ヒトにとって教育とはなにか』群羊社、1984年。
シュプランガー，E.『文化と性格の諸類型1』伊勢田耀子訳、明治図書、1959年。
鈴木光太郎『オオカミ少女はいなかった』新曜社、2008年。
皇紀夫・矢野智司編『日本の教育人間学』玉川大学出版部、1999年。
田浦武雄編著『教育人類学』福村出版、1979年。
デルボラフ，J.『現代教育科学の論争点』小笠原道雄監訳、玉川大学出版部、1979年。
中内敏夫『教育学第一歩』岩波書店、1988年。
ニーチェ，F.『善悪の彼岸』木場深定訳、岩波文庫、1970年。

平野正久「教育人間学の課題と方法——H. ロートの所論を中心に——」『大阪大学人間科学部紀要』第19巻、1993年3月。
フーコー, M.『言葉と物』渡辺一民・佐々木明訳、新潮社、1974年。
藤川信夫編『教育学における優生思想の展開』勉誠出版、2008年。
ブーバー, M.『人間とは何か』児島洋訳、理想社、1961年。
ブレツィンカ, W.『教育科学の基礎概念』小笠原道雄他訳、黎明書房、1980年。
ヘルダー, J. G.『言語起源論』木村直司訳、大修館書店、1972年。
ヘルバルト, J. F.『教育学講義綱要』是常正美訳、協同出版、1974年。
堀尾輝久『人間形成と教育』岩波書店、1991年。
ポルトマン, A.『人間はどこまで動物か』高木正孝訳、岩波新書、1961年。
ボルノー, O. F.『実存哲学と教育学』峰島旭雄訳、理想社、1966年。
ボルノウ, O. F.『教育を支えるもの』森昭・岡田渥美訳、黎明書房、1969年。
ボルノー, O. F.『人間学的に見た教育学』浜田正秀訳、玉川大学出版部、1969年。
ボルノウ, O. F.・プレスナー, H.『現代の哲学的人間学』藤田健治他訳、白水社、1976年。
ボルノー, O. F.『教育学における人間学的見方』岡本英明訳、玉川大学出版部、1977年。
ボルノー, O. F.『思索と生涯を語る』石橋哲成訳、玉川大学出版部、1991年。
ボルノウ, O. F.『練習の精神』岡本英明監訳、北樹出版、2009年。
宮野安治『教育関係論の研究』溪水社、1996年。
宮野安治『リットの人間学と教育学』溪水社、2006年。
森昭『教育人間学』（森昭著作集第4・5巻）黎明書房、1990年。
ランゲフェルド, M. J.『教育の人間学的考察 改訂版』和田修二訳、未来社、1973年。
ランゲフェルド, M. J.『理論的教育学（上）』和田修二訳、未来社、1978年。
ラントマン, M.『哲学的人間学』谷口茂訳、思索社、1991年。
レールス, H.『一般教育科学』長谷川守男訳、玉川大学出版部、1990年。
ロート, H.『発達教育学』平野正久訳、明治図書、1976年。
ロック, J.『教育に関する考察』服部知文訳、岩波文庫、1967年。
ロータッカー, E.『人間学のすすめ』谷口茂訳、思索社、1978年。
和田修二『子どもの人間学』第一法規、1982年。

Flitner, A. (Hrsg.): Wege zur Pädagogischen Anthropologie, Heidelberg 1963.
Hamann, B.: Pädagogischen Anthropologie, Bad Heilbrunn 1982.
Hoffmann, D./Gaus, D./Uhle, R. (Hrsg.): Die Reformkonzepte Heinrich Roths, Hamburg 2006.
Höltershinken, D. (Hrsg.): Das Problem der pädagogischen Anthropologie, Darmstadt 1776.
König, E./Ramsenthaler, H. (Hrsg.): Diskussion Pädagogische Anthropologie, München 1980.
Landmann, M.: De Homine, München 1962.
Litt, Th.: Mensch und Welt (1948), 2. Aufl. Heidelberg 1961.

Loch, W.: Die anthropologische Dimension der Pädagogik, Essen 1963.
März, F.: Problemgeschichte der Pädagogik. Band II. Die Lernfähigkeit und Erziehbarkeit des Menschen. Pädagogische Anthropologie-Zweiter Teil, Regensburg 1980.
Plessner, H.: Gesammelte Schriften IV, Frankfurt am Main 1981.
Roth, H.: Pädagogische Anthropologie, Band I : Bildsamkeit und Bestimmung (1966), 3. Aufl. Berlin/Darmstadt/Dortmund 1971.
Wulf, Ch./Zirfas, J. (Hrsg.): Theorien und Konzepte der pädagogischen Anthropologie, Donauwörth 1994.
Zirfas, J.: Pädagogik und Anthropologie, Stuttgart 2004.

第II部

アーノルド，M.『再改訂法典―出来高払い制批判―』小林虎五郎訳、東洋館出版社、2000年。
稲垣忠彦・小澤周三・芝恭子・松平信久・宮原修『子どものための学校―イギリスの小学校から―』東京大学出版会、1994年（第5刷）。
ウォードル，D.『イギリス民衆教育の展開』岩本俊郎訳、協同出版、1979年。
エヴァンズ，R. J.『歴史学の擁護―ポストモダニズムとの対話―』今関恒夫・林以知郎監訳、晃洋書房、1999年。
大田直子『イギリス教育行政制度成立史―パートナー原理の誕生―』東京大学出版会、1992年。
オルドリッチ，R.『イギリスの教育―歴史との対話―』松塚俊三・安原義仁監訳、玉川大学出版部、2001年。
勝田守一『人間の科学としての教育学』（勝田守一著作集第六巻）国土社、1973年。
カニンガム，P.『イギリスの初等学校カリキュラム改革―1945年以降の進歩主義的理想の普及』山﨑洋子・木村裕三監訳、つなん出版、2006年。
ギーディオン，G.『空間・時間・建築1』太田實訳、丸善、2001年。
小泉一太郎『一九世紀オックスフォード大学の教育と学問』近代文芸社、2007年。
小松佳代子『社会統治と教育―ベンサムの教育思想―』流通科学大学出版会、2006年。
祖田修『都市と農村の結合』大明堂、1997年。
デューイ『学校と社会』宮原 誠一訳、岩波書店、1957年。
永井義雄『ロバアト・オウエンと近代社会主義』ミネルヴァ書房、1993年。
ナン，P.『自己表現の教育学』三笠乙彦訳、明治図書、1985年。
日本イギリス哲学会編『イギリス哲学・思想事典』研究社、2007年。
藤田英男・黒崎勲・片桐芳雄・佐藤学編『教育史像の再構築』世織書房、1997年。
堀尾輝久『現代教育の思想と構造』岩波書店、1977年（第八刷）。
松井一麿『イギリス国民教育に関わる国家関与の構造』東北大学出版会、2008年。
松塚俊三『歴史のなかの教師―近代イギリスの国家と民衆文化―』山川出版社、2001年。
山﨑洋子『ニイル「新教育」思想の研究―社会批判に基づく「自由学校」の地平―』大

空社、1998年。
山﨑洋子「E・ホームズの『教育の新理想』としての『自己実現』概念」教育哲学会編『教育哲学研究』第81号、2006年、92-111頁。
山﨑洋子「J. J. フィンドレイのカリキュラム論」『武庫川女子大学紀要（人文・社会科学）』2007年、21-30頁。
義江彰夫・本村凌二・山内昌之『歴史の文法』東京大学出版会、1997年。
Aldrich, R., *Lessons from History of Education*, Routledge, 2006（『教育史に学ぶ―イギリスの教育改革からの提言―』山﨑洋子・木村裕三監訳、知泉書館、2009年。）
Aldrich, R. & Gordon,P., *Dictionary of British Education*, Woburn Press, 1989.
Armytage, W. H. G., *Heavens Below-Utopian Experiments in England 1560-1960*, Routledge and Kegan Paul, 1961.
Badley, J. H., *Bedales : a pioneer school*, Methuen & co., ltd., 1923.
Board of Education, *Suggestions for the Consideration of Teachers*, HMSO (His Majesty's Stationery Office), 1905.
Board of Education, *Suggestions for the Consideration of Teachers*, HMSO, 1931.
Bray, S. E., *School Organisation*, University Tutorial, 1911.
Brehony, K. J., A New Education for a New Era : The Contribution of the Conferences of the New Education Fellowship to the Disciplinary Field of Education 1921-1938, *Pedagogica Historica*, Vol. 40. No. 5, Carfax Publishing, October 2004, 733-755.
Brooks, R., *King Alfred School and Progressive Movement, 1898-1998*, University of Wales Press, 1998.
Carr, E. H., *What is History?*, Penguin Books, Second Edition, 1987.
Cox, C. B. and Dyson, A. E. (ed.), *Fight for Education*, The Critical Quarterly Society, Hull Printers Ltd., 1968.
Cox C. B. and Dyson A. E. (ed.), *Black Paper Two*, The Critical Quarterly Society, Hull Printers, 1968.
Cunningham, P. & Gardner, P., *Becoming Teachers*, Woburn Press, 2004.
Claremont, C. A., Montessori and the New Era, in *The New Era*, Vol. 1, No. 1. April 1920, 2-16.
DES (Department of Education and Science): Central Advisory Council for Education, *Children and their Primary Schools* (The Plowden Report), HMSO (Her Majesty's Stationary Office), 1967.
Dodwell, F., *Hitchin British Schools : A History of the Buildings*, Booklet No. 1, Septmber 1990.
Findley, J. J., *Principles of Class Teaching*, Macmillan, 1902.
Finlay-Johnson, H., *The Dramatic Method of Teaching*, James Nisbet & Co., 1912.
Giesbers, J. H. G. I., *Cecil Reddie and Abbotsholm : a Forgotten and his Creation*, Nijimegen : Central Drukkeriji, 1970.

Gordon, P. & Lawton, D., *Dictionary of British Education*, Woburn Press, 2003.
Hamilton, D., *Towards a Theory of Schooling*, The Falmer Press, 1989 (『学校教育の理論に向けて』安川哲夫訳、世織書房、1998年)
Holmes, E. G., *What Is and What Might Be*, Constable, 1911.
Holmes. E. G., *The Montessori System of Education*, HMSO, Oct. 1912.
Holmes, E. G., *The Tragedy of Education*, Constable, 1913.
Holmes, E. G., *In Quest of an Ideal*, Richard Cobden-Sanderson, 1920.
Holmes, E. G., The Meaning of Self Realization, *NIQ* (*New Ideals Quarterly*), Vol. 1, No. 3, September 1925, 1-5.
Holms, E. G., The Old Régime, *NIQ*, Vol. 4, No. 11, April 1930, 1-16.
Holmes. E. G., *New Ideals in Education*-An account of the work of the committee during the past sixteen years, *NIQ*, Vol. 5, No. 1, April 1931, 5-11.
Holt, J., *Freedom and Beyond*, Penguin (Pelican Books), 1973.
Holt, J., *Freedom and Beyond*, E. P. Dutton, 1970 (『学校　その自由と権威』山崎真稔訳、玉川大学出版部、1977年).
Howard, E., *Garden Cities of Tomorrow*, S. Sonnenschein & co., ltd., 1902 (『明日の田園都市』長素連訳、鹿島出版会、1972年).
Illich, I., *The Deschooling Society*, Harper & Row, 1971 (『脱学校の社会』東洋・小澤周三訳、東京創元社、1977年).
Kühn, A. D., Alexander S. Neill in Hellerau-die Ursprünge Summerhills, in *DRESDNER HEFT 51*, 1997.
Lowe, R., *The Death of Progressve Education : How Teachers lost control of the classroom*, Routledge, 2007.
Maclure, J. S., *Educational Documents, England and Wales 1816-1968*, Methuen, 1969.
Neill, A. S., *A Dominie in Doubt*, Herburt Jenkins, 1920 (Hart, 1975).
Neill, A. S., *Summerhill*, Victor Gollancz, 1962 (『人間育成の基礎』霜田静志訳、誠心書房、1962年).
Nunn, T. P., *Education: its data and first principles*, Edward Arnold, 1920.
Nunn, T. P., Freedom and Discipline, *NIQ*, Vol 3, No. 8, January 1929, 282-291.
O'Neill, E. F., Creative Education-Learning by Doing, in *Report of the Conference on New Ideals in Education held at Cambridge, from July 25 to August 1, 1919*, New Ideals in Education, 1919.
Peters, R. (ed.), *Perspectives on Plowden*, London, Routledge & Kegan Paul, 1969.
Prince, J. J., *School Management and Meathod : in Theory and Practice*, John Heywood, 1879, 1894 (sixth edition).
Reddie, C., *Abbotsholme*, George Allen, 1900.
Rich, R. W., *The Training of Teachers in England and Wales during the Nineteenth Century*, Cambridge University Press, 1933.

Seaborne, M., *The English School : Its Architecture and Organization Volume 1370 -1870*, Routledge & Kegan Paul, 1971.
Seaborne, M., and Lowe, R., *The English School : Its Architecture and Organization Volume II 1870-1970*, Routledge & Kegan Paul, 1977.
Sederman, D., *A History of Abbotsholme School 1889-1989*, Moorland Publishing Co Ltd, 1989.
Simon, B., *Education and the Labour Movement 1870-1920*, London : Lawrence & Wishart, 1965（『イギリス教育史Ⅱ』成田克也訳、亜紀書房、1980年）.
Stillman, C. G. and Cleary, R. C., *The Modern School*, The Architectural Press, 1949.
Stow, D., *The Training System*, Elibron Classics, 2006.
Taylor, J., *Joseph Lancaster and his Schools*, The Hitchin British Schools Trust, 2007.
Ward, B. M., *Cecil Reddie of Abbotsholme*, Allen & Unwin, 1934.
Wilderspin, S., *A System for the Education of the Young*, James S. Hodson, 1840.
Woods, A,（ed）& Sadler, M. E.,（an Introduction）, *Co-education*, Longmans Green, 1903.
Young, M. F. D., *The Curriculum of the Future*, Falmer Press, 1998（『過去のカリキュラム・未来のカリキュラム―学習の批判理論に向けて―』大田直子訳、東京都立大学出版会、2002年）.
Editorial, *NIQ*, Vol. 3, No. 4, June 1925, 1-3.
Conference Programme, *NIQ*, Vol. 3, No. 4, January 1928, 150-151.
Report of the Montessori Conference at East Runton, July 25th-28th, 1914.
TES（Times Educational Supplement）, Nov. 5, 1912, 127.

第Ⅲ部

秋吉良人『サド―切断と衝突の哲学―』白水社、2007年。
東洋『日本人のしつけと教育―発達の日米比較にもとづいて―』東京大学出版会、1994年。
阿部謹也『西洋中世の愛と人格―「世間」論序説―』朝日新聞社、1992年。
阿部謹也『「世間」とは何か』講談社現代新書、1995年。
阿部謹也『「教養」とは何か』講談社現代新書、1997年。
阿部謹也『大学論』日本エディタースクール出版部、1999年。
荒木紀幸編『道徳教育はこうすればおもしろい―コールバーグ理論とその実践―』北大路書房、1988年。
荒木紀幸編『道徳教育はこうすればおもしろい（続）―コールバーグ理論の発展とモラルジレンマ授業―』北大路書房、1997年。
アリストテレス『アリストテレス全集15（政治学　経済学）』岩波書店、1969年。
アリストテレス『ニコマコス倫理学（上）』高田三郎訳、岩波文庫、2009年。
アレント, H.『人間の条件』志水速雄訳、ちくま学芸文庫、1994年。
今井康雄編『教育思想史』有斐閣、2009年。

猪木武徳『大学の反省』NTT出版、2009年。
岩村清太『ヨーロッパ中世の自由学芸と教育』知泉書館、2007年。
ウィルソン、E. O.『人間の本性について』岸由二訳、ちくま学芸文庫、1997年。
ヴェーバー、M.『プロテスタンティズムの倫理と資本主義の精神』大塚久雄訳、岩波文庫、1989年。
ヴケティツ、F. M.『人はなぜ悪にひかれるのか―悪の本性とモラルの幻想―』入江重吉・寺井俊正訳、新思索社、2002年。
エリクソン、E. H.・エリクソン、J. M.・ギヴニック、H. Q.『老年期―生き生きしたかかわりあい―』朝長正徳・朝長梨枝子訳、みすず書房、1990年。
大澤真幸『不可能性の時代』岩波新書、2008年。
大村はま・苅谷剛彦・苅谷夏子『教えることの復権』ちくま新書、2003年。
オルドリッチ、R.『教育史に学ぶ―イギリス教育改革からの提言―』山﨑洋子・木村裕三監訳、知泉書館、2009年。
河合隼雄『生と死の接点』岩波書店、1989年。
河合隼雄『子どもと学校』岩波新書、1992年。
河合隼雄『大人になることのむずかしさ―青年期の問題―』岩波書店、1996年。
河合隼雄『子どもと悪』岩波書店、1997年。
苅谷剛彦『教育改革の幻想』ちくま新書、2002年。
キケロー『キケロー選集7』岩波書店、1999年。
キケロー『キケロー選集8』岩波書店、1999年。
ギデンズ、A.『近代とはいかなる時代か?―モダニティの帰結―』松尾精文・小幡正敏訳、而立書房、1993年。
ギデンズ、A.『親密性の変容―近代社会におけるセクシュアリティ、愛情、エロティシズム―』松尾精文・松川昭子訳、而立書房、1995年。
ギデンズ、A.『暴走する世界―グローバリゼーションは何をどう変えるのか―』佐和隆光訳、ダイヤモンド社、2001年。
ギデンズ、A.『モダニティと自己アイデンティティ』秋吉美都・安藤太郎ほか訳、ハーベスト社、2005年。
ギデンズ、A.『社会学 第5版』松尾精文・小幡正敏ほか訳、而立書房、2009年。
月刊『道徳教育』明治図書。
小寺正一・藤永芳純編『三訂 道徳教育を学ぶ人のために』世界思想社、2009年。
コールバーグ、L.『道徳性の発達と教育―コールバーグ理論の展開―』永野重史編、新曜社、1985年。
上智大学中世思想研究所編『教育思想史第Ⅰ巻 ギリシア・ローマの教育思想』東洋館出版社、1983年。
新村出編『広辞苑(第6版)』岩波書店、2008年。
スロータダイク、P.『「人間圏」の規則』仲正昌樹編訳、御茶の水書房、2000年。
竹内洋『大衆モダニズムの夢の跡―彷徨する「教養」と大学―』新曜社、2001年。
竹内洋『学問の下流化』中央公論新社、2008年。

引用・参考文献　　241

タンクレディ，L. R.『道徳脳とは何か―ニューロサイエンスと刑事責任能力―』村松太郎訳、創造出版、2008年。
筒井清忠『日本型「教養」の運命―歴史社会学的考察―』岩波現代文庫、2009年。
デュルケーム，E.『教育と社会学』佐々木交賢訳、誠信書房、1982年。
土井隆義『友だち地獄―「空気を読む」世代のサバイバル―』ちくま新書、2008年。
ドゥ・ヴァール，F.『利己的なサル、他人を思いやるサル―モラルはなぜ生まれたのか―』西田利貞・藤井留美訳、草思社、1998年。
ドーキンス，R.『利己的な遺伝子〈増補新装版〉』日高敏隆・岸由二ほか訳、紀伊國屋書店、2006年。
ドーキンス，R.『神は妄想である―宗教との決別―』垂水雄二訳、早川書房、2007年。
永井均『道徳は復讐である―ニーチェのルサンチマンの哲学―』河出文庫、2009年。
仲正昌樹『「不自由」論―「何でも自己決定」の限界―』ちくま新書、2003年。
仲正昌樹『今こそアーレントを読み直す』講談社現代新書、2009年。
仲正昌樹『教養主義復権論―本屋さんの学校II―』明月堂書店、2010年。
ニーチェ，F.『権力への意志（上）―ニーチェ全集12―』原佑訳、ちくま学芸文庫、1993a年。
ニーチェ，F.『善悪の彼岸　道徳の系譜―ニーチェ全集11―』信太正三訳、ちくま学芸文庫、1993b年。
新渡戸稲造『修養』たちばな出版、2002a年。
新渡戸稲造『随想録』たちばな出版、2002b年。
新渡戸稲造『武士道』矢内原忠雄訳、岩波文庫、2007a年。
新渡戸稲造『新渡戸稲造論集』鈴木範久編、岩波文庫、2007b年。
日本道徳性心理学研究会編『道徳性心理学―道徳教育のための心理学―』北大路書房、1992年。
ノディングズ，N.『幸せのための教育』山﨑洋子・菱刈晃夫監訳、知泉書館、2008年。
ハスキンズ，C.H.『大学の起源』青木靖三・三浦常司訳、八坂書房、2009年。
バタイユ，G.『エロティシズム』酒井健訳、ちくま学芸文庫、2004年。
バタイユ，G.『純然たる幸福』酒井健編訳、ちくま学芸文庫、2009年。
林康成編『ケアする心を育む道徳教育―伝統的な倫理学を超えて―』北大路書房、2000年。
ピアジェ，J.『児童道徳判断の発達』大伴茂訳、同文書院、1957年。
菱刈晃夫『ルターとメランヒトンの教育思想研究序説』溪水社、2001年。
菱刈晃夫『教育にできないこと、できること【第2版】』成文堂、2006年。
菱刈晃夫『からだで感じるモラリティ―情念の教育思想史―』成文堂、2011年。
廣川洋一『プラトンの学園アカデメイア』講談社学術文庫、1999年。
廣川洋一『イソクラテスの修辞学校―西欧的教養の源泉―』講談社学術文庫、2005年。
広田照幸『教育には何ができないか―教育神話の解体と再生の試み―』春秋社、2003年。
プラトン『プラトン全集1』岩波書店、1975年。
プラトン『プラトン全集5』岩波書店、1974年。
プラトン『プラトン全集11』岩波書店、1976年。

フランクル，V. E.『死と愛―実存分析入門―』霜山徳爾訳、みすず書房、1957年。
ブル，N. J.『子供の発達段階と道徳教育』森岡卓也訳、明治図書、1977年。
フロイト，S.『人はなぜ戦争をするのか―エロスとタナトス―』中山元訳、光文社古典新訳文庫、2008年。
ベック，U.『危険社会―新しい近代への道―』東廉・伊藤美登里訳、法政大学出版局、1998年。
ボイヤー，P.『神はなぜいるのか？』鈴木光太郎・中村潔訳、NTT出版、2008年。
ホブズボウム，E.・レンジャー，T.『創られた伝統』前川啓治・梶原景昭ほか訳、紀伊國屋書店、1992年。
ホルクハイマー，M. アドルノ，T. W.『啓蒙の弁証法―哲学的断想―』徳永恂訳、岩波文庫、2007年。
松井孝典『宇宙人としての生き方―アストロバイオロジーへの招待―』岩波新書、2003年。
松井孝典『われわれはどこへ行くのか？』ちくまプリマー新書、2007年。
マルー，H. I.『古代教育文化史』横尾壮英・飯尾都人・岩村清太訳、岩波書店、1985年。
見田宗介『社会学入門―人間と社会の未来―』岩波新書、2006年。
モリス，C.『個人の発見―1050-1200年―』古田暁訳、日本基督教団出版局、1983年。
文部科学省『小学校学習指導要領解説道徳編』東洋館出版社、2008年。
文部科学省『中学校学習指導要領解説道徳編』日本文教出版、2008年。
文部科学省『高等学校学習指導要領解説総則編』東山書房、2009年。
山﨑正和『文明としての教育』新潮新書、2007年。
リコーナ，T.『リコーナ博士のこころの教育論―〈尊重〉と〈責任〉を育む学校環境の創造―』三浦正訳、慶応義塾大学出版会、1997年。
リコーナ，T.『「人格教育」のすべて―家庭・学校・地域社会ですすめる心の教育―』水野修次郎・望月文明訳、麗澤大学出版会、2005年。
レビンソン，D.『ライフサイクルの心理学（上・下）』南博訳、講談社学術文庫、1992年。
Herman, B., *Moral Literacy*, Cambridge, 2007.
Kimball, B. A., *Orators & Philosophers: A History of the Idea of Liberal Education*, New York, 1995.
Sinnott-Armstrong, W. (Ed.), *Moral Psychology*, vol. 1-3, Massachusetts, 2008.

索　引

あ　行

アインシュタイン ………207
アヴェロンの野生児………29
アカデメイア ……………200
アガペー……………………55
悪徳 ………………………181
遊び ………………155, 156
遊び場 …………………95, 96
アナール派 …………60, 66
アニマル・エドゥカビレ…27, 28, 36
アニマル・エドゥカンドゥム ……………27, 28, 33, 36
アーノルド ………………114
アボッツホーム校…120, 121, 122, 123, 125, 126, 127, 129, 134, 136
アリエス……………………66
アリストテレス ……179, 227
アレテー …………………180
医学的人間学……………10
イギリス新教育運動……122, 150
生きる力 …………………210
イソクラテス…192, 194, 196, 200, 201
一斉教授 ……………95, 99
遺伝決定論 …………34, 36
イリイチ ………………73, 74
インカルケーション……215, 216, 225
インドクトリネーション…225
ヴィゴツキー………………45
ウィルソン ………………186
ウィルダスピン …95, 96, 123
ウィルトゥス ……………180
ヴェーバー ………………184

ウシンスキー…16, 17, 18, 19, 20
ヴルフ ……………12, 60, 63
英国国教会………………83
エヴァンズ …………67, 68
『エミール』 ………………13
エリクソン ………………210
エルヴェシウス ……35, 46
エロス……………55, 206, 207
オウエン ……91, 92, 123, 124
大きな物語…70, 168, 198, 199
オータナティヴ・スクール ……………………………72
オックスフォード大学 …66, 95, 123, 136, 142
オープン教育 ……………72
オープン・プラン ………79
オルガノン ………………22
オルドリッチ…………70, 103

か　行

カー ………………66, 69
快楽 ………………182, 183
格差 ………………………219
学習 ………………38, 43
学制……………………………65
カスマン ……………………3
学校教育 …………………102
学校建築 …102, 106, 108, 117
学校査察 …………………102
カッシオドルス ……194, 195
勝田守一 ……………68, 69
カテキズム ……113, 203, 215
ガーデン・シティ運動…123, 124, 125
神…26, 30, 175, 179, 183, 189, 190, 197, 202, 203
神の像 …………169, 192, 203

カリキュラム …81, 102, 116, 119, 120, 126, 127, 128, 129, 130, 131, 132, 134, 136, 139, 144, 162, 164, 165, 193
カリタス ……………………55
カルヴァン ………………184
環境世界 ……………………8
環境万能論………………36
『監獄の誕生』 ………67, 89
カント ……4, 27, 32, 35, 169, 210, 214, 227
管理主義教育………………71
キケロー …194, 195, 196, 201
技術モデルの教育観 …50, 51
基礎学校…103, 104, 105, 110, 112, 115, 116, 118
基礎づけ主義 ……………194
ギデンズ ………170, 173, 176
気持ち主義 ………………216
ギャラリー ………95, 96, 100
ギャラリー・システム …95, 99
教育愛……………54, 55, 56
教育院 …………115, 116, 117
教育可能性 ……25, 29, 33, 41
教育関係……………………53
教育決定論………………35
教育人類学 …………………5
教育勅語 …………………221
教育的オプティミズム …34, 35, 47, 48
教育的動物 ……25, 26, 27, 28
教育的雰囲気………53, 54, 58
教育的ペシミズム………34, 35, 36, 47
教育的リアリズム…34, 35, 36
教育人間学 …1, 2, 10, 12, 13, 14, 15, 17, 18, 19, 20, 21, 22,

24, 29, 37, 39, 47, 59, 61, 62, 63
『教育の過程』 73
教育の非連続的形式.........51
教育必要性......25, 29, 32, 33, 41, 59
教育評価 104
教育リード説.........46, 47, 48
教員見習制度 105
教員養成 ...85, 102, 118, 221, 229
『教師の手引書』 ...116, 118, 143
キリスト教......175, 184, 189, 197, 202
『キリスト教の本質』.........4
キング・アルフレッド校 120, 134, 135, 136, 139, 159, 161
近代学校........................81
近代社会 102, 167
クラス 83, 87, 88, 95, 99, 100, 107, 113, 117, 136
グリーン 149
グローバル化 ...170, 171, 178
訓戒..............................52
ケイ=シャトルワース ...92, 94, 95, 99, 114
欠陥生物 8, 9, 31, 32
ゲーテ 14
ゲルナー......11, 19, 20, 24, 37
ゲーレン......8, 9, 10, 31, 32
顕現的人間学..................14
ケンブリッジ大学......66, 95, 130
高山岩男 7
功利主義........................88
国民教育 113, 106
心の教育 225
コスモポリタン主義者...176, 177
国家 199
『〈子供〉の誕生』............66
個別諸現象の人間学的解釈 22, 23
コメニウス.........26, 30, 92
コールバーグ 210, 212

さ 行

栽培モデルの教育観...50, 51, 71, 75, 78
サイモン 104, 107, 163
サド侯爵 176
サマーヒル校..................73
産業革命 81, 92, 107
シェフィールド・システム 110, 112
シェーラー ...5, 6, 7, 8, 9, 22, 56
時間割......113, 119, 131, 139, 158, 159
自助の精神 93, 94
自然人類学 4, 5
自然法 216
『実存哲学と教育学』...51, 53
実物教授 112
社会生物学 185
自由学芸 193, 194, 201
習慣 100, 144, 180
修辞的教養 197
修身科 221
『修養』........................231
シュプランガー................55
シュライエルマッハー.....40
ショーペンハウアー 206
自律 210
シルバーマン..................74
ジレンマ教材 216
神学的人間学................10
新学校......120, 121, 125, 134, 164
新教育運動......120, 134, 162, 163
新教育連盟 160
信仰のみ 184
新生活連盟 122, 123, 125
進歩主義 216
進歩主義教育運動...71, 73, 75

信頼 57, 58
心理学的人間学................10
スウェーデンボルグ...95, 123
数学的哲学的教養 201
ストウ 95, 100
スピノザ 206
スペンサー 156
スマイルズ....................93
スミス 81, 100
生活改革 120
成熟.....................38, 41, 43
精神科学的教育学............12
精神的存在 8
生物学的人間学................10
世界開放性 8
『創世記』 168
ソクラテス................55, 193

た 行

第3の可能性 50, 51
第3の審級 203
脱学校..........................73
脱中心性 8
タナトス 206, 207
タブラ・ラサ 148
魂の向け変え 197, 199
チェルヌイシェフスキー...17
勅任視学官 ...94, 95, 104, 142
『創られた伝統』 172
罪 178, 203
ディム・スクール......82, 94, 106
適応 185
出来高払い制...103, 104, 105, 114, 115, 142, 143
哲学的教育人間学...13, 22, 24, 25, 37, 50
哲学的教養 197
哲学的人間学...1, 4, 5, 6, 7, 10
デップ=フォアヴァルト...11, 20
デモクリトス..................47
デューイ 46, 72, 73, 116, 136, 149, 158

索　引　245

デュルケーム …………220
デリダ………………67
デルボラフ ……11, 20, 27, 28
天職 ………………183
ドゥ・ヴァール …………184
統合的教育人間学……13, 20, 21, 24, 25, 37, 43
『道徳感情論』…………100
道徳教育推進教師 ……226
『道徳の系譜』…………190
トウニィ ……107, 135, 163
陶冶可能性 ……21, 29, 35, 40
ドーキンス……186, 187, 188, 191, 206
徒弟教育………………81
トピック学習………79, 113
ドルトン・プラン…139, 158, 159

な　行

内含的教育人間学 ……13, 19
内含的人間学………………14
ナン …142, 154, 155, 156, 161
ニイル …73, 74, 135, 161, 162
『ニコマコス倫理学』……179
西田幾多郎 ………………7
ニーチェ …26, 169, 175, 188, 189, 190, 191, 220
新渡戸稲造 ………………231
ニヒリズム ………………190
人間学的還元………………22
人間圏 ………………185
人間の尊厳 ……169, 192, 203
『人間はどこまで動物か』…31
ノモス ………………183
ノール……………16, 17, 53

は　行

パイデイア ……192, 218, 229
ハイデガー………………51
『パイドロス』…………198
パーカースト …139, 158, 159
パース………………72
バタイユ ………………182

発達……21, 37, 37, 38, 39, 40, 43, 45, 47, 48, 76
発達教育学……37, 40, 41, 42, 43, 44, 45
発達リード説 …………46, 47
バート ……………155, 163
バドレー …120, 130, 131, 132
パノプティコン ………89, 90
ハビトゥス ………180, 219
パブリック・スクール…120, 121, 127, 131
ハーマン ……………12, 33
ハミルトン…………99, 107
バーンスティン……………78
ピアジェ ………………212
ピーターズ………………78
ビデールズ校…120, 124, 130, 134, 135, 139
美徳 ………………181
『人はなぜ戦争をするのか』
　………………207
開かれた問い …………22, 23
品格教育 ………………215
フィンドレイ…116, 134, 136, 139
フォイエルバッハ………4, 17
フーコー ……60, 67, 89, 90
『武士道』………………231
フート ……………16, 17
ブーバー ………………7
フマニタス……192, 195, 196, 218, 229
プラウデン委員会………75
『プラウデン報告書』…75, 78
プラグマティズム………72
プラトン …55, 192, 194, 196, 198, 199, 200, 201, 206
フリー・スクール………72
フリットナー……11, 20, 28
ブルーナー………………73
プレスナー…5, 7, 8, 9, 63
ブレツィンカ………………59
フレーベル…………92, 136
フロイト…205, 206, 207, 208, 209, 223
『プロテスタンティズムの倫理と資本主義の精神』…184
文学的修辞的教養 ………201
文化人類学…………4, 5, 60
文化生物………………9, 32
フント ………………3, 4
フンボルト………………40
ヘーゲル………………4
ペスタロッチ ……40, 55, 92, 111, 136
ベック ………………172
ベートーヴェン …………228
ベル ……………83, 88, 91
ヘルダー………………31
ヘルバルト……29, 35, 40, 136
ベル・ランカスター法……83
ベンサム ……………88, 90
ポストマン………………74
ポストモダン…………65, 169
ホームズ…114, 142, 144, 147, 148, 149, 151
ホームスクーリング運動…75
ホモ・アプスコンディトゥス
　………………63
ホモ・エドゥカビリス……28
ホモ・エドゥカンドゥス…27, 28, 40, 41
ポルトマン ……………31, 32
ボルノー …11, 12, 13, 15, 17, 20, 22, 23, 24, 37, 50, 51, 52, 53, 54, 55, 56, 57, 58, 59, 71, 78
ボルノー的問い ………62, 63
本質主義 ………………215

ま　行

『マタイによる福音書』…230
三木清 ………………7
見習い教員制度 ………102
ミル ………………114
メルツ ……………11, 33
モントリアル・システム…82, 83, 84, 86, 88, 89, 91, 92, 95

モラル・ディスカッション ……………………216
モラル・リテラシー ……229
森有礼 …………………230
モリス …………………122, 123
モンスター・ペアレント…220
モンテッソーリ…16, 17, 150, 151, 158

や 行

ヤスパース………………51
ヤング …………………164
ユートピア……124, 147, 148, 153
ユートピア思想………92, 122
『ヨハネによる福音書』…195
夜回り先生 ………………196
読み・書き・計算……81, 94, 100, 103, 104, 110

ら 行

ライフサイクル論 ………210
ライプニッツ………………47
ラテラノ公会議 …………202
ランカスター…83, 85, 86, 88, 91, 99
ランゲフェルト …11, 12, 13, 20, 27, 33, 36, 39, 44
ラントマン …………7, 10, 14
リオタール………………67
利己的な遺伝子 …………186
リスク ………………170, 171
利他的利己主義……188, 190, 191, 209, 230
リット ………………6, 40
リットン …………………150

リベラル・アーツ…192, 193, 194, 205, 215, 218, 219, 229
良心 ……………………208, 214
ルサンチマン ……189, 190
ルソー ……………………13, 14
ルター ……………183, 184, 229
歴史的教育人間学…61, 63, 64
レディ……121, 122, 123, 124, 127, 128, 131
レーン ……………………153
ロータッカー……………7, 10
ロック ……………34, 46, 47, 148
ロート…11, 12, 13, 20, 21, 28, 36, 37, 39, 42, 43, 44, 45, 47, 48, 59

わ 行

ワトソン……………………48

著者紹介（執筆順）

宮野安治（みやの・やすはる）　はじめに　第Ⅰ部
1946年　大阪府生まれ
京都大学大学院教育学研究科博士課程単位取得退学
京都大学博士（教育学）
現在　大阪教育大学教育学部教授
専攻：教育哲学
主な業績：『教育関係論の研究』（渓水社、1996年）、共著『時代と向き合う教育学』（ナカニシヤ出版、1997年）、「教育行為論のために」山﨑高哉編『応答する教育哲学』（ナカニシヤ出版、2003年）、「西田幾多郎と教育学」上田閑照編『人間であること』（燈影舎、2006年）、『リットの人間学と教育学』（渓水社、2006年）など

山﨑洋子（やまさき・ようこ）　第Ⅱ部
1948年　兵庫県生まれ
大阪市立大学生活科学研究科後期博士課程単位取得退学
大阪市立大学博士（学術）
現在　武庫川女子大学文学部教授
専攻：教育学、教育思想史
主な業績：『ニイル「新教育」思想の研究―社会批判に基づく「自由学校」の地平―』（大空社、1998年）、P．カニンガム『イギリスの初等学校カリキュラム改革―進歩主義的理想の普及―』（監訳、つなん出版、2006年）、N．ノディングズ『幸せのための教育』（監訳、知泉書館、2008年）、「バーフィールド言語論における言葉・実在・経験 ―イギリス新教育運動の基底としての人間観の解明に向けて―」平野正久編『教育人間学の展開』（北樹出版、2009年）、R．オルドリッチ『教育史に学ぶ―イギリス教育改革からの提言―』（監訳、知泉書館、2009年）など

菱刈晃夫（ひしかり・てるお）　第Ⅲ部　おわりに
1967年　福井県生まれ
京都大学大学院教育学研究科博士課程修了
京都大学博士（教育学）
現在　国士舘大学文学部教授
専攻：教育学、教育思想史
主な業績：『ルターとメランヒトンの教育思想研究序説』（渓水社、2001年）、『近代教育思想の源流―スピリチュアリティと教育―』（成文堂、2005年）、『教育にできないこと、できること―教育の基礎・歴史・実践・探究―［第2版］』（成文堂、2006年）、『からだで感じるモラリティ―情念の教育思想史―』（成文堂、2011年）、N．ノディングズ『幸せのための教育』（監訳、知泉書館、2008年）など

講義 教育原論―人間・歴史・道徳―

2011年3月31日 初 版第1刷発行

著 者　宮　野　安　治
　　　　山　﨑　洋　子
　　　　菱　刈　晃　夫

発 行 者　阿　部　耕　一

〒162-0041　東京都新宿区早稲田鶴巻町514番地
発 行 所　株式会社 成 文 堂
電話 03(3203)9201(代) FAX 03(3203)9206
http://www.seibundoh.co.jp

製版・印刷 シナノ印刷　　　　　　製本 佐抜製本
© 2011 Y. Miyano Y. yamasaki T. Hishikari　Printed in Japan
☆乱丁・落丁本はお取替えいたします☆ 検印省略

ISBN978-4-7923-6096-2 C3037

定価(本体2,800円＋税)